饕书客

一个人，遇见一本书

萧西之水——著

明治日本建构史

MEIJI RESTORATION

陕西新华出版传媒集团
陕西人民出版社

图书在版编目（CIP）数据

明治日本建构史 / 萧西之水著 . —西安：陕西人民出版社，2019
ISBN 978-7-224-13260-1

Ⅰ. ①明… Ⅱ. ①萧… Ⅲ. ①明治维新（1868）—研究 Ⅳ. ①K313.41

中国版本图书馆CIP数据核字（2019）第114946号

出 品 人：宋亚萍
总 策 划：刘景巍
出版统筹：关　宁　韩　琳
策划编辑：王　倩　王　凌
责任编辑：张启阳　袁　刚
整体设计：佀哲峰　赵文君

明治日本建构史

作　　者　萧西之水
出版发行　陕西新华出版传媒集团　陕西人民出版社
　　　　　（西安北大街147号　邮编：710003）
印　　刷　陕西金和印务有限公司
开　　本　787毫米 × 1092毫米　1/16
印　　张　16.75
字　　数　280千字
版　　次　2020年2月第1版
印　　次　2020年2月第1次印刷
书　　号　ISBN 978-7-224-13260-1
定　　价　58.00元

Contents

目录

第一章 倒幕维新的思维矛盾基础 / 001

一、幕政矛盾：“黑船来航”的政治影响 / 003
二、安政大狱：井伊直弼的仓促谢幕 / 006
三、生麦事件：“公议”高于“攘夷” / 009
四、庆喜体制：“一会桑政权”的成立与萨摩藩的态度变化 / 011
五、萨长同盟：下级武士的狂歌 / 013
六、四侯会议：“公议”路向何方？ / 018
七、变数频仍：大政奉还之后的派系争斗 / 020
八、王政复古：明治维新的政治正确基础 / 022
小结 / 025

第二章 何枝可依？明治初年的理念分歧与政治倾轧 / 027

一、废藩置县：向中央集权进发（1867—1872） / 029

· 藩士逆袭：明治维新的第一次政府重组 / 030
· 朝藩体制：从“公议”到“集权” / 033
· 国是纲目：藩士是何意见？ / 035

·版籍奉还："建白书"的矛盾与妥协 / 038
·士族反抗：萨长集权体制建立 / 041
·废是不废？集权与公议如何摆平 / 045
·唐突改革：废藩置县的得失核计 / 048

二、严刑峻法：江藤新平的改革与"征韩论"斗争（1871—1873） / 050

·太政官制：议会萌芽与司法独立 / 052
·官制润饰：近代日本首次预算纷争 / 056
·腐败两案：对决长州藩阀 / 058
·征韩论战：西乡隆盛的真意与政府工作重心 / 061
·各怀鬼胎：大久保利通如何回归？ / 065
·庙堂分裂："留守政府"下野内情 / 068

三、西南有事："鹿儿岛国"与"明治国"并存？（1873—1877） / 072

·征兵之令：中央政权的军队集权化 / 073
·萨摩内核：私学校与士族思路 / 077
·暗杀西乡：西乡隆盛遭遇反噬 / 082
·胜负判定："鹿儿岛国"机能缺陷与地方自治 / 086

四、政商国家：大久保政权的顶层设计（1873—1879） / 090

·一首两翼：是藩阀，也是政治家 / 091
·大阪会议：立宪构想与政治统战 / 096
·政经联动：殖产兴业的改良 / 100
·士族式微："秩禄处分"导致武士失业 / 107

小结 / 112

第三章 分工协作：明治国家体系如何形成？ / 113

一、皇权入局："宫中"权力结构的建立（1878—1881） / 115

· 天皇亲政：侍补群体冒头与明治天皇的野心 / 116
· 内阁会议：参议、省卿分离后的"府中"实态 / 119
· "宫中"蜂起：外债问题与国家决策权的争夺 / 122
· "米纳"论争：岩仓具视的窘境与伊藤博文的思路 / 125
· "宫中工作"：伊藤博文对"宫中"集团的接纳 / 129

二、欲速不达：明治十四年政变（1881） / 131

· 自由民权："民"是何人？ / 132
· 理念争夺：不是两派，而是四派 / 135
· 政界乱局：保全大隈重信与攻击井上毅 / 139
· 政界重组："大隈阴谋论"与联络井上毅 / 142
· "萨长幕府"：明治十四年政变终局 / 145

三、帝国内阁："尊皇"到哪一步？"欧化"到哪一步？（1882—1888） / 149

· 再访欧陆：伊藤博文与宪法考察团 / 149
· 宫内改革：伊藤博文就任宫内卿 / 157
· "异例"闭关：森有礼任用问题 / 161
· 立宪君主：伊藤博文与明治天皇的"机务六条" / 166

四、明治军政：军部与皇权的权力之争（1882—1890） / 171

· 军部独立：西南战争以后的天皇与军部 / 171
· 外压内变：东亚变局下的军事扩张 / 175

·陆军纷议：明治天皇与军部高官之间的矛盾 / 178
·军部独立：军部高层的思路及明治天皇妥协 / 181

五、三派归流：明治二十年政府危机与化解（1887—1888） / 185

·谈判历程：明治日本的不平等条约实际形态 / 186
·宫中欧化："西洋化"思路与伊藤博文的丑闻 / 189
·宫中危机：反伊藤同盟与伊藤博文辞去宫内大臣之职 / 192
·民意高扬：大隈重信回归政府与遇袭 / 195

小结 / 198

第四章 维新始成：明治国家初期运转实态 / 201

一、架构始成：明治宪法体系的原型（1888—1890） / 204
·创设宪法：天皇与内阁的权力变动 / 205
·国家枢密：枢密院的创立 / 208
·"典宪"分立：天皇权力的规范化 / 211
·议会职权：如何避免天皇与议会直接接触？ / 214
·得失判定：明治宪法究竟有多大漏洞？ / 217

二、修约秘闻：日英修约与政党体系建立（1890—1894） / 219

·如何修约：星亨的思想体系 / 220
·跨越党派："条约改正研究会"与"内地杂居讲究会"的成立 / 224
·四次议会：伊藤博文回归政府与"条约改正"通过表决 / 228
·政界再编："对外（强）硬六派"形成与星亨卸任众议院议长 / 231

·两度散会：第二次伊藤内阁的艰难处境与甲午开战 / 235

小结 / 239

第五章 破解迷思：中国人应如何看待明治维新？ / 241

主要参考文献 / 247

后记 / 250

创作初衷

《易经》云："圣人南面而听天下，向明而治。"

《诗经》云："文王在上，于昭于天；周虽旧邦，其命维新。"

"明治维新"四字，均来源于汉语经典。同用汉字，同属儒家文化圈，也同样在近代被迫结束闭关锁国、开放西化，结果中国无论怎么改都难有起色，日本却步步成功，先后在甲午战争、日俄战争中击败体量数倍于己的对手，进而废除不平等条约，以黄种人身份与欧美列强平起平坐。这种强烈反差让当时中国人的民族自尊心受到伤害，也让"明治维新"四个字牢牢钉在中国人的记忆之中。

此后一段时期，很多人一直把明治维新当成一面镜子，借此反复质问与激励国人：既然日本人行，中国人怎么可能不行？

既然要借他山之石，那么就一定得能攻玉：需要阐述明治维新的简要过程，提炼要点，找到可借鉴的有益经验或教训，阐明为什么洋务运动会失败，而明治维新却能成功。

从清末开始，晚清改革与明治维新的对比就是中国知识圈经久不衰的话题，人们总是试图从其中找到日本成功的因素，借为己用。电视连续剧《走向共和》借伊藤博文之口说日本胜利是因为制度，"制度"一说也被当作主张立宪政治者的重要论据，这种叙事方式一直深入人心。但要真说起军事生产与动员制度，清末中国的中央集权能力其实远远小于同时期的日本，清廷仅以北洋一派之力对抗日本全国，或许才是甲午战争失败的最主要因素。

而且，对中日近代改革的比较研究中还隐藏着一个基本逻辑：清末中国原本强于日本，正是由于洋务运动逊色于明治维新，清朝才会败于日本。然而如果追溯至清末改革与明治维新的起点，即19世纪60年代初期，一边是需要“洋枪队”镇压太平天国起义的清朝，一边是刚刚购置数艘西洋军舰、拥有西式陆军的江户幕府，彼时的中国也不一定就能胜过日本，甚至可能输得更惨。换言之，甲午战争的失败并不是导致洋务运动失败的必然原因，同时明治维新的成功也不能完全归因于甲午战争的胜利。

从内政发展角度来看也是如此，虽然各种数字指标显示出明治时代的“光辉”业绩，但随着历史学研究的不断发展，学者们发现，明治时代的成功并不仅是日本自身努力造就的，很可能与美国试图在东太平洋找到贸易中转站的战略有关，与英国意图在远东对抗沙皇俄国的思路有关，更受同时代日本与中国、俄国决战时，各种军事上、政治上的偶然因素影响。换言之，无论明治时代的成就从数字上看多么辉煌，也无法据此必然得出明治维新就有多么成功这一结论。

更何况，明治维新的内涵边界究竟在何处，恐怕也无人能说清。举例来说，明治维新究竟终结于哪一年、哪一个事件就没有定论，选取废藩置县（1872）、西南战争（1877）、创设内阁制度（1885）、帝国宪法颁布（1889）、帝国议会开设（1890）、与英国废除不平等条约（1894）、赢得甲午战争（1895）、缔结日英同盟（1902）、赢得日俄战争（1905）、与美国废除不平等条约（1912）等任何时间点都可以自圆其说，不过这些事件几乎也涵盖了明治时代所有的大事件。

如果评价对象是明治时代，则可以时间为限，评价这段时间内的成败，但如果给明治维新做了限定，如定义其为“1868—1890年之间日本为建立宪法与开设国会而进行的改革”“1868—1912年之间日本为废除不平等条约而进行的改革”或“日本为了争霸亚洲而进行的改革”，这些理解必然会被斥为“狭隘”“挂一漏万”“不能真正理解明治维新”。

斥其“狭隘”，并不是因为真的“挂一漏万”，而是明治维新本身就更类似于一个以多种叙事手法打造的宣传口号，而不是具有严格定义与边界的历史学概念。日本国会图书馆电子版资料中，带有“维新”二字的文书资料在明治最初十年（1868—1878）只有 14 份，19 世纪 80 年代有 54 份，之后每一个十年都会增加 100 余份。一部部总结陈词让“维新”成为改革神话，也把各方面的成功一点点都累积到“明治维新”四个字上。

说来，明治初年的“维新”之意也并不完全固定。如明治三年（1870）一月发布的《大教宣布诏》提到“今也，天运循环，百度维新，宜明治教，以宣扬惟神大道也。”此处“百度维新”是指“各方民众重新信仰神道”，“维新”之意反而是“恢复旧有传统”。木户孝允在明治五年（1872）五月的书信里提到“回顾维新回天之业，一新之后，世事推移与愿相违……”这里是把倒幕运动称为“维新回天”，而把明治前后的改革称为“一新”。之所以如此，是因为象征明治维新开启的《王政复古大号令》用了“御一新”一说来表明与幕府时代割裂的决心。

问题在于，“王政复古”本身与革新没什么关系，号令内容也只是废黜幕府将军，重建天皇亲政体系，这是倒幕派为了反击幕府而找的政治借口，借助“复古”旗号大行其道；然而倒幕派又不可能真像千年前那样回归天皇集权统治，只能在后来的发展中一点点加入革新内容，“借尸还魂”。东京大学教授三谷博《思考明治维新》（岩波书店，2000 年）也提到明治维新的一大重要谜题，就是王政“复古”与体制“革新”之间的矛盾。

到了 20 世纪 30 年代依旧如此。当时民间右翼与中下层军人喊出“昭和维新”口号，对社会名流发动多次刺杀与袭击活动，其口号依旧是以“尊皇讨奸”为名，以“国家改造”为核。可见“维新”二字本质上已经从“周虽旧邦，其命维新”的“建设新王朝”之意，转化为复古与革新的矛盾统一体。无独有偶，英语世界也以“Meiji Restoration”（明治复古）来定义明治维新。甚至于现代保守系政党日本维新会起名时，为了不让外人认为他们复古，特地用“Japan Innovation Party”（直译：日本创新党）作为英文译名。

同样的问题也体现在西化上。历来的观点都认为明治维新是一场“欧洲化”运动，福泽谕吉提出的“脱亚入欧”理论也让历史学家们找到某种倚仗。

但从实际来看，让西乡隆盛、大久保利通等倒幕先驱有了改革冲动的原生动力，并不是西方书籍，而是以“实学”“制度”为讨论对象的儒家朱子学经典《近思录》，而另一儒家派别阳明学提倡的“知行合一”也在幕末广为流传，并促进了民间自由化思潮发展；至于对天皇的尊崇与对国家传统的保护，便更与西化无关，“尊王攘夷”的根源可以追溯至17世纪诞生的“水户学”。进入21世纪，日本学者平山洋推翻了福泽谕吉与《脱亚论》之间的联系，日本人也逐渐发现“脱亚入欧”这个词语在明治历史乃至整个日本近代历史中从未出现过，这些新思想促使日本人开始反思：明治维新到底算不算“西化”？

日本帝国虽然参考英国、德国经验而制定出宪法体系，然而西方样式的政党制度、男女平等、三权分立一直拖到二战后美国改造期才得以实现。时至今日，日本社会仍存在大量现实问题，如单一政党长期执政、男性地位显著高于女性、政治家与高盈利行业（如医生、艺人）世袭化、法院在刑事案件上几乎全盘认可检察院与警察的意见，这些现象无不显示出日本社会仍然有一条无形的规则，而这一规则可以追溯到明治时代甚至更早。

从实际统治角度看，明治时期日本以政府信用为民间资本加上“红顶”，以面向全社会的中高等教育机构为政权直接培养人才，在维护中央集权的前提下保留地方自治，对新占领地区与民族实施半军事化管理，以压榨底层农民、低价掠夺土地的形式投入国家建设项目，严厉防控农村向大城市的人口流动——整体上与海岸对面的清代中国没有显著区别。当然，如果说明治日本是照搬清代中国的制度似乎也很偏颇，因为历史上幅员辽阔的帝国（包括陆地与海疆）都有着相似属性。

随着帝国扩张，日本的海运地位随之提升，整个帝国获得更坚实的经济基础；而随着改革逐渐深入，“大日本帝国”的理念也不断深化，乃至于1889年宪法居然以“大日本帝国由万世一系之天皇统治”为第一条，文化与历史界也流行“皇国史观”，将历史上的幕府将军都斥为“逆贼”。

正是由于复古、革新并进，日本就不可能只存在一种或两种政治势力，而是多个政治派别共存。在明治维新时代，皇族、旧公卿阶层组成宫内势力，明治元勋形成藩阀，高层军人组成军部，高级政治家组建政党，激进活动家构建右翼团体，各大势力之间开始反复分裂、融合，成为左右国家政治风向的重要力量。

纷繁复杂的治国理念与政治派别缠在一起，共同推动明治日本在各种矛盾的组合作用之下一步步前进。若只从中国角度来看明治维新，则很难看到这些沉寂在水面下的基本逻辑，也很难了解各政治派别的理念与组织如何发展，因而很容易对某一具体流派或理念产生片面化理解。比如学界一向批判近代天皇制给日本埋下隐患，但如果没有天皇制这一招牌，近代日本恐怕连国家体系都建立不起来，改革更不必多论；比如赞颂自由民权运动是进步运动，然而推动日本打响甲午、日俄两场战争的强硬派政党也诞生于民权派之中；再比如明治中叶开始流行的“亚细亚主义”旨在“援助”中国、朝鲜，看似很有人情味，却也成为二战“大东亚共荣圈”口号的滥觞。

要弄清楚这些，就要有更长远的大历史思维。明治维新既与后来的大正民主浪潮、以侵略为目的的“大东亚战争”密不可分，也与日本江户幕府中期以来的各项改革有着明确的承继关系。明治时代各大政策早在江户中期的田沼改革（1767—1786）就已初见端倪（重商主义、开拓北部领土），为了应对鸦片战争危机的天保改革（1841—1843）更是加以继承（充实海防、容许外国船只驻留），幕末的文久改革（1862）废除幕府对大名的诸多限制，庆应改革（1866—1867）改革幕府议事规则，引入横须贺制铁厂，发展殖产兴业，可见即便日本依旧停留在幕府统治下，相关改革依然会继续。甚至可以大胆推测，如果省去维新志士替代幕府高官成为国家精英的过程（至少到明治第一个十年结束），改革可能会以更为和平而无害的方式完成。

当然，维新志士的出现让“四民平等”成为可能，封建制度的名义衰亡与众议院的诞生让很多平民有了跻身高位的机会。但在整个近代日本，封建制度的遗老遗少一直留存在皇族华族制度之中，这些贵族在封建时代对一城一地百姓的生死存亡负责，但到了明治时代却再无此必要。整体而言，封建制度的名亡实存或许让平民获得了一丝希望，却实际上给了旧贵族以更大利益。

从以下的角度看，明治维新又不那么成功：明治日本确实让整个国家的军力财力更强大，但如果说明治政府更好，那可能在戊辰战争（1868）中阵亡的幕府将士会很不满意，西南战争（1877）前后负担加重的日本普通农民也不会高兴，更遑论一场场战争中死难的普通日本人。毕竟从个体角度而言，一边是在东京饱受各级官吏与资本家剥削的产业工人，一边是在江户幕府“天领”自由务农、几乎没有差役烦扰的普通农民，很难讲清到底哪一边更幸福。2012 年，日本学者与那霸润创作《中国化的日本》，认为近代日本总体上走了一条“中国化 = 帝国化”路径，而追求个体自由的“江户”路径却遭到忽视。虽然该书的论证过程有待商榷，但这种提法本身也象征着日本人也并不一定同意明治维新是绝对成功的。

判断明治维新是否成功之前，应先了解贯穿幕末与明治时代的基本逻辑，这便是本书的创作初衷。在幕末到明治绵延半个多世纪的思潮与运动中，本书尽可能找到几条有迹可循的主线，从思想理念入手阐述各大政治派别的诞生与演化，它们为何、如何在不同时点介入国际政治之中，又在明治维新中起到何种作用。

最后，本书并不试图解读清末改革与明治维新之间的政策异同，也无意评判双方的改革措施孰是孰非，只为添上一些笔墨材料而努力，如能有所裨益，便已不胜欣悦。

第一章

倒幕维新的思维矛盾基础

一、幕政矛盾："黑船来航"的政治影响

嘉永六年（1853）六月，美国海军准将马休·佩里率领四艘军舰抵达浦贺海岸，要求日本开国。"黑船来航"[①]的主要影响在于给幕府高层带来了两个问题：

（1）要不要开国？

（2）"要不要开国"这个事到底由谁来定？

围绕第一个问题，一派认为，欧美国家日渐强盛，且在十多年前的鸦片战争中击败清王朝，日本难以独善其身，必须打开国门；另一派以江户时代的显学——"水户学"倡导的中国儒学为依据，讲求"华夷之辨"，自然认为要排除夷狄，这便形成了"开国""攘夷"之分。

至于第二个问题，从江户幕府主政以来，日本大小事务均决于幕府，主流思想自然是集权，不容置喙；然而另一派基于"水户学"[②]的"尊王"思想，认为幕府需得到天皇授权才有正统性,如今大敌当前,幕府不应该再专断所有权力，应建立以天皇为中心的"公议"政体——由此也就产生了"集权""公议"之别。

整个幕末与维新历史，既是"开国"与"攘夷"之争，也是"集权"与"公

① 与后世想象有所不同，"黑船来航"并没有对日本普通民众造成太大震动。"黑船"二字本是古代日本对所有外国船只的别称（包括清国船）。进入 19 世纪，日本人经常会遇到欧美船只，比如天保八年（1837）日本炮台就曾在浦贺海岸炮击美国商船。从外观来说，美国四艘舰船里没有后来的铁甲舰，其中两艘只是普通帆船，对于普通百姓而言，这次"黑船来航"与过去几次没有什么本质区别。延伸阅读：三谷博《黑船来航》，社会科学文献出版社 2017 年版。

② 日本第 2 代水户藩主德川光国在明历三年（1657）开始命人编修《大日本史》，该书受到中国朱子学影响，强调天皇统治日本的正统性与大义名分，成为后世"尊王（皇）"思想的始祖。

1854 年佩里第二次来到日本

议”之战，两者相辅相成。

幕府为避免战祸波及日本，对外总体采取“开国”态度。嘉永七年（1854）一月，老中首座（相当于首相）阿部正弘代表幕府签订《日美和亲条约》[①]，又在随后的两年之内相继与英国、沙俄、荷兰签订不平等条约。

与此同时，阿部正弘也向“公议”方向做了努力：早在“黑船来航”前后，阿部正弘就打破幕府 200 多年惯例，向全国征求退敌良策；《日美和亲条约》签订以后，幕府相继成立讲武所、长崎海军传习所等机构，广泛吸纳西方知识。到安政三年（1856）去世之前，阿部正弘为幕府留下了一个非常主动的改革局面。

但幕府内部也不是铁板一块，“水户学”发祥地水户藩就力主“攘夷论”——这便为幕府内斗埋下隐患。

① 全称《日本国美利坚合众国和亲条约》（*Convention of Peace and Amity between the United States of America and the Empire of Japan*），英语简称“*Treaty of Kanagawa*”（神奈川条约），缔约日为嘉永七年三月三日（1854 年 3 月 31 日）。其中约定日本开放下田、箱馆两港；给予美国片面最惠国待遇；美国人活动范围最多为下田附近 28 公里、箱馆附近 20 公里，且不允许进入日本武家、町人居所；美国人不许在日本狩猎。延伸阅读：米庆余《日本近现代外交史》，世界知识出版社 2010 年版。

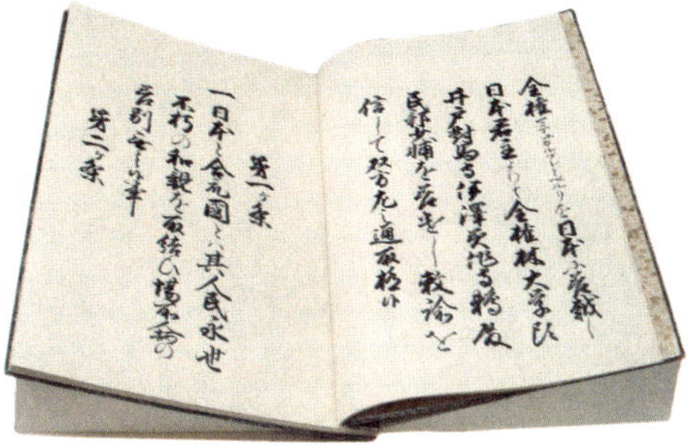

《日美和亲条约》日语版

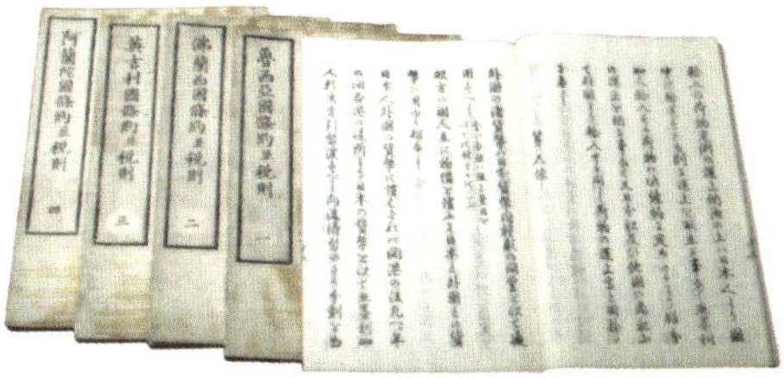

在《日美和亲条约》签订后，日本又在 1858 年与各国签订安政五国条约

弘化四年（1847），幕府“御三卿”一桥家[①]断嗣，幕府要求水户德川家过继一个儿子给一桥家，这个男孩就是后来的第 15 代将军德川庆喜，当时被称为“一桥英明公庆喜”。水户藩本已位列“御三家”，又因距离较近而长年“定府”（居住）江户城，对高层政治决策有着很大影响。如今水户德川家又将儿子过继给具有继承权的一桥家，这让幕府中枢，尤其是老中群体极为警惕。

老中位于幕府官僚体系的顶端，将军命令需要以“老中奉书”形式下达给大名，随着德川将军远离政治，老中便因此拥有了更强的话语权。幕府 260 余年历史中出任的 145 位老中里，有 79 人出自阿部、酒井、大河内松平等 12 家谱代大名（从德川家康时代起跟随幕府的家臣），可见，幕府中枢完全由世家垄断。如若水户藩此次借助优势地位推举一位将军，又反对幕府的开国政策的话，则很可能引发人事斗争，由谱代大名把持多年的幕府官僚系统自然会面临挑战。

水户藩支持攘夷，但“攘夷”与“尊皇”密不可分，于是幕府新任老中首座堀田正睦决定主动前往京都，向当时在位的日本第 121 代天皇——孝明

① 江户幕府成立后，为防同室操戈，德川家绝大部分亲族均恢复旧姓“松平”，只留下尾张、水户、纪州“御三家”保持“德川”姓氏，拥有继承将军家之权；享保元年（1716）将军家断嗣，纪州家转任将军（第 8 代将军德川吉宗），其后代形成所谓“御三卿”（田安、清水、一桥）；当幕府将军血统又一次在天明六年（1786）断绝时，一桥家得以入主将军家（第 11 代将军德川家齐）。因而幕末将军血统为纪州、一桥系统。

水户藩第 9 代藩主德川齐昭

天皇申请诏书。虽然幕府主政的 200 多年里制定国策从未征求也不必征求天皇同意，但在目前的政治局势下，幕府认为只要天皇承认条约，水户藩便无话可说。

怎知安政五年（1858）三月，堀田正睦刚刚抵达京都，就有 88 位“堂上家”[①]成员集体到皇宫附近静坐抗议，孝明天皇不敢下达诏书。这次政治事件让幕府大丢颜面，也让“公家”（皇室与公卿的合称）这个远离高层政治数百年的群体重获生机。幕府的“开国”之策不仅受到体制内拥有巨大权力的雄藩反对，也遭到京都公家的反对，继而引得本就对幕府不满的底层武士纷纷拥戴公家，反对“开国”。

到此为止，幕府高层主张“开国”“集权”，公家与底层维新志士主张“攘夷”“公议”，“黑船来航”后的政治对立局面逐步形成。

二、安政大狱：井伊直弼的仓促谢幕

在动荡的局势下，幕府在安政五年（1858）四月任命彦根藩主井伊直弼担任大老。大老地位高于全部老中，拥有临机专断权，只在国家面临大事时才会设置。幕府之前有过 10 位大老，有 5 位出自彦根藩井伊家，井伊直弼的地位可见一斑。

上台以后，井伊直弼收起阿部正弘、堀田正睦两任老中首座的“公议”思路，彻底转向“集权”。六月十九日，井伊直弼独断“开国”，与美国进一步签订《日

① 堂上家：日本古代公卿的家格之一。平安时代中期日本建立“升殿”制度，规定可以列席皇宫（御所）清凉殿的殿上间之人，属于高级贵族行列；与之相对应的概念为不能“升殿”的“地下家”。

1910 年的东京名景"江户川樱花满开"。如果不是远处有着高耸的电线杆，现代人可能很难区分这张拍摄于甲午战争、日俄战争之后的照片与明治维新开启前的江户时代有什么科技上的不同，对于一般日本老百姓而言，新时代与旧时代的差距或许没有我们想象中那么明显

美修好通商条约》[①]，无视京都朝廷的意见。这一举动引来雄藩不满，六月二十四日，水户藩主德川庆笃、尾张藩主德川庆胜、越前藩主松平春岳共同来到江户城，诘问大老井伊直弼为何"违敕签约"。

除去"违敕签约"一事，井伊直弼与水户、尾张、越前三藩在将军候选人问题上也有分歧。雄藩为了打破幕府集权局面，希望有着水户藩血统的一桥庆喜就任将军，形成"一桥派"；井伊直弼则针锋相对，提出应由血统最近的纪州藩主德川庆福（后为第 14 代将军德川家茂）就任将军，所谓"南纪派"就此涌现。

为了打击反对势力，井伊直弼以三藩藩主"不时登城"（非征召日进入江户城）为由判罚三人蛰居，并将一桥庆喜软禁。八月八日，天皇向水户藩下达密诏，一边斥责幕府的"开国"政策，一边要求将国政向全国开放，建立无论上下尊卑"一同群议评定"的"公武御合体"制度，水户藩随即将密诏转发各大雄藩寻求支持。

幕府大老井伊直弼

靠着"不时登城"这个借口，井伊直弼狠狠打击了力主"公议"与"攘夷"的群体，却也使两者结合在一起。为了进一步压制反对势

① 全称《日本国美利坚合众国修好通商条约》，英语为 *Treaty of Amity and Commerce between the United States and the Empire of Japan*，缔约日为安政五年六月十九日（1858 年 7 月 29 日），英语简称"*Harris Treaty*"（哈里斯条约）。约定美国在日本拥有领事裁判权，日本在渔具、建材、食品等方面给予美国 5% 的最低关税待遇。同一时期，英国、法国、荷兰、沙俄也与日本签订了类似的不平等条约，但日美条约里特别规定"日本国与欧罗巴某国之间发生矛盾的时候，美国可以从中调停"。

近代日本革新思想导师吉田松阴

力，井伊直弼将密诏事件定性为“水户藩阴谋”，清查与密诏有关系的京都官员、水户藩士。随后调查范围逐步扩大，受到牵连的藩主、普通武士乃至一般民众有 100 多人，主张“一君万民论”的长州藩思想家吉田松阴也在这场“安政大狱”中遭到斩首。

“安政大狱”虽然前后仅持续不到两年，却给幕府制造了浓厚的政治恐怖气氛，让幕府与雄藩攘夷志士成为死对头。直到安政七年（1860）三月三日，水户藩攘夷志士刺杀井伊直弼（樱田门外之变），幕府的“集权”之路才画上句号，倡导“公议”的“一桥派”代表重新站上历史舞台。

文久二年（1862）二月，孝明天皇妹妹和宫与第 14 代将军德川家茂结婚，象征着“公议”派主张的“公武合体”得到初步实现；接下来的六月，萨摩藩实际控制者岛津久光率领800名藩兵进入江户，与朝廷使节一同要求幕政改革。

这次“文久改革”的一大重要内容是放松“参勤交代”。“参勤交代”制度要求各地大名每两年要在江户城居住一年，另外一年虽然可以回到领国，但要将子女留在江户作为人质。经过这次改革，将“参勤交代”改为三年一次，驻留江户城时间缩短为 100 天，且不必再留下人质，由此，雄藩大名得以自由活动，实践政治思路。另外，京都朝廷要求幕府政务应由沿海五大雄藩组成“五大老合议制”处理，虽然这个想法未能实现，但五藩里的萨摩、长州、土佐三家诸侯却成为搅动幕末风云，乃至控制明治政府的关键。

岛津久光

三、生麦事件："公议"高于"攘夷"

文久二年（1862）八月二十一日，岛津久光率领 400 名武士途经武藏国橘树郡生麦村（神奈川县横滨市鹤见区），突然有四名英国人闯入队列，萨摩武士拔刀而起，英国男子查尔斯·理查德森（Charles Richardson）遇袭身亡。英国在日本拥有治外法权，便借机要求萨摩藩惩凶赔款。且双方在文久三年（1863）七月初爆发冲突，七艘英国军舰进入萨摩藩炮击鹿儿岛城，萨摩兵用十余门大炮重创三艘英军舰船，造成英军伤亡 60 余人，当然鹿儿岛城下町也大面积遭到烧毁，损失惨重。

生麦事件发生地纪念碑

表面上看，萨摩藩公然对英国普通人动武，多少有着"攘夷"色彩。但事实上，生麦事件中的四名英国人当时已经骑马来到岛津久光坐轿附近，砍杀其存在防卫因素；另外，根据美国商人尤金·范·里德（Eugene Van Reed）回忆，他当日也在稍早时分遇到萨摩藩队列，不过他随即脱帽下马，牵马立于路边，所以萨摩武士并未刁难他[①]。而且就在不久前，岛津久光还亲自下令逮捕 30 多名萨摩藩攘夷志士，以防他们为逼迫幕府"攘夷"而刺杀幕府高官，进而阻碍岛津久光意在推进的"公议"思路。

① 美国媒体报道后来的萨英战争起因时也谈到生麦事件："这件事错在理查德逊……对日本的主要贵族如此无礼，别说外国人，即便日本臣民也不能允许。条约虽给了他居住与贸易的自由，却没给他冒犯日本法律与习惯的权力。"《纽约时报》，1863 年 11 月 15 日。

佐幕派重镇会津藩藩主松平容保

除去底层攘夷志士以外，当时持坚定“攘夷”观点的只有朝廷。文久三年（1863）三月，第14代将军德川家茂进京觐见孝明天皇，在激进派公卿驱动下，朝廷要求幕府在五月十日“攘夷决行”，对外国列强整体开战，驱逐在日外国人。但真到了五月十日，全国只有长州藩一家炮击美国商船，幕府作壁上观，放任美法两国军舰炮击长州藩炮台。到了八月十八日，雄藩首脑松平容保（会津藩主）、池田庆德（鸟取藩主）连同萨摩藩兵发动政变，将长州藩主毛利敬亲与七名激进派公卿全部流放。

早在“樱田门外之变”后，幕末的政治坐标就从“开国”与“集权”转向“攘夷”与“公议”；而如今肃清攘夷志士与高层激进派，象征着日本高层总体不再支持“攘夷”，那么四种理念中，唯一可实现的便只剩下“公议”。

从文久三年（1863）十月开始，数位雄藩领导人陆续抵达京都，一次决定日本未来的会议即将召开。十二月五日，岛津久光提出，应在幕府旧制的基础上，授予“有力诸侯”以参预[①]之位，成立围绕天皇的咨询机构——参预会议。从十二月底到第二年（1864）一月，朝廷相继任命六位大名[②]为参预，议政体系初具规模。

走到这一步，日本建立“公议”政体之路已然打通，然而在随即召开的会议里，岛津久光、一桥庆喜之间却矛盾频发，争吵激烈。元治元年（1864）二月十六日，皇族中川宫朝彦亲王设宴调停，一桥庆喜喝了个烂醉，指着鼻子大骂岛津久光是“大蠢货”，还提出“不愿（与岛津久光）共事”。一番

① 参预：即“参议”，议政官之意。参预制度在此时建立之后，一直延续到明治年间。这套跨藩混合议政制度至少到1885年日本内阁制度成立才宣告中止，而其带来的长远影响则一直持续到20世纪20年代政党内阁制建立。

② 分别为一桥德川家家督德川庆喜、萨摩藩主父亲岛津久光、越前前藩主松平春岳、宇和岛前藩主伊达宗城、土佐前藩主山内容堂、会津藩主松平容保。

闹腾之后，参预会议废止，所有参预辞职回藩。

四、庆喜体制：“一会桑政权”的成立与萨摩藩的态度变化

老年德川庆喜

按一般理解，一桥庆喜如此热衷于排斥异己，重点应在于恢复幕府权威，但事实上在这一时期，一桥庆喜只是与岛津久光有隙，希望能抓住统治权。不过由于之前“南纪派”“一桥派”的争斗，他与幕府中枢的矛盾更大。所以就在辞去参预之后不久，一桥庆喜在三月底也辞掉了“将军后见职”，转而成为朝廷新设的“禁里御守卫总督”兼“摄海防御总督”。

与“将军后见职”有所不同，一桥庆喜的这两个绕口的新官职并不是得益于幕府权力，而是来自京都朝廷。因为，一桥庆喜心想与其继续受到谱代大名的掣肘，不如干脆挣脱江户城这个旧有的权力牢笼，在京都扩展权力基盘，建立一个既不反对幕府也不受制于幕府中枢的新政权。不久之后，他联合会津藩主松平容保（京都守护职）、桑名藩主松平定敬（京都所司代），形成一个崭新的“一会桑政权”[①]。

一桥、会津、桑名三大势力均属于幕府亲藩，很明显，一桥庆喜并不想建立遍及全国的“公议”体系，而是要尽可能排除非“外样大名”，把幕政权力转移到亲藩大名手中。

萨摩藩当然对一桥庆喜不满意，但他们依旧奉行“公议高于攘夷”政策。

① 有别于一般认识，一桥庆喜的权力机构并非完全基于幕府官僚体系，甚至相对幕府有着更为独立的特征。这一概念起源于大阪经济大学教授家近良树 1997 年出版的《幕末政治与倒幕运动》，对一直以来的“萨长史观”有所颠覆。京都守护职为江户幕府 1862 年设立的职位，战时拥有京都、大坂、奈良等地幕府军统辖权；京都所司代为江户幕府 1601 年设立在京都的治安维持机构，在幕末权力有所弱化。

禁门之变

元治元年（1864）七月十八日，长州藩兵 3000 人聚集在京都附近，以逼宫方式要求朝廷减轻处罚，萨摩藩不满长州藩对于“攘夷”的执着，主动击溃长州藩兵，幕府军大获全胜。正因如此，长州藩对萨摩藩咬牙切齿，甚至将其与一桥庆喜的支持者会津藩列为同类，斥为“萨奸会贼”。

但从实际情况来看，萨摩藩并非多么支持一桥庆喜。就在这场“禁门之变”后，萨摩藩本着“公议高于攘夷”原则，想争取让长州藩重归国政。七月底，幕府派兵进攻长州（第一次征长战争），西乡隆盛作为“征长参谋”跟随出战；随着战况逐渐有利于幕府一边，西乡隆盛等四人在十一月四日进入长州藩，提出以处死策动“禁门之变”的七位长州家臣、流放五名避难公卿为条件，尽力帮助长州藩脱罪；十二月五日，长州藩主毛利敬亲撰写伏罪状。由于西乡隆盛的周旋，第一次征长战争在没有大规模战役的情况下终结。

这次胜利也让江户幕府又一次看到重夺大权的曙光。庆应元年（1865）五月底，第 14 代将军德川家茂带着 16 藩的 6 万藩兵来到大坂，要求长州藩主父子进京谢罪，并请求第二次征讨长州。在当时，德川家茂象征着江户方面的谱代大名势力，京都的一桥庆喜则代表着幕府亲藩势力，他们一旦合力绞杀长州藩，结果必然是德川家重获大权，那么“公议”政体便再无可能实现。因此，从这一时点开始，萨摩藩转变思路，开始策划与长州藩结成同盟，共同对抗幕府与一桥庆喜政权。

幕末最重要的一份协约——萨长同盟就此诞生。

明治维新时期的长州藩藩主毛利元德

五、萨长同盟：下级武士的狂歌

“萨长同盟”虽然是倒幕运动乃至明治维新的重要基础，但有趣的是，这份同盟最早并不是藩与藩之间订立的正式文件，而只是两藩武士的私下协议。

要想理解倒幕运动与明治维新的历史，需要明确一个基本观念，那就是革新的推动者并不是藩主阶层，而是下级武士。翻开家谱，便可发现，大久保利通、西乡隆盛拥有相似的家格“御小姓与”[①]，这一家格在萨摩藩武士等级里排第九等，仅高于第十等“与力”；幕末名人坂本龙马也出身于土佐藩所谓的“下士”阶层；后来影响整个明治国家构架的伊藤博文干脆就是百姓出身，靠自己的父亲过继给下级武士家庭才得到武士身份。很明显，其阶层特点都是“边缘利益集团”，在和平时期，他们或许会自觉高人一等，但每逢变乱，高层武士会毫不犹豫

坂本龙马

① 萨摩武士等级：(1)御一门(岛津家同族)；(2)一所持；(3)一所持格；(4)寄合；(5)寄合並；(6)无格；(7)小番；(8)新番；(9)御小姓与；(10)与力。

大久保利通

清洗下级武士，他们也会与普通百姓一样陷入苦境。

进入幕末，下级武士的生活进一步落入窘境，他们强烈希望打破幕府的身份制度，于是纷纷投身攘夷运动。萨摩藩内，西乡隆盛、大久保利通等六人组成读书会，阅读儒家经典《近思录》。较之朱子学其他典籍讲求坐而论道，这本书兼议“治国平天下之道”“制度”等具体事务，成为明治维新的思想雏形；而《近思录》读书会六人也成为攘夷组织“精忠组”的最早成员。[①]

早在“安政大狱”前后，大久保利通曾一度策划“突出”（即暴动），前往京都刺杀朝廷与幕府高官。为了保存实力，岛津久光下令安抚，在万延元年（1860）将精忠组高层人物大久保利通的家格提升为“新番”（第八等），让其正式参与藩政。地位变动以后，精忠组逐步分化为保守、激进两派，其中大久保利通彻底融入萨摩藩政，甚至协助岛津久光逮捕激进派攘夷志士。

现位于鹿儿岛的尚古集成馆。由萨摩藩第 11 代藩主兴建的近代产业基地，为萨摩藩引进了纺织、炼铁、军工等产业，是日本殖产兴业的原点之一

之所以起用攘夷志士，也是没办法的办法。

进入幕末以后，雄藩试图参与国政改革，就需要与其他雄藩

① 《近思录》在 19 世纪初期极大地影响了萨摩藩内部政治形态。当时为了填补萨摩藩财政赤字，奉行《近思录》理念的家老桦山久言、秩父季保等人倡导藩政改革，扩大海外贸易，打破武士之间的阶级界限。但由于萨摩藩内部斗争激化，桦山久言、秩父季保被迫双双切腹，当时的萨摩藩主岛津齐宣被迫蛰居，并将藩主之位让给儿子岛津齐兴——幕末的岛津齐彬、岛津久光之父。

展开交流。然而在过去二百年里，江户幕府严禁各藩武士随意交流，藩内官僚只能应付内政，完全没有外交技能。但攘夷志士群体之间却因为限制较少而经常互通有无，进而结成遍布日本各大都市与藩的巨大的地下联盟，如果各藩之间需要联络，通过这个地下联盟无疑效率最高。

庆应元年（1865）六月，土佐脱藩武士中冈慎太郎作为桂小五郎（木户孝允）的特使抵达鹿儿岛，提出同盟想法，邀请西乡隆盛前往下关与长州藩武士会面。虽然会面未能实现，但随后西乡隆盛请另一位土佐脱藩武士坂本龙马作为自身使节前往长州，同意以萨摩藩名义购买武器、战船，再转卖给被幕府军禁止贸易的长州藩，先以实物取信于人。

从交涉过程可以看出，萨摩、长州两藩武士均未通过官方渠道商议，而是通过曾经的攘夷志士关系网互相交流，最终靠着两位出自土佐藩的武士达成互信，多少说明过去的攘夷志士已经脱离喊打喊杀的旧路，走上合纵连横的新路。

八月下旬，萨摩藩船“蝴蝶丸”搭载着第一批4000挺“洋枪”进入长州藩军港，随后利用同样手段，长州藩又获得“洋式舰艇”1艘与“洋枪”1万挺，初步具备与幕府对抗的能力。对于长州藩而言，能在幕府的贸易封锁下获得如此数量的军资支持，攘夷志士的关系网厥功至伟，因此旧攘夷志士出身的桂小五郎、高杉晋作等人自然能进一步主导藩政。

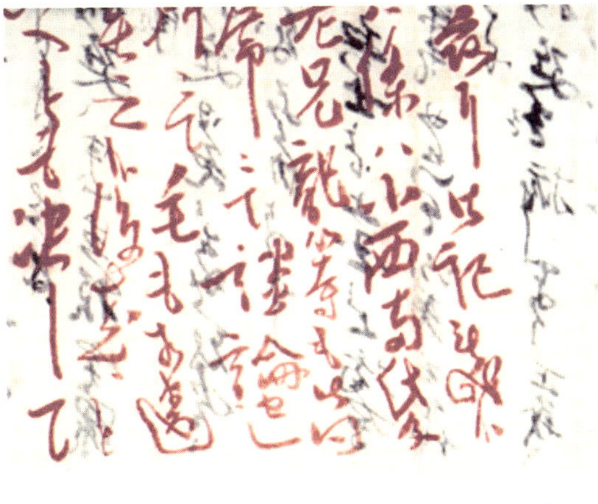

萨长同盟书信原件，黑字为木户孝允的手书，红字为坂本龙马的背书

九月八日，长州藩主毛利敬亲给“鹿儿岛国主”岛津久光撰写亲笔信，不仅表明对于先前过错的反省之意，也提出“贵国执着于勤王正义之举，实为钦慕；为皇国之事，我等若蒙

小松带刀

贵国关照则不胜欣悦”，等于从理念上默认攘夷志士的萨长同盟构想。

庆应二年（1866）一月八日，在西乡隆盛邀请下，木户孝允来到京都小松带刀宅邸，双方进行半个月的磋商后，于一月二十一日达成协议。协议共有六条内容：

“1. 一旦（长州与幕府）有战事发生，直接派遣两千余士兵急速与目前在京（萨摩）士兵合流，同时再派千余士兵前往大坂，稳固京坂两地防守；

“2. 如果战役有我方胜利之气锋，那时（萨摩）必定将尽全力向朝廷申诉；

“3. 万一战役有败色，却一年半载不至于全灭，其间（萨摩）也必定尽力协助（长州）；

“4. 有朝一日幕府军队东归，（萨摩）必定向朝廷申诉，为朝廷直接赦免（长州）冤罪而尽力；

“5. 桥（一桥庆喜）、会（津）、桑（名）等辈如果进而增兵上国，如现在一样假意拥立朝廷，对抗正义，遮断（萨摩藩）周旋尽力之道，那不得不进入决战；

“6. 若冤罪得以免除，双方须诚心团结，不需多言，均要为皇国粉身碎骨、尽力行事，无论选择何种道路，双方都要如同今日一样以皇国为念，以皇威恢复为目标，尽心竭力。”①

六条协议里，第一至四条以长州藩必定会以武力对抗幕府为前提，规定了萨摩藩在政治、军事上需要给予长州藩协助；第五条确定萨长同盟的对手是京都的“一会桑政权”，一旦政治工作不顺利便要进入决战；第六条则规

① 萨长同盟文书原本目前收于宫内厅书陵部。

定日后萨长同盟的远大方向。[①]

对于同盟构想，虽然毛利敬亲表示支持，岛津久光却不置可否，甚至没有给毛利敬亲回信。毕竟长州藩如今只有萨长同盟这一根救命稻草，但岛津久光却需要明哲保身：如果同盟成功、幕府衰弱，自己再来追认；如若幕府在下一步战争中大胜，追责萨摩，那么只需要把西乡隆盛等人扔出去就好。

虽然没有官方认可，但萨摩藩原精忠组的势力已经壮大。从庆应二年（1866）六月开始，长州藩在幕府第二次征长战争中逐步获胜；七月九日，西乡隆盛借萨摩藩主名义递上“长州再征反对建白书”，要求幕府迅速撤军；七月二十日，第 14 代将军德川家茂去世，幕府军士气低落；八月九日，长州藩以寡敌众，反过来占领了进攻自己的小仓藩，萨长同盟取得阶段性胜利，幕府军速战速决的想法再无可能实现。

长州藩自造西式火枪“长州铁炮”

十月十五日，岛津久光才姗姗来迟地给毛利敬亲回信，提到“如之前所约，（萨长之间）以后互相亲睦相处”，正式认可萨长同盟。凭借萨长成功结盟，岛津久光时隔三年才再度离开鹿儿岛，在庆应三年（1867）四月十一日抵达京都，参与即将举行的四侯会议。

① 有趣的是，萨长同盟文书一开始并不是双方正式签订的盟约，而是木户孝允的一封书信。商谈结束之后，木户孝允离开京都路过大坂，在旅馆里私下将会议所定议题总结为六条，然后寄给中间人坂本龙马确认；坂本龙马则在书信背面写了一段确认话语，又返给木户孝允。这六条内容很可能并不为小松带刀、西乡隆盛等萨摩藩与会者所知。

六、四侯会议："公议"路向何方？

1866 年幕府陆军画像

长州藩是赢了，但也只是赢了战役而已。

按照萨长同盟约定，如果战役取胜，那么下一步萨摩藩就要帮助长州藩恢复名誉与地位，但这并不比打赢一场战役要容易多少。

幕府虽然新败，但新继任的第 15 代将军德川庆喜将一桥庆喜时代积攒的政治资源注入幕府，使谱代大名与亲藩大名又重新出现结合之势。从庆应三年（1867）开始，德川庆喜恢复老中体制，取消过去每位老中负责一个月事务的"月番制"，改为给其分派具体事务，加快专业化分工，这也成为 1885 年成立的内阁制的雏形；之后吸取在第二次征长战争中失败的教训，从法国找到军事顾问组建新式陆军，设立横须贺制铁厂作为幕府造船基地。

正如木户孝允所言，"关东政令一新，兵马之制也有重大变革，决不可轻视一桥（德川庆喜）胆略；若不能抓住先机挽回政局，反过来被幕府抢占先机，结局便可能如同家康再生"[①]。所谓"家康再生"，不仅是借典故说明要防止放虎归山，也是警告众人：德川庆喜是一个丝毫不逊色于江户幕府初代将军德川家康的政治人物。

恰好同一时期，列强提出要求：幕府必须在公历 1868 年 1 月 1 日开放兵库港（神户），且要在之前半年，也就是日本历庆应三年（1867）六月七日

① 日本战国末期，丰臣秀吉政权下，德川家康被从经营多年的三河等五国转封至战乱贫瘠的关东七国，但数年之后随着改革经营成功，德川家成为日本最具实力的政治势力。木户孝允一言是在用这一典故。《幕末维新史料丛书七·回天实记·土方久元》，311 页。

之前通知开港事宜。但由于京都朝廷不认同开港一事，诏书迟迟无法下达，为了让朝廷接受开港，德川庆喜邀请全国有志于国政的大名进京共商大事。

松平庆永（松平春岳）

最终来的，还是参预会议的四个老熟人：岛津久光（萨摩）、松平庆永（越前）、山内容堂（土佐）、伊达宗城（宇和岛）。

早从这年一月开始，萨摩藩小松带刀、西乡隆盛、大久保利通三人便开始策划雄藩大名进京议事，以帮助兵库开港为条件，要求幕府同意给予长州"宽典"。只要长州问题由雄藩共同议论解决，那么雄藩"公议"政制的实现也为期不远了。

于是德川庆喜下令诸侯进京时，"四侯"便迅速出面来到京都。从五月初开始，多方诸侯与朝廷共同商议兵库开港事宜。但根据大久保利通的策划，岛津久光反复要求把兵库开港问题设为第二议题，把长州"宽典"问题作为第一议题，因此与德川庆喜产生矛盾，局面再度僵持，乃至岛津久光本人最后拒绝参会。一直到五月底，四侯会议都没讨论出个结果。很明显，岛津久光的目的就在于拖延时间，只要德川庆喜着急通过兵库开港议题，就必须先同意长州"宽典"。

五月二十三日，距离截止日期只有短短十余日时，德川庆喜再度召集"四侯"与朝廷共商兵库开港（岛津久光、山内容堂未出席）。经过一昼夜辩论，到五月二十四日清晨，朝廷终于同意兵库开港。同时在明治天皇发布的诏书里，也写明要给予长州"宽典"。

不过"四侯"依旧失败了。"宽典"只是诏书上的两个字，如果未在四侯会议上探讨具体细节，那么"宽典"如何实行依然要由幕府德川庆喜决定。

从幕末的"南纪派""一桥派"之争开始，雄藩便挖空心思想要加入国政讨论，经过多年努力，他们终于将国政中心从江户搬到京都。之前虽有参预会议的失败，但这可以归结为德川庆喜与岛津久光的个人矛盾。不过经过一系列事件，德川庆喜却将政治资源用于重树幕府将军权威，不禁让各大雄藩纷纷寒心。

四侯会议结束后，六月十六日，岛津久光在京都接见长州藩使者山县有朋、土佐藩使者品川弥二郎，将一支六连发手枪送给山县有朋："这次与土（山内容堂）、越（松平春岳）、宇（伊达宗城）共同上京，为皇国竭尽微力，建言要义却未得采用，幕府复兴再无前途，如今只得有所觉悟，尽力而为。如上所言，近日可与吉之助（西乡隆盛）联系，待我军越境贵地（指萨摩军队路过长州藩），其时万望您指挥并容许，请向殿下（指长州藩主 ）禀报。"

岛津久光所指很明显，即未来一旦打仗，希望萨长同盟能够迅速拧成一股绳。随后，山县有朋、品川弥二郎又来到小松带刀宅邸，询问未来方针，得到的回答很明确："致于守护朝廷，奏请诏书，正幕府多年来的罪逆，以盼朝廷强基固本。"很明显，如今萨摩藩已经按照萨长同盟第五条思路，准备与"桥会桑等辈"进入"决战"态势，靠武力实现"公议"[①]。

就在这时，"公议"体系中的另一派——土佐藩却突然有了新思路。

七、变数频仍：大政奉还之后的派系争斗

"大政奉还"最早还是由萨摩藩所提的："天下政柄应归奉天朝，幕府可迁为一大诸侯，与其他诸侯共同辅佐朝廷，以天下公议而立所置；与外国定约，也应先与朝廷商议，根据万国普遍定约订立，尽快实行。方能使万民初展愁眉，希冀为皇国倾注力量，振奋人气，挽回国运，旨在一新。"[②]

这番话是西乡隆盛、大久保利通所写，目的在于劝说四位诸侯参与到"公议"设想中。但经过庆应三年（1867）五月四侯会议的失败，萨摩藩大失所望，立即从筹谋公议政体转为武装倒幕。

① 《西乡隆盛全集》二，225 页。注引自佐佐木克《大政奉还与讨幕密敕》，《人文学报》（1997）80：1—32 页。

② 西乡吉之助（隆盛）、大久保一藏（利通）丁卯五月建白书。《玉里岛津家史料》五，1660 号。

只是这时，一直担任中间人角色的土佐藩却突然出现分化。

中冈慎太郎。幕末土佐藩与坂本龙马齐名的攘夷志士，受到长州藩志士桂小五郎（木户孝允）的雇佣而四处奔走，联络推翻幕府事宜。在明治时代开启之前，他与坂本龙马一同在京都遭到杀害。这张拍摄于1866年的照片是他在日本幕末非常罕见的微笑照片

早在五月二十一日，土佐藩武士中冈慎太郎、板垣退助已与西乡隆盛会谈，双方缔结了武力倒幕的密约（萨土密约）；随即六月二十二日，坂本龙马又与土佐藩高级武士后藤象二郎一起找到西乡隆盛，双方签订同盟（萨土盟约），共同谋求以非武力方式确立公议政体，实现大政奉还。

与同一个藩的不同派别签订武力倒幕、大政奉还两项盟约，不仅说明土佐藩内部同时存在两种声音，也说明萨摩藩希望同时抓住两边人马为己所用。只是没想到，“大政奉还”这个原本由萨摩藩提出的思路却被土佐藩迅速应用于实践。十月三日，土佐藩山内容堂提出“大政奉还建白书”，德川庆喜经过思考，也在十月十四日向朝廷提出大政奉还上奏书。

大政奉还等于是幕府主动把权力交还天皇，由朝廷负责联络诸侯建立公

大政奉还场所——京都二条城

议政体。十月十四日，倒幕派公卿岩仓具视请得“讨幕密诏”，但在大政奉还实现后的十月二十一日这一密诏随即取消。

这就让萨摩藩面临一个两难困境。一方面大政奉还已经实现，只要公议政体还有可能建立，那么萨摩藩发动倒幕运动就显得多少有些不太正确；另一方面，如果公议政体建立，那么德川家亲藩与谱代大名积攒 200 多年的势力依然会让他们成为日本最具影响力的家族，他们对于萨摩、长州这类外样大名自然不会友好。

于是，萨摩藩的任务就从建立公议政体转为争取公议政体的主导权。这时候唯一的大义名分，就是以天皇名义发动政变。

八、王政复古：明治维新的政治正确基础

庆应三年十二月九日，即 1868 年 1 月 3 日，萨摩、土佐、广岛、尾张、越前五藩重臣齐聚公卿岩仓具视宅邸，五藩藩兵随即封锁皇宫九门，随后岩

京都小御所

仓具视进入皇宫，要求实行“王政复古”。

所谓“复古”，从理念上讲，不仅是废除近700年的幕府制度，同时也要废黜上千年以来朝廷的摄政、关白职位，将政权体系恢复到王权集中时代——不过问题在于，经历了幕府700年统治，无人知道不靠幕府怎么治理国家。

虽然《王政复古大号令》（庆应三年十二月九日）设立了“总裁”“议定”“参与”三类新职，但“总裁”由（有栖川宫）炽仁亲王充任，“议定”由各藩藩主就任，“参与”交给各藩重臣。可以说三者与其说是职位，不如说是一种等级划分，并没有明确的职责分工。

新制度不仅缺漏甚多，还遭到大政奉还提议者、土佐藩领导人山内容堂的不满。

十二月九日晚六时，“三职会议”（小御所会议）召开。山内容堂立即发难：“如今这是什么事？三四卿拥着幼冲天子，要搞什么阴谋？”[①]他认为三职会议不应排斥德川庆喜，而应建立以德川庆喜为“议长”的诸侯会议。

山内容堂所言代表了很多大名的想法。虽然幕府有这样那样的问题，但如今德川庆喜也支持公议政体，那么雄藩与幕府之间的矛盾就突然转化为公议政体与倒幕之间的矛盾。要知道，在参与三职会议的五大雄藩中，尾张、越前都是德川家的亲藩大名，再加上土佐藩山内容堂发言责难，倒幕派便占少数。

为了让山内容堂闭嘴，倒幕派公卿岩仓具视只能训斥：“圣上乃不世出之英才，意在建大政维新之鸿业。今日之举皆是依宸断（即天皇的决断）而为，竟敢妄言我等拥幼冲天子而窃取权柄，这是何等无礼！”

注意：这段文字并未出现“天皇”二字。事实上从日本第62代村上天皇以来，绝大部分时间里天皇都不被称作“天皇”，而是以居住地或者陵寝名称为“某某帝”“某某院”，直到1840年光格天皇去世时才改正回来，此时幕府高层还依往日习惯以“天子”“圣上”相称，这也多少凸显出天皇

① 《德川庆喜公传》第29章《大坂城移转》，萩野由之、井野边茂雄编。

山内容堂，土佐藩第 15 任藩主，面对幕末风起云涌的局势，他一般都在底层志士与江户幕府之间保持一个中立态度，也被人揶揄为“醉了就勤王，醒了就佐幕”

在过去历史中的存在感很低。

至迟从平安时代（794—1192）中期开始，天皇对政权的影响力就大幅缩水，进入幕府时代以后，天皇完全不像中国皇帝一样拥有绝对权力；到了幕末，虽然京都朝廷重新成为国政一极，但天皇依然受到公卿集团掣肘。《王政复古大号令》本身也是岩仓具视主导发布的，所以山内容堂所称“三四卿拥着幼冲天子”，实是对当时局势的最好解读。

山内容堂之所以诘责岩仓具视，一个重要原因是他依然受上千年的“虚君”传统影响，想当然地认为岩仓具视也会受到“虚君”影响，承认“王政复古”是自己主导的。谁承想岩仓具视却拉出“宸断”作为大义名分，而山内容堂坚持的公议政体在名义上也要以天皇为中心，这就让他陷入自相矛盾之中；加之岩仓具视毕竟是公卿，自然可以声称任何举动都是“宸断”。

于是，岩仓具视打破了一个延续上千年的不成文传统：天皇不亲政。

从政治上讲，岩仓具视非常高明，只要拉出天子，任何阻挡者便是“朝敌”。事实上庆应四年（1868）一月，当旧幕府军与新政府军交战时，三职会议便给予新政府军象征大义名分的“锦御旗”，这就让旧幕府军背上“逆贼”之名。在军政双方压力下，德川庆喜大败，沿海路逃出。新政府军也在不到一年时间里平定半壁江山，并在明治二年（1869）夺取北海道，统一日本四岛。

但这也给明治维新确立了一个巨大的逻辑定式：王政复古这个意在推翻幕府、建立新政权的思路以“恢复皇权”作为旗号，以天皇所谓“叡虑”（即天皇的想法）作为评定正邪的标准；这就意味着明治维新从一开始，就把“复古”与“革新”两个看起来截然不同的理念锁在了一起。

整个明治时代因此变得光怪陆离起来：一方面，日本积极西化，民间开展启蒙运动，乃至讨论宪法，建立国会，一副“脱亚入欧”之势；但另一方面，日本的“皇国”思维却愈发严重，从中下层官僚蔓延到一般民众。进步与后退、西化与古化彻底搅在一起，让这场革新从一开始就无法彻底消灭传统，而只能通过强化传统来获得改革的合法性。

小结

仅就明治维新而言，“革新”与“复古”锁在一起也没什么不好。

幕末最大的理念争斗，便是“开国”与“攘夷”、“集权”与“公议”之争。毋庸置疑，“开国”与“公议”自然象征着进步方向。但从另一个角度说，19 世纪末期，日本还是一个西欧式封建制国家，各藩民众别说不存在统一的“日本人”认同，甚至连语言都不通[①]。现实如此，“攘夷”与“集权”就有着团结民众、统一调配资源的重要作用。

换言之，理念可以一争高下，但到了具体治国理政阶段，必然是具体问题具体分析，不可能偏用偏废任何一种理念。一旦“复古”与“革新”这对相反思维锁在一起，那么每个利益群体都会从现有的改革措施中找到自身位置，最终促使大多数人支持改革，这对于国家在变革期的稳定发展大有裨益。

每逢改革，多数目光都会关注改革措施如何、改革理念如何，却常常忽略了改革成本。“复古”理念其实虚无缥缈，根本没人说得清公卿、幕府出现以前日本的国家体系如何运作，但“复古”却能够给重视传统价值观的群体带来被尊重感；同时在一次次改革进程中，持有传统价值观的群体受到的冲击一定最大，“复古”便成为降低乃至抵消这些改革成本的重要方式。

① 最著名的故事是陆军大将大山岩（萨摩藩）与第二任妻子山川舍松（会津藩）交往时，互相听不懂对方口音，只能用英语或法语交流。但考虑到山川舍松 11 岁就前往美国留学，对于其他方言理解能力较差也可以理解。

在后发国家里，日本相对幸运，上千年困于孤岛让它形成了边界清晰的历史文化（虽然有关日本文化起源的辩论从未有确定结论），也让它拥有（至少名义上）一直延续的天皇血统，并借此推动着明治维新向前发展。

第二章

何枝可依？明治初年的理念分歧与政治倾轧

由于在戊辰战争（1868）中取得节节胜利，新政府终于确立了以京都朝廷为名义核心的公议政体，但这并不意味着“御一新”就会顺理成章进行下去。相反，仅靠公议不但无法解决矛盾，反而因人多嘴杂而降低了效率，散布各地的独立王国“藩”更是近代国家发展的掣肘因素。解决问题的过程中，日本各大政治派别之间爆发了激烈争斗。

一、废藩置县：向中央集权进发（1867—1872）

首先需要明确一个概念：藩。

一提幕末维新，都会提到“藩主”“藩士”“藩邸”等等称呼，但事实上在整个江户时代，虽然类似概念确实存在，但“藩”这个称呼并不正式属于幕府语言系统。

以越前藩主松平春岳为例，他的正式称呼是“松平越前宰相”[①]，俗称“越前殿”“越前侯”，代称是“当家”（本藩人称呼）、“他家”（外藩人称呼）；至于“越前藩士”，原本应该是“越前宰相家来（家臣）”；“江户越前藩邸”“越前藩领”这类词语更是后世所造的，当时的称呼是“江户城越前屋敷（宅邸）”“越前宰相领分”。

① 古代日本人名构成很复杂。姓氏层面有“氏”“姓”“苗字”三种，名字层面有“通称”“讳”“雅号”（包括出家法号）等，其中“氏”一般搭配“讳”，“苗字”搭配“通称”“雅号”。松平春岳的“氏”为“源”，“苗字”为“松平”，“讳”为“庆永”，“通称”为“越前宰相”，“雅号”为“春岳”，所以他在古代最正式的称呼为“源庆永”，一般称呼为“松平越前宰相”或“春岳公”。

越前藩主城福井城

究其原因，“藩”字借用的是中国周王朝的旧词，借“藩屏”之意称呼拱卫天子的诸侯，通过水户学传入日本，进入“尊皇”语言系统。若当时用了“藩”，等于是在幕府将军统治时期承认“天皇正统”，这种思想固然可以在水户学派中与民间存在，但幕府官方不会认可。

“藩”正式成为官方用语是在庆应四年（1868）二月十一日，朝廷根据规模分出“大藩”（40万石以上）、“中藩”（10万石以上）、“小藩”（1万石以上）——恐怕藩主群体没有想到，他们刚刚推翻幕府，曾经的下属就要来架空他们。

·藩士逆袭：明治维新的第一次政府重组

《王政复古大号令》设“总裁”“议定”“参与”三职，很明显，三职根据“将军”“藩主”“藩士”三级划分地位。于是庆应四年（1868）一月十七日，新政府仿照幕府将军，确定“总裁”的职权为“总裁万机、决策一切事务”；藩主阶层以“议定”身份督管各部门事务；藩士阶层分为“七科”，处理具体事务[①]。

1868 年就任“议定”的安艺广岛藩主浅野长勋

这种设定方式承袭幕末传统，以各藩为主体构建统治机构，因而也被称为“列藩同盟政权”。这种政权模式固然基于幕末公议政体，却将藩主地位抬得过高，忽视了藩士才是启动明治维新的主体。

幕末，底层藩士是边缘利益集团，随时有可能成为政治牺牲品，这也让他们成为倒幕运动最坚定的支持者。如今维新开启，他们必然无法忍受自己上面还有“总裁”“议定”两级官僚，更不可能再让藩主阶层决定自己的命运，于是在接下来的一年时间里，藩士便开始争取直接议政权。

三月十四日，明治天皇在京都御所召见公家与各藩藩主，发布新政府基本方针《五条誓文》[②]，其中第一条是“广兴会议，万机决于公论”。理念上虽然确定了公议政体，但具体“兴”何种会议，召集什么人参与会议并不明确。事实上在草案中，这条原为“兴列侯会议，万机决于公论”，换言之，就是以藩主集团组建“列侯会议”，决定“万机”。但在修订过程中，总裁局顾问木户孝允未同意，“兴列侯会议”这个具体政策才变成“广兴会议”这种虚指。[③]

之所以修改，一是“强调（除去列侯会议以外）每个府藩县都可兴会议”，

① 《法令全书·庆应三年明治元年》第 36 条“定三职之制”、第 37 条“定三职之职”，15—19 页。

② “一、广兴会议，万机决于公论；二、上下一心，大展经纶；三、官武一体以至庶民，各遂其志，务使人心不怠；四、破历来之陋习，基于天地之公道；五、求知识于世界，大力振兴皇基。”《法令全书·庆应三年明治元年》第 156 条《五条誓文》，63 页。《五条誓文》也作《五条御誓文》，御字无实意。

③ 《五条誓文》基于倒幕维新志士坂本龙马所写《船中八策》而定，第一版由福井藩士由利公正起草，第二版由土佐藩士福冈孝弟修改，第一条改为“兴列侯会议，万机决于公论”，最终版由长州藩士木户孝允确定。

1868 年就任“参与”并起草《五条誓文》的土佐藩士福冈孝弟

会议不必仅限于国政；二是木户孝允作为藩士，不愿意让藩主阶层独揽议事权。这种情况下，只有将天皇地位抬高，才能进一步降低藩主群体的地位，抬高藩士群体；且一旦抬高天皇，那么幕末公议政体便愈发不可能实现,那么围绕在中央机构附近的官僚，尤其是以藩士为主的政治群体便会近水楼台。

闰四月二十一日，新政府根据《五条誓文》发布《政体书》[①]：废止“总裁”一职，要求“天下权力总归于太政官”。“总裁”“议定”都是具体的人，“太政官”在概念上则与“中央政府”等同。从这个时点开始，国政不再由具体的人组成的联盟公议决定，而要以一整套官僚体系来集权决定。

《政体书》官制（庆应四年闰四月二十一日）

	部门名称	类似机构	所属官阶
立法权	议政官	上院	（上局）议定、参与、史官、笔生
		下院	（下局）议长、贡士
行政权	行政官	内政部	辅相、弁事、权弁事、史官
	神祇官	宗教部	知官事、副官事、判官事、权判官事
	会计官	财政部	知官事、副官事、判官事、权判官事
	军务官	国防部	知官事、副官事、判官事、权判官事
	外国官	外交部	知官事、副官事、判官事、权判官事
司法权	刑部官	司法部、最高法院	知官事、副官事、判官事、权判官事

① 《法令全书·庆应三年明治元年》第 331 号“定政体”，137—139 页。

形式上，《政体书》参考美国宪法，确立三权分立制度，议政官主管立法，刑部官主管司法，行政、神祇、会计、军务、外国五官分管行政，这也是日本中央官僚系统的最初形态。但实际情况是，最高司法权事实上也归属议政官，这就使得议政官成为当时日本最高的实权机构。

议政官分为上局、下局两部分，其中下局为各地推荐的贡士组成，对高层政治并不熟悉，实权自然由上局把控；人选上，《王政复古大号令》的“议定”“参与”两职全部归入上局，标志着幕末维新的藩士开始与他们曾经的上司——藩主平起平坐。

·朝藩体制：从“公议”到“集权”

中央层面确定下来，接下来便是地方层面。闰四月二十四日，新政府设立第一个府（箱馆府），进而在这年夏天到秋天将原幕府设立奉行所的领地设立为“府”、其他直辖领地改设“县”。府、藩、县三者平级，这一时期也称作“府藩县三治”时期。

庆应四年部分地方行政机构设立情况

设立日期	时称	目前所属	设立日期	时称	目前所属
闰四月二十四日	箱馆府	北海道	五月二日	大阪府	大阪府
闰四月二十五日	京都府	京都府	五月四日	长崎府	长崎县
闰四月二十五日	大津县	滋贺县	五月十二日	江户府	东京都
闰四月二十五日	笠松县	岐阜县	五月十七日	仓敷县	冈山县
闰四月二十五日	日田县	大分县	五月十九日	奈良县	奈良县
闰四月二十五日	富冈县	熊本县	五月二十三日	兵库县	兵库县
闰四月二十五日	富高县	宫崎县	五月二十九日	越后府	新潟县
闰四月二十八日	久美滨县	京都府	六月二日	高山县	岐阜县

续表

设立日期	时称	目前所属	设立日期	时称	目前所属
六月九日	三河县	爱知县	七月二十七日	柏崎县	新潟县
六月十七日	神奈川府	神奈川县	八月二日	伊那县	长野县
六月二十二日	堺县	大阪府	九月二日	佐渡府	新潟县
七月六日	度会府	三重县			

设立府县之后，政府委派维新藩士作为县知事。如日后的财务高官松方正义（萨摩系）就职日田县，未来明治天皇的“帝师”佐佐木高行（土佐系）就职富冈县，明治宪法的创始人伊藤博文（长州系）也在这时开始担任兵库县知事。做了知事，自然就要离开原藩，各藩藩士正式脱离原藩主控制，与其不再有人身依附关系。随后十月二十八日，政府又发布“藩治职制”，明确各藩与府县平级，藩内官制也需要与府县统一。几条命令下来，藩士、藩主之间的阶级沟壑逐步被填平。

虽然命令发了不少，但较其他国家的改革而言，明治元年改革进程缓慢，总体与幕府末年没有本质区别：中央政府各“官”设立方式与庆应三年（1867）幕府改革时极为类似，地方官制也还是沿袭传统，唯一变化就是把旧幕府领地转为新政府领地，至于旧时代的各“藩”领地几乎没有变动。

之所以这样，是因为藩势力依旧强劲，加之戊辰战争并未完全结束，政府需要仰仗各藩军队继续统一全国，藩制改革只能逐渐着手。这固然让明治维新从一开始就有“不彻底”之忧，但另一方面也让改革走上渐进路线，在争取最大公约数的前提下一步步推进。

刚刚经历过东北战争战火的会津城

十二月七日，新政府

大村益次郎

军与旧幕府军在东北地区交战结束（东北战争），25 名反抗新政府的藩主来到东京皇宫等候判决。但出人意料的是，25 名藩主没有一人被判死罪，受惩罚最重的会津、请西两藩也只是被没收封地，会津藩主松平容保的儿子松平容大还在不久之后重新就职于斗南藩。处分诏书也以天皇口吻道："叛逆者虽须严刑处罚"，然而"朕亦失德、未立教化之道"[1]。最终将藩主阶层整体保留下来，借用原制度暂时稳定统治基础。

整个戊辰战争中，西乡隆盛（萨摩）、大村益次郎（长州）等各藩藩士成为军队的实际指挥官，大久保利通（萨摩）、木户孝允（长州）则执掌中央官僚机构。反抗新政府的藩主由藩士负责量刑定罚，这在客观上让维新藩士地位逐步高于旧藩主。到明治二年（1869）六月二日，天皇召集倒幕藩主进入皇宫，论功行赏，除去萨摩、长州、土佐等藩得以加封外，西乡隆盛、大村益次郎也以个人身份获得奖赏，从大名的藩士转为天皇的臣民。

将身份地位彻底拉平后，藩士便开始启动下一步的废藩计划：版籍奉还。

·国是纲目：藩士是何意见？

所谓"版"，是指土地；"籍"，是指民众。版籍奉还，意思是将属于藩的土地与人民交还天皇——当然，所谓给天皇，其实就是剥夺藩主的自治权，集权于中央政府。

版籍奉还论早已有之，庆应三年（1867）十一月二日，大政奉还刚刚结束，

① 《法令全书·庆应三年明治元年》第 1035 号"松平容保等处以宽典之诏书"，378 页。

寺岛宗则

寺岛宗则（萨摩藩士）就向岛津忠义（萨摩藩主）提议将“封地”与“国人”返还天皇，自贬为“庶人”，以光明正大的方式实现“勤王”；当然，寺岛宗则也明白藩制不易废，因而提议先让萨摩藩奉还一部分领地领民，继而带动其他大名一起“版籍奉还”[1]。庆应四年（1868）二月十一日，这份提议由岛津忠义提交给朝廷，表示愿将10万石领地上交给朝廷作为军费。

萨摩如此，长州也不甘于人后。早在庆应四年（1868）一月，在木户孝允（长州藩士）建议下，毛利敬亲（长州原藩主）就表示愿意将所领周防、长门两国“返上”。不过这一时期，明治政府并未想好具体如何处理此事，便令长州藩仍旧“代管”两国。

明治元年九月十八日，萨摩、长州两藩代表大久保利通、木户孝允在京都秘密会面，商讨“秘密事”（木户语）。虽然木户孝允在当日日记里感叹未能探讨深意，仅“止于表面条理”，但双方基本就合作实现版籍奉还达成合作协议[2]。

事实上，萨摩、长州两藩想法还有些不同。萨摩藩提出，版籍奉还之后，各藩藩主仍“如以往统治”领地，只要“上纳租税”即可；但木户孝允却认为，版籍奉还之后，须按“天子之意”重新确立“规则”。

幕府时期，每逢将军换代，幕府要给全国藩主重新下发“朱印状”确认领地。从这个意义上说，萨摩提案等于继承了幕府传统，只是把将军发令改为天皇

① 《寺岛宗则建言》：“应总而废封建之诸侯，立真之王道，原本倡导勤王而尽无上之忠节者，便应奉还其封地其国人于朝廷，自成庶人而期于选举”。胜田孙弥《大久保利通传》中，606页，同文馆，1911年。

② “此日与大久保市藏（利通）谈秘密事，其承诺尽力，余久而期心不能施，遗憾也。此实乃关涉皇国千载之事，原应抛功名于度外，以人之手而遂其志，聊为君父、为皇国尽力之所以也。虽大久保未能语其奥义，而止于表面条理，实在今日遗憾也。”《木户孝允日记》第一，明治元年九月十八日，99—100页。

下诏；而长州提案却要求设立“规则”，藩主是否还能够统治原藩要根据“天子之意”，亦即中央政府命令确定。

酒井忠邦

就在这时，一个偶然事件爆发，让萨摩、长州双方放下“小异”，先追“大同”。

从明治元年（1868）十一月开始不到三个月时间里，酒井忠邦（姬路藩主）连续四次给政府上书，要求版籍奉还。戊辰战争过程中，姬路藩围绕是否给新政府献上 15 万两军费事宜分裂为两派，酒井忠邦虽然以藩主身份清洗掉了十余名佐幕藩士，但依然难以压制两派争斗，所以上书要求将藩地统治权交还中央，自己只作为地方官，不再参与两派争斗。

就版籍奉还建议来说，酒井忠邦上书并未有什么新意。问题在于，与萨摩、长州等藩不同，姬路藩是幕府的谱代大名，前两代藩主酒井忠绩、忠惇都曾任幕府老中，掌握幕府中央官僚机构。现在姬路藩带头向新政府表忠心，政府自然可以借机收服其他藩主。

不过有趣的是，大久保利通、木户孝允等人最初完全无视酒井忠邦上书一事。毕竟维新是萨长雄藩所为，如果接纳谱代大名的建议搞了版籍奉还，多少会削弱自身的发言权。但同样出于长州藩的伊藤博文却敏锐地发现了机会，在酒井忠邦第一次上书以后就提出“建白书”（建议书）。

虽然伊藤博文出自长州藩，也曾在幕末率领独立武装“力士队”参与倒幕，但总体上他并没有很强的封建藩士的地域意识，反而具备现代政治家的“同志”意识。这虽然让他一度与木户孝允不睦，却也让他在明治各藩阀之间来回游走，成为明治国家事实上的缔造者。

针对姬路藩上书，伊藤博文开始广发议论，并在明治二年（1869）一月整合意见提出《国是纲目》，第二条便是“全国政治兵马之权集于朝廷，诸藩交还人民与兵力，藩主以贵族遇之，朝廷代替藩主向全国统一发布律

青年时期的伊藤博文

令”[1]。很明显，有别于大久保、木户对于版籍奉还之后如何施政的“暧昧”态度，《国是纲目》想法非常明确：版籍奉还必须与废除藩主权力联系在一起，必须与中央集权联系在一起，藩作为地方行政主体不能继续存在，必须与府、县平等。

换言之，版籍奉还是废藩置县的前提，也必须导向废藩置县。

除去版籍奉还以外，《国是纲目》还有其他五条关于内政外交的建议，成为日后明治政府构建的重要理念。比如第一条提到“天皇之万世一系国家”，为后来的帝国宪法奠定了基础；再比如第六条提出“与外国诚恳交往，不许滥杀外国人”，也成为对外开放政策的重要基础。由于伊藤博文当时是兵库县知事，这封建议书也因此被称为“兵库论”。

虽然伊藤博文的建议非常中肯，却因过于激进而遭到反对，一部分保守派藩士从各地来到京都，斥责伊藤博文“侮蔑忠义之道”，甚至连长州藩贵族都策划要把伊藤博文赶出明治政府。

至于政府内的大久保利通、木户孝允两人，一方面自然认可伊藤博文的思想，也明白“兵库论”给版籍奉还的推动带来机会；但另一方面，大久保、木户两人也不认为废藩置县已时机成熟，也很担心激进言论会激发保守派反扑，毕竟政府已经开始筹划如何让藩主接受版籍奉还。

·版籍奉还：“建白书”的矛盾与妥协

“原本，臣等所居乃天子之土，臣等所牧乃天子之民，怎敢安享私有。

① 马场恒吾《伊藤博文》，105—106 页，潮文阁，1942 年，日本国立国会图书馆电子版。

今谨奉上其版籍。愿朝廷处其宜，予其应予，夺其应夺。”[①]

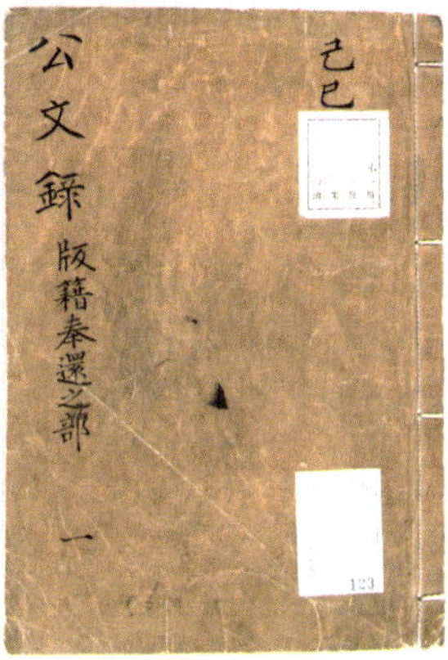

四藩主版籍奉还材料

几乎在伊藤博文提出“兵库论”的同时，明治二年（1869）一月二十日，毛利敬亲（长州）、岛津忠义（萨摩）、锅岛直大（肥前）、山内丰范（土佐）四大雄藩藩主联名向朝廷提出“建白书”，提请版籍奉还。

从表面上看，四大藩主高风亮节，自愿放弃统治权，促进中央集权发展。但就在这封“建白书”里，也隐藏了他们意在提升地位的谋略。

从幕末以来，藩主地位一直在降低，乃至于明治元年，藩主组成的“议定”已经与藩士组成的“参与”地位相等，加之戊辰战争中藩主完全无法控制军队，如今越是雄藩，藩主就越是形同虚设。比如“萨摩国主”岛津久光在幕末大为活跃，到了明治维新以后拒绝进京议政，只能在鹿儿岛那遥远之地继续统领没有参加倒幕战争的士族。

对于绝大部分藩主而言，唯一的选择就是请求新政府如同旧幕府一样发布“朱印状”，保住“藩领导者”的地位。况且他们本来也不剩多少实际统治权，倒不如以此为筹码要求新政府认可其地位。

从四大藩主的“建白书”也能看出，虽然文章通篇充斥着“普天之下，莫非王土”论调，却也以“予其应予，夺其应夺”一语道出其期望政府保住自身地位的目的。日后回忆这段历史时，伊藤博文提到诸藩表面遵从“世间潮流”，实际上是要求“朝廷发布本领安堵的指令”；大隈重信（佐贺藩士）也认为，藩主提出版籍奉还并不是让朝廷没收版籍，而是想将过去幕府授予

① 《版籍奉还之表》摘录：“所谓幕府者起而擅私有土地人民，以扶植其权势，朝廷徒拥虚器，遂仰其视息而成感激之情，横流之极亦滔天难回者兹六百有余年……。原本，臣等所居乃天子之土，臣等所牧乃天子之民，怎敢安享私有。今谨奉上其版籍。愿朝廷处其宜，予其应予，夺其应夺。凡列藩之封土更宜下诏命而改定之，自制度典刑军旅之政乃至戎服器械之制悉出于朝廷，天下之事无论大小皆一归之。”永井德邻编《维新奏议集》中。

的“藩领”变成皇室册封的“本领安堵”（保护藩主的原有统治权不变）证明。

换言之，在保守派看来，版籍奉还不但不是改革举动，反而成为“本领安堵”政策；而在革新派看来，这又是符合明治国家建设的集权之举。既然这一政策能同时让两个截然对立的政治派别满意，那就一定是发展的必然趋势。

一月底开始，鸟取、佐土原等六藩上表附议，到六月二十四日政府开始强制实行之前，已经有257个藩主上表请求版籍奉还，政府也新设立“知藩事”职位，与府县官员称呼统一；另外在版籍奉还的同时，新政府废除“公卿诸侯”之称，142家公卿与285家藩主成为日本历史上最初的“华族”。

版籍奉还虽然看似只是复制了幕府“朱印状”这一管理模式，但相较之下也有根本不同：一是正式取消藩主与藩士、百姓之间的人身隶属关系，藩士俸禄改由中央政府直接拨付；二是打破“藩政”与“藩主家政”的锁定关系，将知藩事“家禄”定为藩收入的十分之一；三是知藩事成为非世袭职位，藩主对于领地的专属权彻底被打破。

从结果来看，新政府在收回版籍之后并没有完全给予“本领安堵”，但由于保障了藩主群体的贵族身份与收入，此举还是稳定住了藩主群体，显著降低了改革成本。

明治二年（1869）七月八日，维新政府发布《职员令》[①]，对《政体书》所做的官员配置进行了一些调整：神祇官这一主管国家意识形态的部门从太政官系统中独立，逐步成为虚设机构；太政官系统则直接管理民部、大藏、兵部、刑部、宫内、外务六省，实质上成为中央集权国家的最高统治机关。政府人事上，除去右大臣三条实美、大纳言岩仓具视、德大寺实则三人之外，主管实际工作的“参议”全部由藩士阶层担任，藩主群体的实际权力进一步被削弱。

《职员令》官制（明治二年七月八日）

权力划分	总部门	分部门	类似机构
立法权	集议院		下议院

① 《令集解》第一，20—22页，国书刊行会，1913年。

续表

权力划分	总部门	分部门	类似机构
行政权	神祇官		宗教局
行政权	太政官	民部省	民政部
		大藏省	财政部
		兵部省	国防部
		刑部省	司法部
		宫内省	皇室管理部
		外务省	外交部
		大学校	教育部
司法权	弹正台		最高法院

到明治三年（1870）九月十日，明治政府公布《藩制》。《藩制》共13条，主要关注藩财政问题。其中规定，藩岁入的10%为知藩事薪水，9%为陆海军军费（其中50%作为海军军费上交中央政府），剩下81%作为藩官僚体系运作费用以及士族薪水。各藩必须设定统一的支出科目，迅速偿还债务，承担军费义务；另外，各藩士族薪水的增减、死刑需要经中央政府“裁可”才能实施。明治政府进一步朝着“一致政体”方向迈进。

但需要注意，这一阶段明治政府的思路，其实是以《藩制》促进“府藩县三治”得以稳定，至于要不要废藩置县，仍然没有纳入考虑范畴。

·士族反抗：萨长集权体制建立

《藩制》颁布以后，藩主成为贵族，在东京的藩士群体主持政府，在乡士族却不甚满意。

“士族”概念很难用一句话说清，与藩主、藩士阶层也有很多重叠，但大体而言，士族可以界定为明治政府建立以后利益受损的人群，他们很多人在

萨摩藩旧集成馆，耗费了大量藩财政支出

幕府时期有着显赫地位，因而也没有动力参与倒幕运动，这让他们大多在明治维新以后没有得到利益，甚至是大伤元气。

戊辰战争虽然仅仅持续了 17 个月，却使得各藩财政遭到沉重打击，到明治三年（1870），各藩欠债累计超过收入的 3 倍，其中大藩、中藩（5 万石以上）为 2.63 倍，小藩（5 万石以下）高达 3.58 倍。参加倒幕的四大雄藩里，萨摩藩为 1.77 倍、长州藩为 3.61 倍、土佐藩为 2.12 倍、肥前藩为 2.3 倍，可见财政恶化并不只出现于佐幕藩，倒幕藩也是一片赤字[①]。

由于债务高企，各藩只能削减支出。《藩制》推行以后，159 藩（总共 284 藩）削减了 10%~40% 的士族家禄（武士薪水），还有 9 藩降薪超过 50%。比如长州藩要求家禄 1000 石以上的家族将家禄降低 10%，100 石到 1000 石的统一降为 100 石，100 石以下的维持原状；萨摩藩则要求将门阀武士家禄降低到以前的八分之一，而将底层士族的薪俸提升了 20%。

削减家禄只是第一步，削减士族人数更为重要。从明治三年（1870）十一月开始，土佐藩实行“禄券法”，将应付家禄转为家禄债券，本金留存于藩财政，只支付利息。底层武士家禄本来就少，利息自然更少，为了生存只能把债券卖掉，并因此而失去士族身份。到明治四年（1871），长州、福井、米泽、彦根四藩也纷纷仿效，这也成为 1876 年“秩禄处分”的发端。

不过实行“禄券法”的藩依然是少数，当时大多数藩实行的是“归农法”，即要求中下层士族成为农民，垦荒伐林。其中弘前藩要求富有农民上缴土地，

① 数据来源于胜田政治《废藩置县》。

然后以低价分售给士族；美浓苗木藩比较极端，直接强制要求全藩士族"归农"。幕府时代讲求"士农工商"，士族地位非常高，然而一到新时代却被迫务农，自然让已经习惯"铁杆庄稼"的士族难以忍受。

诸多因素导致明治政府面临士族暴动，而第一次暴动，则发生在倒幕运动最为兴盛的长州藩：明治二年（1869）十一月底，长州藩以"精选"为名清理戊辰战争部队，随即1200多名士兵"脱队"，回藩包围长州藩议事馆（现山口县厅舍），要求得到公正对待。乱局之下，木户孝允亲自率军800人回藩，到明治三年（1870）二月才得以平定局势。

为了对付反抗士族，土佐藩知藩事山内丰范向萨摩藩提出上、中、下三策：上策旨在以皇室权威压制大国雄藩，迅速推动改革；中策是以辅相（公卿三条实美、岩仓具视）决断全国大事；下策是由萨摩、长州、土佐三藩辅翼中央政权。当然，此处所谓上策、中策、下策并非用以区分"策"是否精妙，而是表示政权应以哪个阶层为基础。但很明显，皇室公卿已上千年没有实权，整个维新政权也以雄藩为权力骨架，即便山内丰范提出三策，唯一实用的也只有下策。

就在土佐藩提议之后，萨摩藩也发生了士族暴乱。明治三年（1870）九月，萨摩藩兵也一度在"萨摩国主"岛津久光影响下撤出东京，回到藩地，很多人都在质疑萨摩藩是否会发动兵变。感受到压力的大久保利通不得不派遣西乡从道（西乡隆盛之弟）回藩劝说，终于把兵变势头压制下去。

明治三年（1870）十一月底，公卿岩仓具视启程前往萨摩、长州两藩，亲自与岛津久光、毛利敬亲两人会面，请求双方共同合作，成为诸藩"标准"。行程中，另一位公卿三条实美还来信，提到如果两人能

长州藩幕末军队，后成为裁撤时期的主要反对力量

御亲兵的后身“近卫师团”司令部

够进京参政，可以授予他们“纳言心得”职位。在明治初期的官制里，“大纳言”一职仅次于最高官职“右大臣”，成员也只有岩仓具视等四名旧公卿，如今允许岛津久光、毛利敬亲成为“心得”（同等待遇），也是一种拉拢。

既然中央政府怀柔，藩主群体态度自然软化下来。十二月十八日，岩仓具视抵达鹿儿岛，岛津久光最初因病未能出面，直到十二月二十四日才来到岩仓具视住处，表示会先让西乡隆盛代替自己进京，等春暖以后自己再前往东京；第二年（1871）一月七日，岩仓具视抵达山口，毛利敬亲在一月十日迅速答应明治政府要求，同时也以抱恙为由推迟进京时间。

虽然两位旧藩主级人物并未迅速进京，但他们既然答应了政府提出的协助要求，就会在地方层面帮助中央政府压制反对派，而另一方面，已经进入中央政府核心的大久保利通、木户孝允便也不是无根之水。大久保利通提到萨长两藩将会“同心合力辅助朝廷”，实现“真之内国一致”（即府藩县三类地方体制一致）[①]；木户孝允也以书信形式告知大久保利通，在日本建立起能与欧美各国对峙的实力基础之前，长州藩将会与萨摩藩合力“奉公”[②]。以此为契机，维新政府确立了以萨摩、长州两藩为核心的中央政府，“萨长幕府”宣告成立。

① “两国老卿西乡等人同心合力辅助朝廷，则万事无不可行，真之内国一致，足可应对海外。”岩仓具视收大久保利通文书，明治三年十一月十三日，《大久保利通文书》第四，116 页。

② “至安定皇国而对海外确立不易之优势基础前，长州暂随旧藩之骥尾而奉公。”大久保利通收木户孝允文书，明治三年十一月十六日，《木户孝允文书》第四，150 页。

所谓“萨长幕府”，其实是民间的一种揶揄之词，意在讽刺萨摩、长州两藩推翻幕府，却又建立了与幕府相似的中央集权政府，与他们最初高喊的“天皇亲政”口号相去甚远。不过，走到这一步，维新志士多少发现，无论喊什么口号，无论他们是不是反对幕府，若要推动改革，建立一个强大的集权政府都是必要条件。随即在明治四年（1871）二月，新政府精选萨摩、长州、土佐三藩藩兵 8000 人组成“御亲兵”。虽然数量不多，却成为中央政府震慑雄藩的重要工具。

· 废是不废？集权与公议如何摆平

说起来，各藩比中央政府更想废藩置县。

早从明治二年（1869）十二月开始，就陆续有 13 藩提出废藩申请，要求并入其他藩或府、县。究其原因，虽然版籍奉还让原藩主转职为知藩事，但毕竟仍然有一城一地需要供养，加之实际权力并不在手，藩的规模越小，知藩事就越是不堪重负，只得提出“再度辞表”自请废藩。

蜂须贺茂韶

进入明治四年（1871），中藩、大藩也开始自请废藩。一月，德岛藩（25.7 万石）知藩事蜂须贺茂韶提出废藩置县，要求将“藩”改为“州”，将“知藩事”改为“知州事”，将兵权集中于中央[1]；随即鸟取藩（32 万石）知藩事池田庆德也表示，应尽快实行郡县制，打破藩制旧习，并将所有原知藩事集中于东京居住，扩大见闻。到四月，尾张藩（56 万石）

① 蜂须贺茂韶《乞废藩名之表》摘录：“臣窃以为唯断然废藩名，改知藩事为知州事，确定立于庙堂上执事之官，应各藩管辖之广狭或区分二三县或成四五县。”《维新奏议集》下。

知藩事德川庆胜提出中央集权“五策”，其中第二条是“人才登用”，第四条是“一州一知事制”，第五条是“华族家禄平均化”，并指出如果藩制继续存在会让民政走向“多途”①。

有别于小藩，大藩自请废藩并不是为了巩固中央集权，他们是站在自身角度，希望实现公议，参与国政。

早从江户时代开始，藩政主导权就普遍不在藩主手中了，版籍奉还又消除了人身依附关系，致使旧藩主群体既无实权，又要面对棘手的士族反抗，因而他们普遍希望摆脱累赘的藩内官僚体系，以独立政治家身份参与国政。不过由于新政府普遍不愿从藩主阶层提拔人才，如果想进军国政，藩主群体反而需要打破门阀之见。如此一来，集权和公议这对相互矛盾的理念就找到了一个公约数。

就在四月，岩仓具视提出《大藩同心意见书》，根据各藩所提建议，总结出民政、财政、兵制、刑法、学制统一以及家禄改革事项，随即也提出在地方层面施行州郡制：废除藩名，其中 15 万石以上藩改为“州”，7.5 万石（部分地区可降至 5 万石）以上改为“郡”，2.5 万石（部分地区可降至 2 万石）以上改为“县”，2 万石以下统合进其他郡县②。从实质层面说，《大藩同心意见书》称不上是彻底的废藩令，更像是要消灭 2 万石以下的小藩，保全大藩，但毕竟要废除藩名，这就为废藩论打了一针强心剂。

不久之后的五月底，土佐、熊本、德岛、彦根、福井、米泽六藩结成废藩同盟，召开联络会议，确定废藩置县，将全部知藩事纳入“议院”；七月四日，新政府要求长州、萨摩、土佐、尾张、福井五名原藩主于每月二日、十二日、二十二日三次“出仕”接受“国事御咨询”；不仅如此，三条实美、岩仓具视两位公卿还在商讨让鸟取、德岛、金泽、肥前四藩加入“咨询席”。经过

① “五策”分别为“学校制度的统一”“人才登用”“军旅之事统一”“一州一知事制”“华族家禄平均化”。胜田政治《废藩置县》。

② 《大藩同心意见书》主要包括“东京府贯属”“各知藩事三年一度前往管辖地出差”“各知藩事家禄会计上纳于东京府”“废藩名而改州”“于东京建州厅并与从来之藩厅合并”等事宜。《岩仓具视关系文书》第八，163—175 页。

明治初年的反复尝试，有废藩意图的大藩首脑与旨在推动集权的中央政府达成妥协，集权与公议大体走向一途。

虽然中央政府答允让各藩加入中央政府，但到这时为止，废藩置县仍不能算国策。

一直以来，政府都是在试图强化“府藩县三治”制度，以强力将三者统合为一条绳；如今借着雄藩支持中央这一势头，集权和公议两派已经殊途同归，所以完全没必要再推动更为激进的改革策略。然而随着新政府内矛盾升级，废藩置县也以一种戏剧化方式得以提出。

新政府的最大问题，就是大久保利通（萨摩系）与木户孝允（长州系）在理念上的矛盾：大久保利通认为，政府若想发挥集权优势，必须简化层级，让参议直接兼任部门长官，精简人员；但木户孝允却认为行政权不能太强，应继续走公议路线，建立议会以加强立法权，制约政府[①]。

由于意见不统一，双方便互相掣肘。六月二十八日，木户孝允主持会议，废止了大久保利通提出的设立中务省的提案[②]。七月五日，木户孝允为了制订公议草案，召开制度调查会议探讨如何改革，大久保利通与相关派系成员拒绝出席会议，导致会议进展极为缓慢。作为萨摩、长州两系官员的事实领袖，两人如此不合作使得“萨长幕府”在建立之初毫无作为，甚至有着倒台风险，形势极不乐观。

一边集权，一边公议，新政府好不容易从各藩获得支持，形成集权合力，如今又面临权力分散之忧，双方都需要一个新的公约数。

于是，废藩置县成了不二之选。

---

① 当年六月二十五日，新政府精简人事，除西乡隆盛、木户孝允留任参议之外，其余参议全部被免职。

② 中务省：名称来源于古代中国行政机构中书省与日本古代官职中务卿。在大久保利通的设计中，政府高层不需要过于复杂，只需在皇室、公卿与各省厅之间设立一个上传下达的机构，主管内政整体改革即可。这一思路通过他日后成立的内务省（1878—1945）得以实现，内务省也成为如今总务省、国土交通省、厚生劳动省、警察厅、公安调查厅、文化厅等众多与国民生活、国家机器运转相关的中央省厅之鼻祖。

·唐突改革：废藩置县的得失核计

这还要从长州系官员说起。

早在七月四日晚，三位长州系官员——山县有朋、鸟尾小弥太、野村靖聚在一起吃饭，闲来聊起国事，就提出应该进一步改革藩制，在全国实行郡县制；七月五日，鸟尾、野村两人拜访另一位长州官员井上馨，提出废藩置县思路，井上馨随即同意，并认为版籍奉还“不过是多了收入，其他还什么都干不了”；七月六日，上述四人共同拜访长州系参议木户孝允，最终五人达成协议，长州系官员整体开始推动废藩置县。

同样在七月六日，山县有朋拜访西乡隆盛，直接询问“如今着手实行废藩置县如何”，西乡隆盛没有犹豫，立即回答“没什么不好吧”；山县有朋为了确认而继续试探说“（废藩置县）无论怎么样也会有人流血，必须要做好准备”，西乡隆盛再度回复“如果是我们的话就可以”。

壁画“废藩置县” 小堀鞆音 绘

七月九日，西乡隆盛、大久保利通等四名萨摩系官员与木户孝允、井上馨、山县有朋三名长州系官员密会，确定废藩置县为政府策略；七月十四日，明治政府下达废藩置县命令，将全国261藩与其他府县整合为3府302县，规定所有藩知事必须在九月之前到达东京。

从这一连串的事件可以看出，有别于经历了很久讨论过程的版籍奉还，废藩置县几乎是在一夜间做出的决定。除去参与讨论的萨摩、长州系官员以外，知情者只有具备上奏权的右大臣三条实美，甚至连岩仓具视与政府内的土佐系官员都完全不知情。

明治天皇迁都东京，法国《世界画报》1869 年 2 月 20 日。由于江户幕府要求所有藩主必须留质子在江户，导致几乎所有藩主都成长于江户，天皇迁都东京让他们更愿意来到从小长大的东京，而不是人生地不熟的所谓“老家”

综合来看，废藩置县得以提出，目的就是为了缓解新政府内部的思路矛盾，毕竟无论大久保利通与木户孝允之间闹得多僵，萨摩、长州两系官员还是希望能共同稳固新生的“萨长幕府”。

从提升政府集权效力的效果来看，废藩置县自然是一记奇招，各藩知藩事由于得到了事实上的好处，也并未反对，原藩主群体几乎全体收拾行囊启程前往东京。然而他们的集体离开，却给地方统治带来了巨大麻烦。

明治四年（1871）八月，广岛爆发民众运动，近十万民众包围广岛城，阻止原藩主浅野长训前往东京，其间大量民众砸毁公共设施，直到十月四日政府出兵镇压才各自散去。这起“挽留藩主”暴动导致 573 人获刑，其中带头者武一郎等 9 名农民因“违敕”而被判死刑。以“武一骚动”为始，在随后的四个月时间里，日本相继爆发 23 起暴动，所有带头者都被处死。

底层农民之所以不满，主要是因为安全感缺失。无论是在幕藩体制还是“府藩县三治”体系下，藩都相对独立，那么领民自然更信任藩主而不是将军（哪怕将军已经变成天皇）。一旦藩解体，他们便要第一次融入“天领”（幕府将军直辖领地，即明治政府的府、县），也不免接触到“异人”（外国人）。由于缺乏交流，底层民众大多认为外国人是“喝人血”的怪物，维新政府则是卖女孩、卖牲畜给“异人”的“鬼”。若是藩一息尚存，无论“御殿大人”（藩主）换成谁，藩与领民之间都存在一条经营了上百年的信任纽带；可一旦废藩置县，便再无这个“遮蔽幕”，底层的“攘夷”思想便转化为针对“开国”政府的暴动。

用时人的话说：“‘御殿大人’舍去我等下民不顾，要去江户（东京）参拜，若我等无人问津，结果便是女子让‘异人’夺走，孩子们的血液会让‘毛唐人’（长毛的异邦人，意指欧美人）吸走！”[①]

为了缓解矛盾，维新政府一方面派兵镇压，一方面也宣布“教谕”，明确提出不会增收“年贡”（赋税），强调天皇政府的“恩惠”，接着提到政府从未向外国贩卖人口，只是顺应时代潮流而与“异人”积极交往。

可是，一旦陷入所谓“塔西佗陷阱”，无论政府怎么解释都没效果。因为从版籍奉还到废藩置县，明治政府全部的改革措施都是围绕旧贵族阶层展开，从上而下确立顶层设计。虽然政府高喊“万机决于公议”，但这个“公”仅仅指的是旧藩主、藩士乃至中下层武士，并没有涵盖普通民众，也没有听取民众层面的“攘夷”建议，那么主张“开国”与集权的明治政府自然会受到质疑。

从中央政府角度看，废藩置县打破了日本上千年的封建制度，可谓进步；但由于忽视民众意见，加之打破藩制速度过快，所以民众与中央政府之间不可能建立信任基础，结果就倒逼民众走上结社、结党之路，日后的自由民权运动（1874—1890）便肇始于此。

二、严刑峻法：江藤新平的改革与“征韩论”斗争（1871—1873）

明治四年（1871）十一月十二日，横滨港。

“早八时，大使、副使、理事官、书记官以下均集结于横滨裁判所，十时出发。随后大使、副使乘坐马车，到码头再转乘小蒸汽船，十一点登上本

① 载于谷山正道《近世民众运动的展开》，注引自胜田政治《废藩置县》。

船。等到聚起蒸汽，下午一时拔锚起航。”（《大使信报》）

这便是岩仓使节团起航之日的新闻报道。如今看来，这篇报道完全是一本流水账，但时过境迁，在近150年后如今的“维新启蒙”话语体系里，由50多名政府高官、上百名留学生组成的岩仓使节团却早已成为日本“开眼看世界”“欧化第一步”的象征。

岩仓使节团主要人物合影，左起为木户孝允、山口尚芳、岩仓具视、伊藤博文、大久保利通

然而，无论如何美化岩仓使节团，都无法回避一个简单的事实：使节团出访失利是明治初年政府在外交方面一次极为惨痛的教训。

岩仓使节团并不是简单地游历各国，其主要目的是寻求与欧美列强修改不平等条约之法。结果刚到美国，使节团就发现“条约改正”只是日本一厢情愿，美国无意取消对日本的不平等政策，甚至无意与日本使节团进行礼仪之外的交涉，副使木户孝允在日记中感叹：“今日之事总之有失轻率，岂可不慎将来乎？”[①]

对美交涉“已失一着”（在开始阶段就失利）[②]，岩仓使节团便整体陷入尴尬，岩仓具视本人“百方后悔，然而如今又能如何，只得以‘铁面皮’（厚着脸皮）完成各国使命”[③]，即将主要任务从“条约改正”修改为考察各国国情，而时间也相应延长到20个月，超出原计划近乎一倍。

行程更改带来的最大问题便是身在海外的大久保利通、木户孝允两人对

① 明治五年二月十八日，《木户孝允日记》第二，179—180页。

②“今日之事已失一着，彼（美国）之所欲尽皆给予，我（日本）之所欲则未得其一，此间之苦心与遗憾只管吞泪而已”。明治五年二月十八日，《木户孝允日记》第二，149—150页。

③ 三条实美收岩仓具视书信，《三条家文书》191—31，明治五年二月九日。

日本国内政局失去把控能力，加之同一时期“维新三杰”的第三人——西乡隆盛忙于应付来自士族群体的反扑，于是，新任司法卿江藤新平便借机崛起。

·太政官制：议会萌芽与司法独立

明治四年（1871）七月二十九日，新政府更新官制，设立由正院、左院、右院组成的所谓“三院制”：左院“掌管立法之事”，右院负责协调各省厅，提案最终交由正院审议通过[①]。

三院可以类比如今日本的内阁、众议院、参议院三个机构，但从运行方式来讲，右院只负责预审各省厅提案，左院所谓“掌管立法之事”也只是提出建议，所有提案都需要通过天皇决裁（事实上不一定亲临）的正院审议才能完成。换言之，“三院制”本质上依然是“正院集权制”，很难说是真正实现了三权分立。

正院集权体制下，右院逐渐沦为摆设，为了让左院发挥作用，左院副议长江藤新平主持制定了《左院事务章程》，其中第三条规定“凡一般布告之诸法律制度均须本院审议”，使得左院成为法律布告出台之前的重要审议机关[②]。整个左院里，江藤新平收揽了众多派阀藩士，其中既有倒幕藩出身的伊地知正治（萨摩）、细川润次郎（土佐），也有佐幕藩出身的谷铁臣（彦根），甚至还有旧幕府臣子大鸟圭介（甲午战争开始时的日本驻朝鲜公使）。通过议政论政，江藤新平不仅统合起了众多有识之士，为议会行使立法权打下基础，也通过左院副议长一职积累起雄厚的政治资本。

明治五年（1872）四月，江藤新平转任司法卿，这成为他人生中的重要转折点，也开启了他与大藏省系统，乃至整个日本官僚系统的对峙局面。

---

① 《法令全书·明治四年》太政官达第 386 条“太政官职制并事务章程”，298—305 页。

② 《法令全书·明治四年》太政官达第 686 条“左院事务章程”，458 页。

太政官制（明治四年七月二十九日）

	部门名称	类似机构
太政官	大藏省	财政部、民政部
	神祇省	宗教部
	外务省	外交部
	司法省	司法部、最高法院
	工部省	建设部、工业部
	兵部省	国防部
	文部省	教育部、文化部

除去“三院制”以外，明治四年（1871）施行的太政官制也有两个重大调整：一是将刑部省、弹正台合为一处，成为司法省[①]；二是将民部省、大藏省统合一处，成为新的大藏省[②]。换言之，当时的司法省、大藏省不仅分别具有司法部、财政部的职能，各自还具有最高法院、民政部的职能。

司法省的职能如此变更或许还可以理解，但新的大藏省却给人一种中国古代户部之感。应该是因为，日本在经历了上千年封建制度之后刚刚实现废藩置县，民政与财政确有诸多相通之处，加之废藩置县引发“挽留藩主运动”，更需要两者在地方上紧密结合才能维持稳定。

但这就引出一个大问题，即大藏省“侵害司法权”问题。

日本古代当然没有三权分立的概念，地方财政、民政、司法事宜均由任职官员统一管理；如今虽然在理念上要区分权力，但地方官与百姓并不适应

① 《法令全书·明治四年》第 336 条“废刑部省弹正台设司法省”，第 337 条“刑部省事务属于司法省”，第 338 条“弹正台事务属于司法省”，第 339 条“司法省管理刑部省弹正台事务”，第 340 条“原刑部省中囚狱司属于司法省管辖”，第 341 条“司法省设于原刑部省址”，第 342 条“定司法卿辅职”，280—281 页。

② 《法令全书·明治四年》第 375 条“废民部省”，第 376 条“除土木司外民部省事务引渡向大藏省”，第 377 条“民部省事务除土木司外由大藏省管理”，第 378 条“大藏省中废置寮司”，294—295 页。

明治早期的大藏省

新体系。除去东京府以外，日本各地司法事务事实上依然由大藏省系统管辖，只有刑事犯罪案件才归属司法省审理。正因如此，在明治四年（1871）以后，大藏省成为管辖权巨大的中央省厅，也是进一步改革的对象。

恰好在明治四年（1871）十一月，大藏卿大久保利通作为代表加入岩仓使节团，出访欧美各国，而留守监督大藏省事务之人西乡隆盛与江藤新平关系甚笃，让其转任司法卿自然不在话下。

之所以选择江藤新平，是因为西乡隆盛看中了他在左院时的卓越表现。江藤新平刚进入司法省不到一个月，即明治五年（1872）五月二十日，司法省就出台了内部暂行规程，规定“本省总括全国裁判所（法院），掌诸般事务，但不涉及具体裁判之事（即司法权独立）”，“卿辅之任在于总括裁判官（法官），起草新法草案，决定各裁判所之‘疑谳’（二审），监督诸裁判官，拥有‘进退黜陟’（人事）之权”。

1877 年东京上等裁判所

很明显，江藤新平向大藏省下了战书。八月三日，司法省再度出台《司法职务定制》，明确规定了法院审判流程，并对警察、检察官、律师、公证人等身份加以严格规定[1]。不

① 《法令全书·明治五年》八月三日条“司法省职制并事务章程（司法职务定制）”，465—501 页。

久之后，司法省迅速接管已在各地建立起来的司法机构，广泛新设裁判所，在地方层面向大藏省“抢班夺权”。

明治五年（1872）日本地方裁判所设立

日期	设立地区	现所属	日期	设立地区	现所属
八月五日	神奈川县	神奈川县	八月十二日	印幡县	千叶县
八月五日	埼玉县	埼玉县	八月十二日	群马县	群马县
八月五日	入间县	埼玉县	八月十二日	宇都宫县	栃木县
八月十二日	足柄县	神奈川县	九月	兵库县	兵库县
八月十二日	木更津县	千叶县	九月	山梨县	山梨县
八月十二日	新治县	茨城县	十二月	京都府	京都府
八月十二日	栃木县	栃木县	十二月	大阪府	大阪府
八月十二日	茨城县	茨城县			

十一月二十八日，“司法省达第46号”公布，针对地方官侵害民众权利做出反制规定：（1）地方官、户长违背国家法令而意图新设规则；（2）地方官、户长闭塞人民之请愿、询问、上书；（3）地方官抑制人民迁徙往来之权利；（4）地方官在邻县发布国家法令之后十日内未发布；（5）地方官误解国家法令而出具错误解释。以上五种情况若出现任何一种，“各人民均有权前往当地裁判所，或来到司法省裁判所提起诉讼”，而“地方裁判所与地方官若有不服，须向司法省裁判所上诉”①。

经由江藤新平一番改革，司法省逐步确立了在明治政府中的独立地位，但也招致以大藏省为核心的官僚反感。故而江藤新平不仅确立了司法制度，也以司法卿乃至佐贺系官僚身份被卷入时政斗争之中。

① “诉讼相关法令”，《江藤家资料》929—11，参考毛利敏彦《明治六年政变》。另，从明治六年（1873）开始，日本发布《废太阴历颁行太阳历》法令，以明治五年十二月三日为明治六年（1873）1月1日，故下文在1873年以后月日记法由汉字更改为阿拉伯数字，但为照顾日本历史特点与书籍风格一致性，仍采用“明治”年号。

·官制润饰：近代日本首次预算纷争

青年时期的井上馨

“关于大藏会计之事，困难之事各种各样，井上大辅参与进来，很多人都要辞职。”[1]

明治六年（1873）1月6日，在给外出巡游的岩仓具视阐述国内政局时，太政大臣三条实美列举了四项问题，其中“大藏会计”（财政预算）问题与当时日本面临的我国台湾、朝鲜两项外交议题一样，成为明治政府极为头疼的难题。

难题的引爆者，正是长州系官员井上馨。

岩仓使节团出访后，大藏省事务由西乡隆盛监督，但西乡隆盛不甚了解财政事宜，导致大藏省实权落入大藏大辅（财政部、民政部副部长）井上馨手中。面对各省厅报来的明治六年（1873）预算，井上馨挥刀大砍：文部省报来200万日元，井上馨只给了100万日元；司法省报来96万日元以整备全国法院机构，却被砍到45万日元。

与此同时，陆军省也报来800万日元预算。由于陆军省刚刚爆出两起挪用公款事件，总金额近100万日元，预算理应更加谨慎，然而井上馨几乎未加思考就全盘接受。因陆军大辅（陆军部副部长，主持该部门）山县有朋也是长州系官员，井上馨就不免被人怀疑偏袒“自己人”。

很快，司法卿江藤新平、文部卿（教育部部长）大木乔任（同为佐贺系官员）就联名上书表达不满，井上馨不愿屈服，便干脆请假不理政务，导致大藏省

① 岩仓具视收三条实美书信，明治六年1月8日，《岩仓具视关系文书》第五，209—212页。

处于半瘫痪状态。

针对大藏省的态度，明治六年（1873）1月24日，江藤新平递上一篇4000字辞表：首先表明“国家富强之本，在于国民安定；国民安定之本，在于斧正国民位置”，进而感叹日本法制不甚健全，“而各国法律严明，因之商会、工会、农会之业兴盛”，随即提出建立司法制度乃是“即今之急务”；接着提到司法省建立不久以来的卓越成绩，并以“三府七十二县，不出数年，各民位置与外国（国民地位）同等相似”为目标，要求自己的预算得到通过[1]。

江藤新平这篇文章措辞华美，极具煽动性，很快司法省官僚纷纷响应上司，提出抗议，其中甚至包括起草《五条誓文》的土佐系官员福冈孝弟。很明显，在江藤新平人格魅力与省厅整体利益推动下，司法省官僚结成联盟，成为大藏省的重要对手。

2月5日，太政大臣三条实美不敢触司法省之霉头，便驳回江藤新平的辞表，要求大藏省重新审议预算。一边是大藏省，一边是司法省，两者均为明治政府的巨大省厅，双方领导也都是倒幕维新志士的重要成员，局面因此彻底陷入僵持。

之所以形成这一局面，与当时的太政官制有着密切关系。虽然正院为决策机构，但正院的参议只有木户孝允、西乡隆盛、大隈重信（佐贺）等数人，而木户孝允正随岩仓使节团在外考察，西乡隆盛则回到鹿儿岛县（萨摩藩）处理政事，三条实美又性格软弱，缺乏领导能力，自然无人能够解决大藏省与司法省两个庞然大物之间的争斗。

很快，江藤新平就出了一个杀招。

4月19日，明治政府新任命左院议长后藤象二郎（土佐）、文部卿大木乔任（土佐）、司法卿江藤新平（佐贺）为参议，允许三人在正院讨论国政；随即5月2日，又对先前的太政官制加以“润饰”，要求左院“暂不确定职权章程”，右院则改为“依敕命而临时开设”，正院升格为最高国政决策机构。

既然“凡立法之事为本院（正院）特权”，那么各项政务必然要“总由

---

① 的野半介《江藤南白》下卷，1—36页。

内阁议官（参议）之裁判而审定其得失缓急”，换言之，江藤新平从一个普通的国务大臣一跃成为“内阁议官”，而对手井上馨只是大藏大辅，地位上难以与其匹敌，于是司法省对财政预算问题便有了更大发言权。

不仅如此，先前担任左院副议长时，江藤新平意在强化左院的立法职能，然而一到正院就任参议，他就将立法权集中回正院。如今他作为司法卿已经事实上掌握了司法权，再拿到立法权，便可以从根本上抓住维新政府的实权。考虑到大久保利通、木户孝允皆出访在外，而西乡隆盛又长期不在东京，江藤新平颇有一番“抢班夺权”的野心。

就在官制“润饰”的第二天，即5月3日，井上馨也同样提出一篇长文辞表，表示“方今之策本应遵循量入为出之旧例，务在节减经费”，接着批评“从院省使寮司到各府县，各人自邀其功，往往增其官数”，可谓是从正面与江藤新平展开对决。

不过由于正院掌握在江藤新平手中，不到六天，井上馨的辞表就得以通过，大藏省改由另一名佐贺系参议大隈重信负责执掌，至此，江藤新平在这场预算之争中轻松取胜。

但胜利还不止于此。井上馨由于愤愤不平，特意将自己的意见登载于报纸，甚至引用了不少具体财政数据，这就触犯了政府官员的保密义务条款。7月20日，司法省临时裁判所做出判决，以泄露机密为由判处井上馨罚金3日元。江藤新平不仅在政治上取胜，也让井上馨本人挨了处分。

然而正当井上馨抱怨“此节处分极为不愉快”之时，这位倒霉之人又惹出一件腐败案，再度被江藤新平抓住了小辫子。

·腐败两案：对决长州藩阀

必须说，井上馨这个人很贪婪。

据说井上馨非常喜欢艺术品，尤其喜欢茶器。每逢参加茶会，他都会以借为名，将他人的茶器据为己有，而对方惧于井上馨权势，只好忍气吞声。

尾去泽铜矿

明治天皇听说以后，便来到井上馨的茶会，当着众人之面从他家“借走”一幅壁挂画，以警示他不要太过贪婪。

这段记载难辨真伪，但井上馨因贪婪而惹出的尾去泽铜矿事件却波及甚广。

随着废藩置县结束，大藏省开始调查各藩债权债务问题，调查到原盛冈藩（现山形县盛冈市）时，大藏省发现了商人村井茂兵卫从盛冈藩“奉内借”相当于5.5万日元款项的票据。其实在江户时代，由于身份等级差异，“奉内借”只是委婉的说法，真实情况是盛冈藩给村井茂兵卫偿还5.5万日元欠款，也就是说这并不是商人的借据，而是盛冈藩偿还借款的收据。

这套文字游戏其实旧武士与商人双方都很熟悉，上百年来一直运转良好，怎知大藏省不但不认可旧制，反而要求村井茂兵卫立即还款。由于对方一时没钱，大藏省就指示长州系官商冈田平藏以不到4万日元的价格收购了村井茂兵卫手中价值12万日元的尾去泽铜矿（现秋田县鹿角市尾去泽）。

辞去大藏大辅一职以后，明治六年（1873）8月，井上馨与同乡冈田平藏一起去视察尾去泽铜矿，铜矿因此被插上一块“从四位井上馨所有地”的标志，这就不免让人怀疑井上馨很可能与冈田平藏合谋，以偿还“奉内借”为由借机贱买铜矿。

司法卿江藤新平一直盯着井上馨，自然也注意到这个问题。不久之后，他需要的报告书就递了上来。报告书认为大藏省收回铜矿之举无误，但未经公卖手续就与“山口县人冈田某”私相授受，而且“此冈田某乃当时的大藏大辅井上馨之亲近者”，最终定论是“不能排除两者之间存在丑恶关系的可能性”。

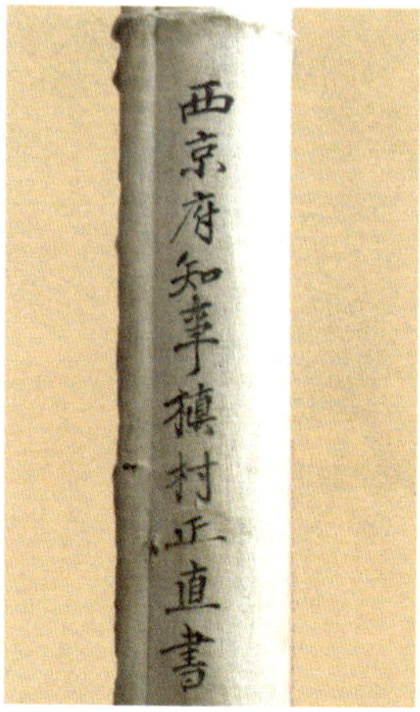

槙村正直所书文书

就在司法省调查井上馨的同时，另一桩关乎长州系官员命运的维权案也已经爆发，即所谓的“小野组转籍事件”。

小野组是江户时代日本三大豪商之一（另两个是三井组、岛田组），在明治初年担负着为政府换取外汇的职责。由于新政府迁都东京，小野组也准备把总部从京都挪到东京，谁承想却遭到京都府方面的百般阻止。

之所以这样做，一是因为京都府官员不愿意流失重要税源，二是因为小野组的死对头三井组不希望小野组来到东京发展，恰好三井组与长州系官僚井上馨走得很近①，而京都府参事槙村正直也是长州系官僚，于是便多方合谋阻止小野组离开京都——起码小野组自己是这么认为的。

明治六年（1873）5月，小野组不服，转而向属于司法省系统的京都裁判所提出行政诉讼。最初，京都法官不敢反抗京都府，意在将事情淡化处理，然而司法卿江藤新平闻讯大怒，随即派遣雷厉风行的法官北畠治房前往京都。最终不到一个月，京都裁判所认可小野组的请求，命令京都府不得阻止小野组转籍一事。

然而由于京都裁判所刚刚建立，威信不足，京都府不但不听从判决，反而将小野组负责人叫到府厅加以威胁，京都裁判所随即判处京都府参事槙村正直罚金6日元。于是矛盾升级，槙村正直拒绝认罪，而京都裁判所则直接向司法省提出逮捕申请。

一件“尾去泽铜矿”，一件“小野组转籍”，虽然各有起因，从中却能明显看出江藤新平将矛头直接对准了长州系官僚。再加上前一年长州系官员山县有朋惹上的挪用公款的山城屋事件（详见第三节“西南有事”），长州系

① 据说在岩仓使节团送别会上，井上馨曾被西乡隆盛揶揄为“三井家的大番头”，事实上日后三井家逐步发展壮大，乃至成为日本战前三大财阀之首，也与政府支持有着密切关系。参考毛利敏彦《明治六年政变》。

官僚可谓人人自危。

就在这时，长州系官僚领袖木户孝允在明治六年（1873）7月底回国，随即着手处理长州系内部问题。

应该说，木户孝允对于这两件事也持反感态度。事实上在井上馨前往尾去泽铜矿视察之前，木户孝允便专程写信劝阻，要他不要过度张扬，结果并没阻止住；而在“小野组转籍”问题上，虽然当事人槙村正直也找到木户孝允求助，但在明治六年年底（江藤新平卸任后），司法系统还是逮捕了槙村正直。可见从理念上，木户孝允是法律制度的维护者，只是面对突然崛起的江藤新平，他不得不深谋远虑，以免整个派系坍塌。

就在木户孝允一筹莫展之际，西乡隆盛提出了一份出使朝鲜提案，为长州系脱离苦境提供了出口。日本政局也随着岩仓使节团归来而陷入混乱。

·征韩论战：西乡隆盛的真意与政府工作重心

历来认为，西乡隆盛之所以下野，是因为他想要立刻攻击朝鲜（征韩），而以大久保利通为首的内政重视派不同意，于是双方闹崩了。

应该说，日本当时确实有人主张征韩，但其中并不包括西乡隆盛。

草梁倭馆

江户幕府时期，日本与朝鲜仅维持通信关系，朝鲜在釜山（东莱府）为对马藩（对马岛）设立草梁倭馆，日本商人必须通过对马藩才能来朝鲜做生意。到明治五年（1872）九月，明治政府将其改名为“大日本公馆”，改派外务省官员负责对朝贸易。由于草梁倭馆的土地所有权属于朝鲜政府，只是借给日本商人用，所以朝鲜方面认为日本这一举动极为无礼，日朝关系就此陷入紧张

西乡隆盛

状态。

明治六年（1873）5月底，在“大日本公馆”驻勤的外务省官员发电东京，提到三井组商人因冒充对马商人遭到逮捕，朝鲜政府极力管制公馆的贸易活动，且朝鲜还张贴告示，要求日朝贸易恢复江户幕府时期的通信制度。

在此背景下，正院举行数次审议。土佐系参议板垣退助提出应派遣一个大队（营）士兵前往朝鲜保护日本侨民与公馆，太政大臣三条实美甚至提出派遣两个大队，外务卿副岛种臣也蠢蠢欲动。面对征韩论调，西乡隆盛却表示反对，要求派遣使节谈判。一来二去，西乡隆盛就在7月29日先给板垣退助写了一封信：

“一旦派兵进入，对方必会要求退兵，那时如果不宣布退兵就等于开启战端。窃以为这就与初心有所不符，无异于酿成战祸，应立即先派使节前往为宜。若如此，对方还要有暴行之事，那我们也就有了征讨之名”[①]。

西乡隆盛在正院发言说，自己会身着“乌帽子”“直垂”等日本传统礼服前往朝鲜谈判，这时候“如派遣陆海军前往朝鲜国”，会让朝鲜官民产生“疑惧之心”，与“吾朝廷最初对朝鲜国的德意相违”。

之所以西乡隆盛会被扣上“征韩论”帽子，一大原因是这封信中出现了如下话语：“若您认为公开派遣使者（前往朝鲜）有可能遭到暴行杀害，那么无论如何也请派我前往”，“不需要派遣副岛君（外务卿副岛种臣）这么杰出的使节，死亡这等小事我便能应对”。于是有人便认为，西乡隆盛认为自己肯定会被杀，所以想制造“暴杀使节”这一进攻朝鲜的大义名分。

但问题在于，朝鲜即便愤恨日本的无礼之举，但在当时却并未威胁到草梁倭馆日本官商的人身安全，“朝鲜暴杀日本使者”这个假设不存在必然性。

① 板垣退助收西乡隆盛书信，明治六年7月29日于东京。《西乡南洲选集》下，183—184页。

从信件上下文来看，西乡隆盛是反对板垣退助的出兵之举的，希望改以和平谈判方式解决问题。

副岛种臣

既然西乡隆盛的思路最为理性，8 月 17 日，正院审议决定，派遣西乡隆盛作为使节前往朝鲜商讨贸易事务。

对于朝鲜问题，日本高层只将其当作一般外交事务处理，各类争论也都停留在理念上。比如“征韩论”的始作俑者板垣退助，在西乡隆盛提出自己出使以后，他也没有固执己见；江藤新平忙着追查长州系官僚的腐败案件，不甚关心外交，便也赞同西乡隆盛的观点；大久保利通虽然已经回国，但他从 8 月 16 日开始前往京都、大阪等地游玩散心，沉浸在使节团失败的阴影中而无心于政治；只有木户孝允确实反对征台征韩[①]，但他把台湾问题与朝鲜问题放在一起，并没有表现出更加重视哪一边，其提议重点也在于如何加强内治，休养民力。

即便是 9 月 13 日岩仓使节团回归后，讨论征韩与否也不是政府工作的要点。按照岩仓具视所言，他担心的事情有两项：一是“井上（馨）涩泽（荣一）及工部井上（胜）等辞职”，即大藏省与司法省的预算之争；二是“从二位（岛津）久光殿”问题，即当年原“萨摩国主”岛津久光率领 200 多名旧士族进京之事（详见本章第三节“西南有事”）。这两件事都足以动摇日本高层政治格局，不得不防[②]。

即便说到外交问题，岩仓具视也更重视“桦太”（与沙俄围绕萨哈林岛

① “征韩征台速行反对意见书”摘录：“台湾暴举乃加于我琉球人之上（指 1871 年琉球漂流民在台湾岛被原住民杀死的事件），应发师问其无状；朝鲜不承我之交欢，应举兵伐其无礼……窃思虑治国抚民乃我之义务，急用兵不如先养民力。”明治六年 8 月，《木户孝允文书》，129—133 页。

② 岩仓具视按顺序提到如下主题：“台湾始末”“桦太鲁国住民暴动”“井上涩泽及工部井上等辞职”“后宫女房两人妊娠（指明治天皇两位妃子怀孕）”“从二位久光殿”“副岛委任”“日本之派出外国在留公使”“寺岛”“北白川宫”“青木”“（岩仓使节团）归国一事速通知他人”“家父去世”“英法公使勘测北海道”“鲁国公使出发上任”。蛟岛尚信收岩仓具视书信，明治六年 9 月 19 日，《岩仓具视关系文书》五，320—324 页。

岩仓具视

的边境谈判）问题，毕竟朝鲜只是要和日本恢复过去的商贸关系，而沙俄与日本边民已经在萨哈林岛大打出手了，“桦太鲁国(沙俄)住民暴动之事，应舍弃其他而在评议中特别加以关注，尽力开启谈判，以免延误了解决问题之机”。

在一篇书信中，岩仓具视甚至提及要照顾好明治天皇两位怀孕的妃子，却丝毫没有说到朝鲜问题。换言之，朝鲜问题对高层政界而言根本不算大事。按照最早的计划，西乡隆盛预计在 9 月 20 日启程出使朝鲜，但岩仓使节团归来以后忙着处理“未决百事”，直接就把出使朝鲜的事情给忘掉了，所以这一阶段，别说“征韩论战”，就连“征韩论”本身都无人问津，更谈不上什么对立。

不过西乡隆盛却坐不住了。9 月 27 日，他诘问三条实美为什么不按决议让自己出访，虽然具体指责内容不甚明了，但三条实美却非常“痛心”[1]；岩仓具视立刻在 9 月 30 日拜访西乡隆盛，也遭到一通痛斥[2]。西乡隆盛之所以恼火，无非是由于事已定下来却没人去办，但因为西乡隆盛是武人出身，身材魁梧，更是当时唯一的陆军大将，威望甚高，所以一举一动自然受人重视。岩仓具视马上找到与自己一同出访的长州系官僚木户孝允、伊藤博文，商量对策。

但谁承想，长州系官员却有自己的小算盘。

① “朝鲜事件，西乡十分紧迫，昨日谈话如前所述而我非常痛心。”岩仓具视收三条实美书信，明治六年 9 月 28 日(第二封)，《大久保利通文书》五，9—10 页。

② “今晚前往西乡(隆盛)居所，他反复提到朝鲜事件，极为紧迫。”大久保利通收岩仓具视书信，明治六年 9 月 30 日，《岩仓具视关系文书》五，330 页。

·各怀鬼胎：大久保利通如何回归？

长州系根本不担心西乡隆盛，他们真正担心的是江藤新平。

明治六年（1873）9月20日，木户孝允向伊藤博文提道："只有废除裁判所这种东西，才是为天下计、为人民计，旧幕府如此暴政，也从未有过挟暴威而如此对待有身份之官员之事"，"裁判所始终以暴断而非以是非曲直作为判案主意"[①]。换言之，这段时间木户孝允脑子里只有如何与司法省、与江藤新平对抗。

既然长州系有危难，那么长州系出身的伊藤博文自然责无旁贷。虽然他并不是长州系第一代官员，但在岩仓使节团里，他已经与木户孝允、大久保利通一样位列副使，年龄也只比木户孝允小8岁，拥有操纵政局的能力。他的目标，便是让大久保利通、木户孝允作为萨长两系领袖重新合作，孤立江藤新平。

由于所持理念不同与派系矛盾，大久保利通、木户孝允两人在岩仓使节团出使时期关系降至冰点，见面不打招呼。明治六年（1873）3月，政府急召大久保、木户二人回国，两人也是分头出发：大久保利通迅速启程，在5月底返回东京；而木户孝允却足足拖了两个月，在7月底才回到日本。

但在同一时期，大久保利通与伊藤博文的关系却迅速升温，两人经常一起行动，还在使节团出使期间一同回过一次日本，这让木户孝允很不高兴。伊藤博文晚年回忆时也意识到"木户公之于我，乃是受教受育之交，亲密特别。然而明治四年随岩仓公共同出使欧美时，一些特殊情况却让关系一度受到影响。要说为什么，或许还是因为大久保公曾与吾辈一度返回日本所致"[②]。

不过眼见江藤新平崛起，长州系官僚的生存成为巨大问题，伊藤博文反

① 伊藤博文收木户孝允书信，明治六年9月20日，《木户孝允文书》五，383页。

② 《伊藤博文传》第一卷，709—710页。

伊藤博文

而成为联络木户孝允与大久保利通的重要桥梁。9月27日，伊藤博文上书岩仓具视，提到“如今重大紧迫的事件很多，应众人并力合谋解决问题，万事应由两公（三条实美、岩仓具视）、两氏（木户孝允、大久保利通）合一，意衷一辙而出”，“若无大久保‘拜命’（回归国政）则更无他法”[①]。

10月2日，伊藤博文遇到另一位佐贺系参议大隈重信，随即提出希望罢免岩仓使节团不在时新就任的参议，让大久保利通回国担任参议，而新任参议中恰好也包括江藤新平。换言之，按伊藤博文的整体构想，除去让大久保利通回归以外，还要以此为契机逼迫新任参议辞职，进而削弱江藤新平在国政中的发言权，保住长州系官僚的政治生命。

然而大久保利通完全无意回归政界。9月13日岩仓使节团回国以后，大久保利通在9月21日才回到东京，之后无论周围人如何邀请，他都是一副不问世事之态。这一方面当然是因为岩仓使节团失败给他造成了心理阴影，其不希望灰溜溜地重新回到政府中，另一方面也是因为不愿意与关系不和的木户孝允共事。

9月30日，大久保利通给岩仓具视回信，提到“总之应以木户先生（原文）为根本”形成政权中枢。在时人语言中，“先生”一词比现代日语中老师、医生、律师、议员等尊称还要更高，大久保利通与木户孝允从倒幕以来就很熟悉，如今突然使用“先生”一词，多少有一种揶揄与疏远成分在其中[②]。

简而言之，在西乡隆盛斥责三条实美、岩仓具视的当口，新政府正在发愁如何请大久保利通重新出山，大久保利通本人也在思考如何以一种稳妥的方

① 岩仓具视收伊藤博文书信，明治六年9月27日，《岩仓具视关系文书》五，327—329页。
② 岩仓具视收大久保利通书信，明治六年9月30日，《大久保利通文书》五，15—17页。

式回归政府，在这种情况下，西乡隆盛出使朝鲜一事就突然被搬了出来。

10月3日，三条实美给岩仓具视写信，提到西乡隆盛出使朝鲜问题的始末，“若无大久保复归，便无处理（朝鲜问题）良策，我等不能不以至诚说之”[1]。10月8日，岩仓具视将大久保利通请到家中，面对面恳请其回归。

面对岩仓具视、三条实美“两公”再三邀请，大久保利通颇为动心，便提出两个条件：一是要求“两公”提交保证书，不许在朝鲜问题上再改变态度；二是要求外务卿副岛种臣也成为参议。

从第一个条件可以明显看出大久保对岩仓具视、三条实美“两公”极不信任，生怕他们中途变卦让自己难堪。10月10日“两公”写下保证书以后，大久保利通也随即写下“请书”，表明自己“尊奉（三条、岩仓）御旨趣而只得从命”[2]，意思是无论能否阻止西乡隆盛，问题都要由“两公”负责。

第二个条件则更为有趣。外务卿副岛种臣曾主张真正的“征韩论”，但西乡隆盛看中了他的才能，所以推荐他做参议。对认为西乡隆盛持“征韩论”的大久保利通而言，提拔副岛种臣更像是一种迎合策略。从某种意义上说，面对西乡隆盛，大久保利通最初的策略不是对抗，而是希望晓之以理，动之以情，劝服西乡隆盛暂缓出使朝鲜。

10月12日，大久保利通进入正院就任参议，征韩论战也进入高潮。

大久保利通

① 岩仓具视收三条实美书信，明治六年10月3日，《大久保利通文书》五，17—18页。
② 呈三条岩仓两公请书，明治六年10月10日，《大久保利通文书》五，27—28页。

·庙堂分裂："留守政府"下野内情

10 月 14 日，正院审议开始。

参加者为"两公"三条实美、岩仓具视，参议为西乡隆盛、板垣退助、大隈重信、后藤象二郎、江藤新平、大木乔任、大久保利通、副岛种臣八人。

西乡隆盛就出使朝鲜的方案加以说明，要求正院重新认可 8 月 17 日的派遣方案。岩仓具视提出，目前外交问题应以桦太为先，要求在与沙俄谈判萨哈林岛归属之前，暂缓出使朝鲜；大久保利通则提出著名的"征韩论反对七条"[①]，认为目前还没有做好战争准备，要求使节延期出行。

"征韩论反对七条"通篇显示出一种奇怪的逻辑，就是认为西乡隆盛只

征韩论战图

① 大久保利通征韩论反对七条：（1）失所无产而心中不平之徒若乘机而起，容易引起不虑之变（旧士族阶层压力）；（2）数万士兵外出，日费巨万之财，兵役长久，容易催发人民抱怨，终酿骚乱，为国有害（民变风险）；（3）起不必要之兵，费政府心力，增巨万之费，政府创造之事业很可能半途而废（财政压力）；（4）战端一开，船舰弹药枪械军服等多须仰仗外国，容易引起扩大进出口差距，引发国内疲敝（国际收支平衡压力）；（5）与朝鲜一动干戈，鲁国（俄罗斯）可收渔翁之利（沙俄压力）；（6）若无法偿还负债，英国必会以此为口实干涉我国内政（英国压力）；（7）条约改正之期将近，须全力思考保全我独立国之体裁，（制度）这才是如今急务，不应尚未解决就兴兵朝鲜（应以内政优先）。

要前往朝鲜就一定会被杀，只要“遣韩”就一定会引发“征韩”。而且从行文来说，第二条与第三条、第四条与第六条重合甚多，与大久保利通以往清晰简明的风格大相径庭。不难发现，他本质上对征韩论战兴趣并不大，但要通过这件事压制西乡隆盛，夺回在政府的主动权。

如前所说，西乡隆盛并没有征韩之意，而且正是他压住“征韩论”主张者板垣退助，才确定了出使行程。于是面对大久保利通的指责，西乡隆盛很是费解，只好解释自己前往朝鲜只是“加深友谊”。

两人僵持之时，江藤新平突然发言，直接反对岩仓具视、大久保利通两人的观点。

针对岩仓具视的“桦太优先论”，江藤新平提道：“向朝鲜派遣使节同鲁人毫无关系。”换言之，出使朝鲜和与沙俄谈判，这两件事并不矛盾，即便现在要解决沙俄问题，也不是阻止出使朝鲜的理由。

针对大久保利通的“征韩论反对七条”，江藤新平也反驳道：如果相信“朝鲜有可能野蛮杀害西乡”，这就说明战争本身已经无法避免，那么从根本上讲就不应该提出“遣使延期”，而应“不再顾及西乡是否反对，断然停止遣使，并决定讨伐朝鲜，若能如此倒也是另一条道理”。换言之，如果相信日朝关系已经到了对方必然“暴杀西乡”的地步，那么大久保利通提出的建议应该是全面准备战争，而不是简简单单地延期出使；既然提出“延期”一说，那就证明大久保利通并不认为朝鲜一定会杀害日本使节。

这番论辩精妙非常，由擅长法理辨析的江藤新平说出确实不同凡响。但他没意识到，自己发言支持西乡隆盛，就更把征韩论战推到派系层面。毕竟江藤新平才是大久保利通与长州系官僚的真正目标，现在他跳出来支持西乡隆盛，那对方就更不愿让西乡隆盛出使朝鲜成功。

然而，在江藤新平发言后，他们已经找不到什么理由能驳倒西乡隆盛。

10 月 15 日审议时，西乡隆盛认为已经说完想说的话，便没有出席，而是递上了一封“始末书”，详细阐述自己对出使朝鲜的看法：

“之前审议之中，曾有人提议派遣护卫兵一个大队前往朝鲜（板垣退助），但我认为派兵绝不是好事，很有可能引发战争，这与我们最初想法相违背，

青年板垣退助

因而只是提出公开遣使……即便对方有可能断交而派兵阻止，若不能确实了解其意，那么仍然说不上是尽人事。”[①]

话说到这个份儿上，在场的人便无法再提出异议，大久保利通也一言不发，而太政大臣三条实美则违反与大久保利通的约定，同意西乡隆盛出使朝鲜。

大久保利通颜面尽失，一怒之下递上辞呈。为挽留大久保利通，岩仓具视旋即将全部责任推给三条实美，宣布要辞去右大臣职位。三条实美因局势突变，自身难以承受而病倒了，太政大臣一职便交给岩仓具视代理。

这场争论表面上是因“征韩论”而起，内在动因却是一方想要清除江藤新平，一旦“征韩论”没有被压下去，结果便是江藤新平坐大。

从 10 月 18 日开始，布局者伊藤博文先后在岩仓具视、大久保利通、木户孝允等人之间周旋，最终确定了一个新策略：找天皇。

既然岩仓具视是代理太政大臣职务，那么从法理上讲他就不可能完全代表原任者三条实美的意志，如今之策只能是把“三条之念”（出使朝鲜）与“自己意见”（出使延期）各修书一封呈给明治天皇，仰赖“圣断”；同时修书大久保利通，让他防范西乡隆盛进入皇宫向明治天皇“直诉”。

明治维新虽然宣称要“王政复古”，追求“天皇亲政”，但实际上并没有任何议案由天皇决策。《正院事务章程》也明确规定：“举凡需要允裁之奏书，由内阁议官（参议）裁判……议官连印而交太政大臣（三条实美），太政大臣钤印而上（天皇）受御批。”换言之，决策者为太政大臣，天皇只是走形式追认。但如今把这件事上交天皇，岩仓具视摆明是要尽全力阻止西乡隆盛，以挽救大久保利通的政治生命。

① “遣韩使节决定始末”，明治六年 10 月 17 日，《西乡南洲选集》下，205—207 页。

三条实美

但西乡隆盛并没有“直诉”，而在10月23日要求辞去一切职务。

在胜负未分的这个时点，西乡隆盛并不是因败而退，而更像是以退为进，以辞职来给天皇传递信息，反对岩仓具视。不过明治天皇还是无法忽视公卿岩仓具视的意见，只得在10月24日要求出使一事延期。

按法理来说，天皇无权公开推翻正院决议，但既然明治政府宣称以天皇为核心，那么天皇的形式权威就无法被忽视。如今天皇在形式上推翻了参议的决议，全部参议就必须在形式上提出辞职。在此种情况下，手握选择权的岩仓具视批准了西乡隆盛、江藤新平、板垣退助等五名参议提出的辞职申请，大久保利通等人则被留下来。

由于西乡隆盛声望极高，所以他的退出，让明治政府顿时失去一块巨大的权力基础，也导致西乡系军官桐野利秋（陆军少将）、筱原国干（陆军少将）率领众多军人离开东京。加上板垣退助、江藤新平两大系统的官员愤而离去，在整个“征韩论”政变中，有近600名明治政府官员辞职下野，造成了中央政权的巨大动荡。

按照一般说法，明治六年（1873）的“征韩论”政变肇始于意在征韩的西乡隆盛与意在内治的大久保利通之间的矛盾，然而从上述过程可以看出，政变中，最不重要的就是征韩本身。事件本身始于岩仓使节团离开日本导致了权力真空，江藤新平与司法省权力随之扩大，进而引发大藏省、司法省两大系统争斗，长州系官僚为了自保而不得不联合大久保利通。到这时候，无论西乡隆盛搬出什么提案，大久保利通的对策都是将之否决。如果西乡隆盛妥协，政变或许不会演变得这么剧烈，但这一次西乡隆盛恰好不认为自己有问题，更不愿意妥协，反江藤派才变成反西乡派。

“征韩论”政变是明治初年最重要的一次政府内斗，其造成的影响除去掏空了半个政府以外，更确立了萨长两系官员的核心统治地位，尤其是大久保利通、伊藤博文两人的领导地位，为两人实现立宪国家构想打下基础。而涉嫌贪污腐败的长州系官僚山县有朋、井上馨也双双安稳下来，成为长州藩阀在19世纪90年代把控朝野的基础。

至于政变失利一方，也并没有完全失败。江藤新平在司法省辛勤耕耘，为近代日本法治体系的建立打下了基础；板垣退助回到民间，组织对政府不满的民间团体形成主张公议的新势力，以自由民权为名要求开设国会；至于西乡隆盛，也在军界创立起一支有别于旧士族军队的新军，保护并培养了山县有朋等一大批高级军官。

但也正是他创立的这支新军，把他逼上了绝路。

三、西南有事："鹿儿岛国"与"明治国"并存？（1873—1877）

明治五年（1872）六月二十八日，鹿儿岛。

为期两个月的"天皇西国巡幸"在这里画上句号，明治天皇也在鹿儿岛亲自接见了岛津久光。这位原"萨摩国主"虽是倒幕维新的重要力量，但从明治政府建立以来，他就一直缩在鹿儿岛，完全无视政府让他进京出仕的要求。此番选择鹿儿岛作为巡幸的最后一站，新政府也是要以天皇之尊试探一下这位萨摩侯是何意。

"方今政体之事，国运日渐衰弱，而万古不易之皇统亦深陷共和政治之恶弊，终恐为洋夷之属国。"①

面对天皇陛下来访，岛津久光不但不说吉祥话，反而献上一篇14条"建白书"（建议书），对明治维新以来的改革深表不满，认为"共和政治"乃是"恶弊"。事实上，前一年（1871）废藩置县实行时，全国的旧藩主阶层基本无人抵抗，唯有岛津久光在院子里放了一晚上烟火，以炮仗代替大炮表示不满。

① 《岛津久光公实纪》七，35—37页。

维新时期的岛津久光与藩士群体

为了表示安抚，明治政府特地在明治六年（1873）3 月派遣使者前往鹿儿岛邀请，最终促成岛津久光在 4 月抵达东京。虽然随行的 200 多名萨摩旧士族均以剃发带刀的古武士形象出现，引发东京人民热议（此段为 2003 年电影《最后的武士》胜本上京桥段的历史原型），但岛津久光还是接受了新政府任命，在当年 12 月就任内阁顾问。

然而就在岛津久光抵达东京前后，他昔日的家臣、“共和政治”的重要创始人西乡隆盛却因“征韩论”政变下野，于 11 月初回到鹿儿岛。

作为明治政权的重要创建者，西乡隆盛促使日本废除了旧武士的各项特权，进一步优化中央政府集权；但他没想到的是，自己下野之后，却代替离开东京的岛津久光，重新成为“萨摩国”的精神领袖，成为西南战争的发起人。

有趣的是，击败“萨摩国”的那支日本中央军队，恰是在西乡隆盛支持下才得以组建的。

·征兵之令：中央政权的军队集权化

兵应该怎么征？

这个问题看似简单，其实复杂。毕竟几百年以来，日本都以武士为主体，传统上士农工商这一排序也让武士成为日本天然的守护者；然而从幕末开始，长州藩内部出现的奇兵队、力士队等半官方武装，以近代化方式训练普通农民，最终战斗力远胜于以武士为主体的藩兵，这就让戊辰战争时期的长州兵指挥官大村益次郎青睐“农兵论”，要求成立中央政府直辖、以农民为

名古屋镇台观兵式

基础的军队。

不过明治二年（1869）九月，大村益次郎遭到暗杀，并在十一月去世，“农兵论”立时失去了推动力。明治三年十一月（1871 年 1 月），大村益次郎的继承者山县有朋制订《征兵规则》，要求打破“士族、卒、庶人”[①]的阶层限制，每 1 万石领地征兵 5 人，随即计划第二年在全国范围内征兵。但到明治四年（1871）二月底，由于各地反对呼声强烈，征兵难以为继，山县有朋只得下令将这一政策延期三个月，后来事实上再未实施。

既不能推动“农兵论”，便只能以“士族兵”为主力。明治四年（1871）二月，西乡隆盛来到东京就任参议，动用军权组织萨摩、长州、土佐三藩藩兵创立具有过渡性质的御亲兵（第二年改名“近卫局”），并在地方建立东山道、西海道两个镇台[②]作为分支机构。

---

① “士族”为武士阶层，“卒”为服侍于武士阶层的底层小吏，“庶人”为平民。

② 镇台：镇台最初类似于御亲兵的派出机构，在明治四年（1871）四月设立东山道（驻地：石卷）、西海道（驻地：小仓）两个镇台，同年八月改设东北（驻地：仙台）、东京、大阪、镇西（驻地：熊本）四个镇台，逐步转为地方常备兵，明治六年（1873）进一步增设名古屋、广岛镇台。明治二十一年（1888），镇台这一名称被废除，改为师团。

为了防止近卫局藩兵坐大，山县有朋在明治四年（1871）八月特地设立了东京镇台。镇台最早是近卫局的派出机构，成员也由旧士族转职而来，因而在地方设置镇台确实无妨，但在近在咫尺的东京也设立镇台，多少有一些想与近卫局并立的色彩。

看到山县有朋出招，近卫局的萨摩、土佐系军人自然对他的理念不甚赞同。毕竟两藩藩兵均以旧士族为主体，自然无法打破自身特权。派系矛盾加上理念纷争，让近卫局之中萌发出重要矛盾：山县有朋个人成为萨摩、土佐系军人的众矢之的。

恰好同一时期，山县有朋又惹上了公款挪用事件。

为了筹集军费，山县有朋从陆军预算里借出 15 万美元（相当于 65 万日元，占日本财政收入的近 1%），秘密交给长州系御用商人山城屋和助，让他前往欧洲投资生丝营利。然而谁承想由于普法战争爆发，生丝价格暴跌，投资血本无归。而与此同时，山城屋和助又在巴黎吃喝玩乐，一掷千金，从而引起了国内政界的重视。

萨摩系军人、陆军省会计监督种田政明秘密调查，发现山城屋和助的贷款全无抵押品，于是立即率领萨摩系军官群体反对山县有朋，双方矛盾激化。

1878 年陆军省

明治五年（1872）七月，山县有朋被迫上表，辞去近卫都督（近卫局指挥官）职位。

得知消息后，正陪同明治天皇在外巡游的西乡隆盛立即启程回京。虽是萨摩军人领袖，但如果让中下层萨摩系军人坐大，势必会促使在京的萨摩军人与在乡的萨摩士族之间联盟，那么无论对西乡隆盛还是对明治政府而言都不是好事。

虽然分属萨摩、长州两大藩系，但西乡隆盛非常认可山县有朋在戊辰战争中展现出的军事才能。尽管萨摩系官员西乡从道（西乡隆盛之弟）可以替代山县有朋，但西乡隆盛不希望造成派系分裂。双方便达成妥协，由西乡隆盛接替近卫都督一职，让萨摩系军人自觉已经胜利，以此为交换，保住山县有朋的陆军大辅职位。

八月十二日，西乡隆盛刚刚接任近卫都督职，就立即给出海在外的大久保利通写信："一直以来，鹿儿岛队（近卫局萨摩系军人）的难物交由山县暂管，我（作为萨摩系军人领导）管理不力……此三县之兵（近卫局所属各藩官兵）对天下有大功，废藩置县之一大难事也因他们而无碍通过，实为王家柱石，如此功绩若有毁伤则颇为遗憾，不如来年春天尽数解散。"[①]

为了保住山县有朋，西乡隆盛不惜将自己亲手带出的萨摩军人称为"难物"，他认为正是因为自己没有带好萨摩藩兵，才让山县有朋受到"难物"攻击。当然另一方面，"三县之兵"又是明治政府的"柱石"，不可能一次性毁掉，最好的方法就是等到"来年春天"让全部军队回归各县。

那么军队回归各县以后，近卫局要由谁构成呢？不久之后便有了答案。明治六年（1873）1月10日，山县有朋主导陆军省发布以国民皆兵为主旨的《征兵令》[②]，要求全国男子只要年满20岁，且通过身体检查与家庭检查，均须服兵役。很明显，之所以保住山县有朋，西乡隆盛也是希望能尽快实现国民皆兵，用各地征召而来的新兵填充原有空缺，再将藩兵逐步打发回乡，减少

① 大久保利通收西乡隆盛书信，明治五年八月十二日，《大久保利通文书》四，444—447页。
② 《法令全书·明治六年》陆军省第5号达，979—981页。

公议对于集权的威胁。

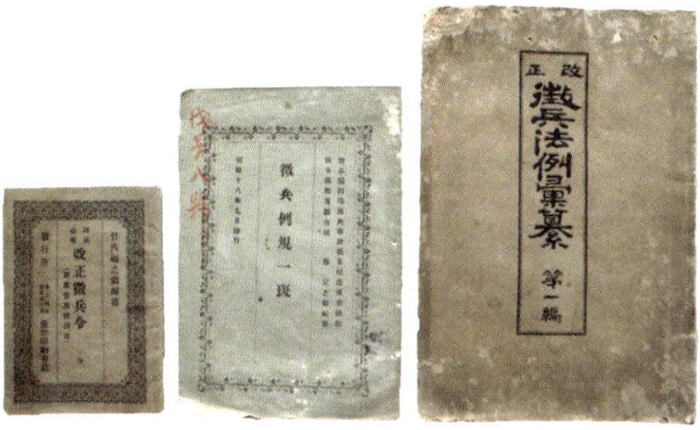

近代日本征兵令法律文件

有了西乡隆盛的支持，山县有朋的丑闻也不再算什么事儿，最终结果是山城屋和助切腹自尽，全部相关资料被焚毁，死无对证，陆军省仅仅处罚了一个会计监督长官。到明治六年（1873）6月，山县有朋在短暂离职后直接荣任陆军卿；再到10月爆发“征韩论”政变时，近卫局的萨摩系军人纷纷追随西乡隆盛下野，山县有朋在军界再无敌手，为自己日后“国军之父”的至高地位奠定了基础。

应该说，西乡隆盛之所以庇护山县有朋，主要原因还是要为国家留下人才，同时尽可能保护中央政府的集权政策。即便因“征韩论”而下野，西乡隆盛也不愿意与中央政府为敌，而是归隐山林，以示自身毫无他想。

但时局变化却超出他所想所料，一步步将他重新逼回战场。

· 萨摩内核：私学校与士族思路

一直以来，各方对西南战争的看法都是“士族反乱”。

明治政府过度削减、废除旧士族家禄，引发了西南雄藩旧士族的不满，从而造成以西乡隆盛为领袖的萨摩藩兵叛乱——这种解释形成一个巧妙的逻辑闭环，然而这一解释却忽略了一个重要事实：明治改革过程中，由于萨摩系领导人大久保利通坐镇中央，鹿儿岛县一直获得优待。

从版籍奉还到废藩置县，全国其他地区都翻天覆地，只有鹿儿岛县不但整体维持萨摩藩时期的主要版图，在官制、税制、家禄处理等方面都得到很多优惠政策，比如针对部分“买卖家禄”（废藩之前已经交易的家禄）特别

鹿儿岛县令大山纲良漫画像

发行了为期 10 年、利息 10% 的公债，惠及旧士族 3.5 万人，极大地促进了旧士族融入新社会。而且，明治政府对其他地区的政策是“本地人不当本地官”，各府县的本地官僚仅占 40%，可鹿儿岛县却拥有 90% 的本地官僚群体，鹿儿岛县令还是西乡隆盛的少年好友大山纲良。

也正是因为有大山纲良，西乡隆盛即便下野，也未与明治政府作对。

早在明治六年（1873）11 月，一同下野的原司法卿江藤新平就派人来到鹿儿岛，要求西乡隆盛立即参与征韩，但并未获得响应；第二年（1874）2 月，江藤新平在家乡佐贺率军“蹶起”，却在政府军镇压下没有挺过一个月，被迫逃到鹿儿岛，请求西乡隆盛帮助，依然遭到严词拒绝。被逼无奈，江藤新平只能前往四国寻求支援，却在途中遭到逮捕，最终切腹自尽。很明显，西乡隆盛虽然对“征韩论”政变颇有不满，但他总体上依旧支持中央集权政府的行动，不愿走上反抗之路。

西南战争之所以爆发，并不是因为政府压迫太紧，恰恰是因为政府管制太松。

从明治七年（1874）6 月开始，西乡隆盛在原鹿儿岛城建立了著名的私学校，以旧部桐野利秋、筱原国干为实际控制人，吸收旧士族人马组建军校。

对于设立私学校一事，历来的观点都是西乡隆盛集结对政府不满的旧士族建立了一支独立武装，想要与中央政府分庭抗礼。然而从设立初衷来看，西乡隆盛提出“尊王悯民”“当难而立一统之义”的口号，主要目的是一旦日本与外国爆发战争，他能够带领自己的队伍上阵。毕竟即便辞去了政府参议之职，西乡隆盛也依然是全国唯一的陆军大将。

一直到西乡隆盛去世，陆军大将都更类似于一种荣典，而且是只属于西乡隆盛一人的荣典[①]，加之他是萨摩系官员的精神支柱，明治政府依然在考虑何时请他出山。比如明治七年（1874）日本以保护侨民为名出兵侵略台湾（台湾出兵[②]）时，曾一度考虑派遣西乡隆盛作为总指挥官，但后来因事态紧急，便改派其弟西乡从道前往，而侵略军中也有数百名鹿儿岛士族，算是给足了西乡隆盛面子。

既有西乡隆盛坐镇，明治政府也管制不严，私学校势力自然野蛮生长。

由于西乡隆盛与鹿儿岛县令大山纲良关系甚笃，鹿儿岛县政便逐渐由私学校把控，其中区长级官僚中有半数以上出自私学校，而中下层警察也大多为私学校出身。换言之，鹿儿岛县形成了私学校、县厅两条系统同时统治的现象，由于私学校子弟多为旧士族群体，西乡隆盛便以精神领袖形象将鹿儿岛凝聚成一个整体，日本俨然出现了“鹿儿岛国”（鹿儿岛县厅）与“明治国”（中央政府）并立现象。曾经心心念念帮助中央集权的西乡隆盛，如今却成为地方独立的核心。

位于鹿儿岛市的“私学校”旧址

① 直到西南战争结束后的 1877 年 10 月 10 日，日本才任命了第二位陆军大将（有栖川宫炽仁亲王），随后从 1891 年开始，才先后有 29 人在明治年间（截至 1912 年）成为陆军大将。二战战败之前，日本陆军产生了 1200 多名陆军中将，然而陆军大将却只有 128 人。

② 台湾出兵：明治四年（1871）九月，一艘载有 66 名船员的琉球船被台风吹到台湾岛北部，由于语言文化不同而被当地原住民（生番）攻击，最终只有 12 人幸存。明治六年 （1873）6 月，日本使节柳原前光来到清朝总理衙门责问，清政府表示琉球、台湾均为中国领土，与日本无关。但清朝官员文辞中却用了“化外之民”（统治外的人民）这一说法，为日本的侵略留下口实。明治七年（1874）5 月，台湾番地事务都督、西乡隆盛之弟西乡从道强行决定“出兵”台湾，整场战争因为缺乏计划而陷入泥沼，日军也大量染上热带病，死伤数百人；到年底，明治政府领导人大久保利通亲自来到北京与恭亲王谈判，最终签署《北京专约》，中国认可日本出兵为“保民义举”，并赔偿 50 万两银子。

私学校介入鹿儿岛县政的主要人事势力

官职	姓名	西南战争中的职务
加治木区长	别府晋介	联合大队长
宫之城区长	边见十郎太	第三大队第一小队长
加世田乡副户长	西乡小兵卫	第一大队第一小队长
鹿儿岛县警察第四课长	中岛健彦	第二大队第二小队长
鹿儿岛县三等警部、警察署长	野村忍介	第四大队第三小队长

虽然中央政府常年派人监视西乡隆盛与旧士族行动，但总体而言，明治政府对鹿儿岛旧士族融入鹿儿岛县政这件事并不反感，甚至持默许态度。毕竟旧士族一旦融入新体制，对于国家稳定必然是有益无害。只不过由于过度放任，鹿儿岛县在私学校凝聚下又重新变回了幕末的萨摩藩，那么重复演绎一次萨摩藩进攻幕府的戊辰战争旧剧本便也可以理解。

桐野利秋（左）与恋人

恰巧在这一时期，除去中央与地方之争，明治政府没有关注到另一对埋藏已久的矛盾也在发芽：“开国”与“攘夷”。

自从幕末“公议高于攘夷”思路普及以来，大量攘夷志士纷纷转为“公议”志士，意在推翻幕府独裁制度，因而在明治初年，整个国家的主要矛盾也长期集中于“集权”与“公议”，“攘夷”与“开国”之矛盾很少浮上水面，但明治六年（1873）的“征韩论”政变却将这对矛盾重新唤醒。

“征韩论”政变爆发后，西乡隆盛的爱

将桐野利秋就提议“等待时机”，到政府缔结“姑息之条约”（即无法修改不平等条约）而自贬国威时，再斥退“在廷之女儿辈”（讽刺大久保利通好似“女儿辈”），进而“决定抗敌之成败”。到明治七年（1874）9月，他又提出“天下形势不出三年必会一变”，只要“奸臣”继续维持专制，民众仇恨就早晚会破裂[①]。

明治八年（1875）10月，由于大久保利通亲自出访清朝，避免了日本与清政府之间因“台湾出兵”而开战，桐野利秋等旧军人便直接向西乡隆盛提出“清除庙堂奸臣”的提案，虽然遭到斥退，但西乡隆盛却提到自己在“征韩论”纷争时没能出使朝鲜“甚为遗憾”，并愿意“在国家有难之时与诸君同死”。

到明治九年（1876）10月24日，熊本县爆发“神风连之乱”，主张“敬神”“尊王”“攘夷”的所谓“敬神党”要求“皇道兴复”，同时批判新政府制定的废刀令、允许外国人与日本人杂居、废除基督教禁教令等政策，宣布为讨伐“大逆无道”之“国贼”而“起义兵悉以令诛锄”。“神风连之乱”之后三天，10月27日，福冈县就又有230名旧士族响应而暴动（秋月之乱）；10月28日，山口县萩城300多名旧士族在倒幕维新志士、原明治高官前原一诚率领下发起暴动（萩之乱）；10月29日，18名原会津士族响应前原一诚，

锦绘《神风连之乱》　月冈芳年绘，1876年

① 《西南记传》上卷二，645—674页。

千岛群岛萨哈林岛（库页岛）交换条约

意图袭击千叶县政府。

虽然数场士族动乱只有不到千人参加，也在数日之内遭到镇压，但旧士族没有把批评聚集于"金禄公债"，而是反对明治政府放弃"征韩论"、与清朝妥协、与沙俄签订《萨哈林岛千岛群岛交换条约》[①]，斥责政府让"夷狄"横行。毕竟对于幕末以来一直坚持"攘夷"的旧士族而言，对版籍奉还、废藩置县、秩禄处分等各方面内政政策都可以理解，但一旦让"夷狄"横行，再加上中央集权，那么明治政府就不再与旧幕府有什么区别，甚至还不如旧幕府。

周边势力相继不稳，鹿儿岛也不由得随风而动。12月4日，西乡隆盛召集私学校众将谈论时政，桐野利秋提出举兵进京，杀掉两三个大臣，"讨伐奸臣、救民于疾苦"，而且认为明治政府从农民中所征的兵全无战斗力，不足为虑。西乡隆盛虽然尽力压制，却无法阻止私学校在鹿儿岛各地煽动民怨。

干柴已垒，火星也随即而来：有人要暗杀西乡隆盛。

·暗杀西乡：西乡隆盛遭遇反噬

明治十年（1877）1月29日，明治政府派来三菱公司的运输船"赤龙丸"，意在将鹿儿岛各地的火药搬至大阪。

萨摩藩乃至鹿儿岛县之所以能成为半独立于"明治国"的"鹿儿岛国"，一大原因就在于他们很早就引入英国火枪制造技术，并在明治初年实现了英

① 日本称《桦太千岛交换条约》(1875年5月7日)，主要条款为日本与沙皇俄国分别获得千岛群岛与萨哈林岛（库页岛）领土主权，是日俄外交史上的重要条约。

式施耐德步枪（Snider–Enfield，1867 年开始在英军服役）的国产化制造。位于鹿儿岛的火器硝药制造工厂虽然早就归陆军省管辖，但一直被鹿儿岛人视为私产，如今火药将被搬走，自然让私学校青年一代大为光火。

1 月 30 日，私学校党徒 1000 余人袭击鹿儿岛各大火药库，到 31 日晚夺得了子弹 2.4 万发，紧接着又在 2 月 1 日袭击鹿儿岛造船所，彻底控制了鹿儿岛县内的主要武器库。针对这一迅捷之举，私学校实际控制者桐野利秋虽然叹息“年少辈血气误大事”，却也认为“如今众志激扬，如离弦之矢，脱鞘之剑，欲抑难抑，欲禁难禁，今日之事唯有断之一字”[1]。

听说了袭击火药库一事，正外出狩猎的西乡隆盛大呼“不妙”，“（私学校党徒）为如此举动无颜对天下”，并迅速在 2 月 3 日返回鹿儿岛。应该说，西乡隆盛虽然也对政府有所不满，但还是想以谨慎的方式商讨善后策略。但也就在这一天，私学校又逮捕了政府派来探听情报的 23 名警察，并在两天之后传出一份口供书：“只要暗杀西乡隆盛，学校必至瓦解，为达到目标可先击毙桐野（利秋）、筱原（国干）两士，便可知其（西乡）所在，制之颇易。而且西乡乃是我等知己，可得见面而杀之。”[2]

提供口供的为原萨摩藩出身的警察中原尚雄。早在明治十年（1877）1 月底，警视厅就派遣 24 名萨摩系

1874 年的熊本城　富重利平（明治时代摄影家）　摄

① 《西南记传》上卷二，215—256 页。
② 载于《萨南血泪史》，参考小川原正道《西南战争》。

警察以回乡为名回到鹿儿岛，探听情报，防止私学校暴动。但到2月3日，中原尚雄等23人突然被私学校派警察逮捕，严刑拷打之下，便有了这份指认警视厅意图“暗杀西乡”的口供书。中原尚雄供认，前一年（1876）11月大警视（相当于警察部长）川路利良提出如事态紧急可刺杀西乡隆盛，12月则直接提出“投动摇之机，应暗杀西乡”。

当然，当事人中原尚雄事后陈述（1877年12月），说口供是当时私学校出身的警察利用职权编造的，并强行按上了自己的手印，他并未承认过“暗杀西乡”一事。另外在暗杀传闻传出以后，坐镇中央的岩仓具视立即责问警视厅，川路利良表示绝无此事。根据大久保利通分析，口供书很可能是私学校党徒为了挑起战争而伪造的，明治政府也将暗杀传闻斥为“无根之伪名”。

不过无论真相如何，私学校党徒对“暗杀西乡”一事大为光火，2月5日聚集起来纷纷要求“蹶起”；2月6日，私学校校舍挂上“萨摩本营”之标，开始征兵动员登记，也就在这一天，桐野利秋决定以陆军为主，北上包围熊本城；2月8日，萨摩军正式编组为五个步兵大队与两个火炮队；2月12日，桐野利秋、筱原国干两名干将向鹿儿岛县令大山纲良提请出兵，大山纲良随即把县厅改设为军队兵站，并要求管内全部地方官员都为萨摩军提供后勤补给。“鹿儿岛国”对抗“明治国”的战争即将打响。

萨道义：原名厄内斯特·萨托（Ernest Satow），日文名“萨道爱之助”。从文久二年（1862）开始作为英国公使馆翻译逗留日本，与伊藤博文、西乡隆盛等众多幕末维新志士交往密切，也是第一位同时见过明治天皇与德川庆喜的外国人，他所撰写的《英国策论》成为明治维新改革的重要理论基础。萨道义后来升任英国驻日本公使、驻中国公使，晚年编辑回忆录《明治维新亲历记》，成为研究幕末维新重要的第一手史料

面对激愤的群情，西乡隆盛明白鹿儿岛与明治政府决裂一事已经不可避免。他虽然身为明治政府的主要缔造人，但如今更是“独立王国”鹿儿岛的精神领袖，若他不出面，私学校只能制造一次小规模动乱，依旧会被政府弹压；与其无为而死，不如由自己出面，以陆军大将之名号召大军进京“勤王”，复

制戊辰战争旧事。

更重要的是，当时的西乡隆盛也已经身不由己。

就在一系列事件爆发之时，2 月 11 日，西乡隆盛特地拜会了英国公使馆的日语翻译萨道义（Ernest Satow，日文名“萨道爱之助”），这也是双方六年来第一次见面。但对这番“最后的会面”，萨道义在日记里有一番诡异的记载：“西乡身边有差不多 20 名护卫，他们密切注意并监视着西乡的一举一动。西乡已经命令他们不许进来，但仍有四五人跟着西乡闯进来，毫不让步”，“最终一人下到楼梯底下，两人守在楼梯转弯处，还有一人在二层威利斯（西乡、萨托两人的朋友）的房间里向外张望”，由于“监视”过于严重，“我们都没怎么说话”。

西乡隆盛有护卫这点可以理解，毕竟暗杀消息已经传到大街小巷，但护卫如此严密，甚至不顾西乡隆盛本人的意见，自然会让人认为是一种“监视”。当然，以“监视”评判这件事或许有点夸张，但起码可以说明，西乡隆盛的自由在一定程度上受到自己的爱将桐野利秋、筱原国干等人限制。作为私学校的创立者与日本唯一的陆军大将，作为“鹿儿岛国”所拥有的唯一的权威，西乡隆盛到底是主动登上战船，还是被迫上了贼船，这个问题的答案就像是盛有半杯水的水杯到底是半满还是半空一样，两者皆对。

浮世绘《鹿儿岛暴徒出阵图》　月冈芳年绘　1879 年

从西乡隆盛与萨托会面可以看出，“鹿儿岛国”并不需要一个纵横捭阖的政治家与军事家，而只是想要一个“大义名分”，那么对于桐野利秋这种实际掌握萨摩军的中层指挥官而言，与其让西乡隆盛四处联络，不如严加监管。也正因如此，当时在鹿儿岛流传着一则有趣的民谣：

“西乡隆盛，到底是神是佛，居然能藏起来打仗？”

就在这种诡异的作战体制下，“鹿儿岛国”迈向了自取灭亡的战争，2 月 14 日西乡隆盛在私学校阅兵，同时宣布战事开启。

·胜负判定：“鹿儿岛国”机能缺陷与地方自治

受到 2003 年的好莱坞电影《最后的武士》影响，不少人认为西乡隆盛率领的旧士族是以冷兵器对抗明治政府的欧美装备。应该说，这种错误印象并不完全是好莱坞造成的，事实上就在西南战争爆发之时，法国媒体《世界画报》（Le Monde Illustré）就发表了一幅插画，里面除去西乡隆盛之外，其余众将均是一副古武士形象。但实际上，作为戊辰战争的主要指挥官，西乡隆盛非常善于使用当时的西式武器，加之鹿儿岛军工厂早就能仿制英式步枪，所以萨摩军从阵容上看并不逊色于明治政府的政府军。

《世界画报》刊载的西南战争插画

然而从一开始，萨摩军就存在短板。

首先萨摩军装备严重不平衡，陆军虽有五个大队超过 1.2 万人之众，火炮却寥寥无几，海军更是只有 3 艘运输船，完全无法通过海路

西乡隆盛去世之处

奇袭任何一个军事堡垒，只能北上进攻熊本，再图良策。相反，明治政府却拥有 13 艘军舰与数百艘临时征用的运输船，能让政府军从各个方向出兵援助熊本，接连击败萨摩军，最终逼迫萨摩军在围城一个多月（1877 年 2 月底至 4 月中旬）之后灰溜溜地从熊本离开。

西乡隆盛本人对于战争的态度也很奇怪。他最初提到西南战争只是“出京询问大久保（利通）”的一次政治行动，直到 2 月 17 日全军出兵之前他才明白这一愿望难以实现；出发以后，他又希望利用陆军大将的身份说服熊本镇台一起行动，毕竟“熊本还有桦山资纪（萨摩藩出身、西乡好友），我等一旦进驻肥后国境（指熊本周围），一、二大队镇台兵均会归我所有”，还表示自己“二月下旬到三月上旬估计能到大阪”[①]。持此异想天开的思路，一方面说明西乡隆盛本质上不想开战，另一方面也说明“鹿儿岛国”整体缺乏完整的战略构想。

不仅是战略构想，事实上所谓的“鹿儿岛国”也只是一个政治团体，而非真正意义上的军政实体。

虽然鹿儿岛县拥有幕末以来建造的军工厂，但由于新政府已经搬走很多制造工具，使弹药补给难以为继；鹿儿岛县令大山纲良虽然援助西乡隆盛，但他的影响力也只局限于鹿儿岛县内，无法指挥其他地区的官僚系统；至于萨摩军的指挥系统也是一团糟，各大队之间基本各自为战，只能靠着临机应变来完成作战，虽然政府军也存在后勤补给方面的问题，但萨摩军的体量依然无法与政府军相比。

历史的吊诡之处就在于，西乡隆盛当年极力支持山县有朋组建军队，如

① 小田美稻法官，《鹿儿岛县令大山纲良参与西乡举兵始末口供书》，藏于早稻田大学。

今这支“日本军”却成为扼杀反抗的良器，山县有朋甚至送来要求西乡隆盛自尽的书信。

在政府军攻击下，萨摩军被迫东奔西逃，最终于9月1日辗转逃回鹿儿岛城附近的城山。然而鹿儿岛早已被政府军占领，西乡隆盛、桐野利秋身边也仅剩372名士兵，败局已定。9月24日，政府军发起总攻，西乡隆盛切腹自尽，这位日本当时唯一的陆军大将就此走完悲壮的一生。

西南战争主要参战将领与后续升迁

姓名	西南战争中的职衔	甲午战争中的职衔	日俄战争中的职衔
大山岩	第2旅团长、陆军少将	第2军军长、陆军大将	满洲军司令、陆军大将
桦山资纪	熊本镇台参谋长、陆军中佐	海军军令部部长、海军大将	未参加
野津道贯	第2旅团参谋长、陆军中佐	第1军司令、陆军大将	第4军军长、陆军大将
伊东祐亨	“日进舰”舰长、海军中佐	联合舰队司令长官、海军大将	海军军令部部长、海军大将
黑木为桢	步兵第12联队长、陆军中佐	第6师团长、陆军中将	第1军军长、陆军大将
乃木希典	步兵第14联队长、陆军少佐	步兵第1旅团长、陆军少将	第3军军长、陆军大将
儿玉源太郎	熊本镇台参谋副长、陆军少佐	未参加	满洲军总参谋长、陆军大将
川村景明	步兵第11联队第1大队长、陆军少佐	近卫步兵第1旅团长、陆军少将	鸭绿江军司令、陆军大将
立见尚文	新撰旅团参谋副长、陆军少佐	步兵第10旅团长、陆军少将	第8师团长、陆军中将
奥保巩	步兵第13联队第1大队长、陆军少佐	第5师团长、陆军中将	第2军军长、陆军大将
大岛义昌	步兵第8联队第1大队长、陆军少佐	步兵第9旅团长、陆军少将	第3师团长、陆军中将

续表

姓名	西南战争中的职衔	甲午战争中的职衔	日俄战争中的职衔
大迫尚敏	别动第 5 旅团参谋、陆军大尉	步兵第 5 旅团长、陆军少将	第 7 师团长、陆军中将
东条英教（东条英机父亲）	步兵第 14 联队副官、陆军军曹	未参加	步兵第 3 旅团长、陆军少将

通过这场日本历史上的最后一次内战，明治政府锻炼了新生的日本军队，为日后的甲午战争、日俄战争储备了大量中高级军事人才，也促使日本军队内部形成以山县有朋（长州）、西乡从道（萨摩）为主的两套人马，为后来军队内部长州、萨摩两大藩阀的势力打下基础。

之所以会出现“鹿儿岛国”问题，根本原因在于明治政府并没有想明白“中央如何管理地方”这个关键问题。到底是由中央政府任命官员，还是由民众选举官僚，抑或是以西乡隆盛这种地方大佬为首形成“半独立国”，在纷繁复杂的事务缠绕下大久保利通未能详细思考这一点，只是暂时默认了全部既成事实。

熊本镇台主要将领合影：前排左三为谷干城少将、左四为桦山资纪中佐，后排左三为儿玉源太郎少佐

“鹿儿岛国”问题演变为西南战争之后，大久保利通终于明白应该做些什么：在中央政府在军队、警察等暴力机关集权形成之后，再适当释放一些权力，采纳地方公议而形成“有原则的地方自治体”。

明治十一年（1878）7月，在大久保利通去世后，明治政府基于他的自治思想而出台了所谓的“地方三新法”。其中《郡区町村编制法》恢复了江户时代基于町村乡绅的治理结构，通过民主选举选出户长；《府县会规则》则允许各府县仿照中央政府建立议会，打通了地方民主参政议政之路；《地方税规则》进一步确定了地方收税纳税原则[①]。

由于在西南战争中对政府不满的势力遭到打压，加上地方开设议会、走向“有原则的自治”，因此各种不满势力从主张武装斗争纷纷转为主张开设议会、强调公议思路的自由民权运动。

自由民权运动，遂成为大久保政权与整个官僚体系的重要对手。

四、政商国家：大久保政权的顶层设计（1873—1879）

大久保利通最大的贡献，就是设计了“官僚制”。

提到“官僚制”，大都与“人浮于事”“墨守成规”“封闭僵化”“明哲保身”等语相联系，总体不算一个褒义词。但比起江户时代以家族出身为根据，以及明治初年以萨摩、长州、土佐三藩旧藩士为主体选拔治理国家的人才，官僚体系能够基本做到以考试考核、分工协作为基础选人用人，也是明治国家在集权基础上拉拢人才的工具。

在漫长的44年明治史中，维持不足六年的大久保政权很难受到重视，也很容易受到“专权擅政”的批判。然而回头来看，明治国家能够在19世纪80年代走上正轨，后继者伊藤博文能够在1889年建立新宪法体系，大久保

①《法令全书·明治十一年》太政官布告第17号“郡区町村编制法”，第18号“府县会规则”，第19号“地方税规则”，11—17页。

利通时代的一整套官僚制度无疑是平地起高楼，为明治日本乃至如今日本的政府形态、政商关系打下基础。

·一首两翼：是藩阀，也是政治家

明治六年（1873）10月24日，明治天皇针对“征韩论战”下诏，要求“现今应整国政、养民力，以勤勉而期成功于永远”[1]，正式以“民力休养”为理由阻止西乡隆盛出使朝鲜，造成整个明治官场“地震”。也就是在“地震”之时，大久保政权的雏形得以建构。

10月24日当天，大久保利通要求政府参议必须兼任省卿（各省大臣），以防参议过于务虚，这也成为如今日本内阁成员均为各省大臣的滥觞。随后为了充实顶层治国队伍，大久保利通提拔大隈重信（大藏卿）、寺岛宗则（外务卿）、伊藤博文（工部卿）、胜海舟（海军卿）四人为参议，并任命参议大木乔任为司法卿，五人中的大隈、伊藤二人直接成为大久保政权的重要支柱。

既然参议需要兼任省卿，那么大久保利通本人也不能例外，他成为明治政府新设的内务省长官——内务卿。

从名称而言，内务省很不一般。毕竟对于国家而言，除去外务（外交事务），其他事务都可以归入内务。之所以设立内务省，大久保利通一方面是参考岩仓使节团考察期间从英国内政部（Home Office）、法国

大久保利通（右）与萨摩系同僚税所笃（左），1871年。与其他英姿勃发的照片不同，由于维新以后事务繁忙而无暇休息，明治时代大久保利通的实际形象更像是一个有些驼背的干瘪中年人

① “右大臣岩仓具视所纳奏装之敕语”，明治六年10月24日，中野文库。

大木乔任

国内部（Ministère de l' Intérieur）、普鲁士帝国国内府（Reichsministerium des Innern）发掘的治理经验，另一方面也是借助“内务”名称之便，收拢全国国政治理权力。

甫一建立，内务省就从大藏省承继“户籍、土木、驿递三寮及租税寮中地理、勘察之事务”，从教部省（教育文化部）承继“音乐、歌舞之事务”，从工部省得到“测量司”，再从司法省拿来“警保寮”。不新设部门，反而选择对原有部门的职权进行排列组合，大久保利通的目的在于让内务省成为“内政治理委员会”[①]。

内务省初建时内设部局一览

内务省部局（1873）	主要职能	职能所属现代日本省厅
地理寮	勘察地理，地形测绘	国土交通省、自卫队
户籍寮	整备全国户籍	法务省
警保寮	管理全国警察系统	警察厅
土木寮	制订国土用途计划，负责公路、铁路修建	国土交通省
劝业寮	扶助落后产业发展，制定产业政策	农林水产省、经济产业省
驿递寮	经营国家邮政制度	原邮政省（2001年邮政民营化之后均改为企业）

现代政府运作中，除去按照职能分工分设部门以外，还会根据具体业务

① 《法令全书·明治六年》太政官达第1号“列内务省于外务省之次”，第2号“内务省中各寮司关系事务”，256页。

内务省警视厅办公楼，1874—1882 年

需要而成立跨部门委员会，从既有部门抽调人员乃至划拨建制，加快某一具体类别事项的运作效率。明治日本虽然不存在“委员会”概念，但内务省的设立明显是针对内政的，那么与其建立新部门，不如从其他省调来人员与建制，更方便与大藏省、工部省、司法省这些和内政关系密切的省形成合作联动。

正因组织结构有所承继，内务省与大藏省、工部省之间关系最为紧密，加之大久保利通（内务卿）与大隈重信（大藏卿）、伊藤博文（工部卿）关系甚笃，三者就形成“一首两翼”的崭新格局。10 月 25 日，三人齐聚大久保利通宅邸，约定共同应对西乡隆盛辞职之后的中央政府空虚问题。

之所以关系不错，一方面自然是因为大久保利通与伊藤博文共同策划扳倒了西乡隆盛，另一方面也要归功于政府首脑大久保利通没有明显的派阀之见。大隈重信就提到“（大久保）殊为伟大之一项，便在于他有其藩阀关系，却不拘此立身，能基本超脱藩阀偏见。虽然他任用大量同藩之人，然而其中毫无偏见”[1]。

能得到佐贺系官员大隈重信的称赞并不容易，毕竟在“征韩论”争斗中，

① 《大隈伯演说座谈》，322—328 页。

大久保利通与长州系官员的实际对手就是佐贺系的江藤新平。争斗结束后，江藤新平也跟随西乡隆盛一同下野，并很快回到佐贺策动反叛（1874年2月“佐贺之乱”），也很快遭到政府镇压，随即被判以死刑。然而大隈重信对大久保利通不但毫无怨言，反而大加称赞，多少也说明大隈重信也已“超脱藩阀偏见”。

三者关系甚笃，却又出身于不同藩阀（大久保——萨摩，伊藤——长州，大隈——佐贺），就使得三藩系统的官员可以留任，“萨长幕府”的外在形态依旧不变，但三人却可以通过精诚合作在顶层设计层面摒除藩阀偏见，这样一来可以保持政府形态总体稳定，二来也能促进中央政府进一步向前发展。

靠着所谓的“一首两翼”率领，三省通力合作，其官僚数量超过中央政府总人数的53.5%，明治九年（1876）三省预算支出达到41%，与当年陆海军两省比例（42%）几乎相等[①]，可见中央官僚成为完全不弱于军队势力的庞大体系。

当然，各系统官员也不是完全没有意见。10月26日，前陆军卿山县有朋由于在“山城屋事件”里受到萨摩系官员攻击，所以明确反对大久保利通续任参议。有别于文臣系统，明治武将系统中的藩阀气息更为浓厚，“以出身

海军卿胜海舟

榎本武扬

① 石塚裕道《日本资本主义成立史研究》，60—65页，吉川弘文馆，1973年。

论英雄”的思路长期存续，那么长州系军人山县有朋当然不满于大久保利通掌控大局。

面对这一问题，大久保利通意图缓和处理，希望拉拢山县有朋复任陆军卿，同时就任参议；然而伊藤博文却明确反对，认为山县有朋暂时不应出任参议，以免军方势力过多影响政坛。最终在长州系首脑木户孝允斡旋下，山县有朋还是被挡在参议门外，大久保利通掌握政权主体。

大鸟圭介

另外，为了打破“藩阀政府”格局，大久保利通广泛扶植旧幕府人才。如海军卿胜海舟便是旧幕府海军创建者，虽然后来他因与大久保利通发生矛盾而辞官，但其学生赤松则良却成为明治海军造船业的始祖；曾经率军在北海道据守半年的榎本武扬也得以被重用，成为驻俄公使，全权负责与沙俄谈判领土事宜，并在明治八年（1875）签署《萨哈林岛千岛群岛交换条约》，划定日本北部疆界。

从人才角度讲，正因为幕府末年培养的官僚人才在明治初年依旧被任用，明治中央政府才能够得以高效运转。毕竟越是中基层，官僚制度变动幅度就越小，新政府不必再塑造官僚制度，依靠旧有人际关系网、官僚之间默契的配合便可继续运转，大久保政权自然也获得重要的制度基础。

大久保政权（1874—1879）的旧幕臣群体

姓名	旧幕府职务	大久保政权时期	后续升迁
胜海舟（胜麟太郎）	海军奉行并	海军卿（1875 年止）	
榎本武扬	海军副总裁	驻俄公使（1878 年止）	海军卿（1880—1881） 外务大臣（1891—1892）
大鸟圭介	传习队步兵奉行	工部省官僚	驻清公使（1894—1897）
杉浦让	外国奉行支配组头	内务省地理局长	

续表

姓名	旧幕府职务	大久保政权时期	后续升迁
大给恒（松平乘谟）	幕府老中、陆军总裁	赏勋事务局副长官	赏勋局总裁（1895—1910）
乡纯造	撒兵队差图役头取	大藏省国债头（局长）	大藏次官（1886—1888）
赤松则良	幕府外派留学生	海军主船寮长官	佐世保镇守府长官（1889—1891）

11 月 29 日，大久保利通就任内务卿，属于他的“大久保时代”随之开启。

·大阪会议：立宪构想与政治统战

大久保政权曾有一个有趣的绰号：“有司专政”。

明治七年（1874）1 月 17 日，土佐系原参议板垣退助起草《民撰（“撰”为“选”之通假字）议院设立建白书》：“臣等伏察方今政权所归，上不在帝室，下不在人民，而独归有司。”[①]所谓“有司”，就是指控制政府中枢的大久保利通等人，“有司专政”自然也说的是大久保政权独占决策权，是“专政”体制。

然而在大久保利通看来，很多事也是迫不得已而为之。

早在明治六年（1873）11 月，明治政府仍处于“征韩论”争斗之后的动乱时期，大久保利通就围绕立宪政体撰写了一份意见书[②]，阐述自己对于明治国家建设的总体方针构想：既然“蒙昧无智之民”无“命令约束”便无从治理，那么强化“君主政治”的“威力权势”便十分重要；然而“束缚自由、压制（民众）通义”只是“一时适用之至治”，“内外之政，朝变暮化，难免百事涣散之弊”，若有“暴君污吏擅权”，则可能有“废立篡夺之变”。

换言之，大久保政权虽然存在一定专制色彩，但大久保利通本人很明白

① 山田俊藏《民选议院论纲》，6—15 页，1875 年。

② “大久保参议起草政体相关意见书”，明治六年 11 月 1 日，《伊藤博文关系文书（其一）》书简部 503，国立国会图书馆。

这只能“一时适用”，未来日本的“定律国法即行君民共治之制，上定君权，下限民权，至公至正”——所谓“君民共治”，正是大久保利通出访欧美国家以后对于“君主立宪”的表述。

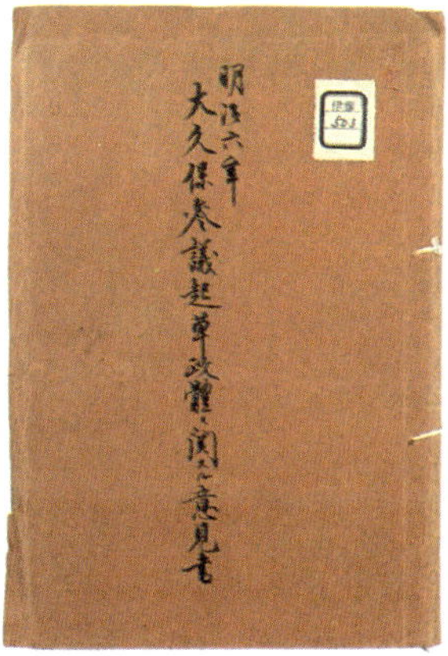

大久保利通《政体相关意见书》

问题在于，“（民主）政体应施行于创位之国、新徒之民，而不适用于温驯旧习、固着宿弊之国民”，若在“旧习”“宿弊”之国立即施行民主政体，“往时法兰西之民主政治，其凶暴残虐更甚于君主擅制，名实相背”[①]。很明显，在实现“君民共治”“三权分立”之前，大久保利通首先要确保日本不会出现类似法国大革命时期的动荡局面，因此当时唯一可行的改革就是先行规定“天皇陛下之权”。

在《政体相关意见书》中，大久保利通共为天皇列举了 23 项权力，其中第 1 项是“国政执行方面拥有无上特权”，这也成为日后《大日本帝国宪法》以“万世一系之天皇”作为国家元首的滥觞。靠着把天皇推上最高位置，大久保政权也得以进一步将地方权力集中于中央政府、集中于内务省；但他也担心天皇真会干预政治，因而对立法机关议政院专门设置了一条“华族选举的议员若无罪，虽陛下有特权也不能免其职”，保证立法机构的独立性。

两相权衡，大久保政权确立了渐进主义思路，暂时不开设“民撰议院”（众议院），而是以“官撰议院”（贵族院）为过渡，最终“确固不拔之法宪”。

只是一说“过渡”，就难免给反对派以集权乃至独裁的口实。

之所以反对大久保政权，除去想要废除“有司专政”之外，板垣退助也不是没有私心。“征韩论”争斗中，包括板垣退助在内的五名参议下野，除去西乡隆盛外，其余四名都参与了起草建白书（建议书）。应该说，《民撰议院设立建白书》本身也处于政府内斗的延长线上，板垣退助等下野政治家

① 《大久保利通文书》第五卷，182—203 页。

日本最高法院——大审院

希望以“公议”“设立议会”为口号，行回归政府中心之实。

一方面是板垣退助等民间政治家反对，另一方面，大久保政权内部也出现消极心态。4 月 18 日，由于不满明治政府出兵台湾，木户孝允辞去参议职位（5 月 13 日受理免官），回归山口县老家；5 月 23 日，原“萨摩国主”岛津久光以左大臣身份明确反对明治维新以来的“开化政策”，要求“旧习复归”[①]，强调政府应起用西乡隆盛、板垣退助等人。大久保利通虽然暂时压住反对声音，但中央政府依旧没有摆脱西乡隆盛离去之后的涣散状态。

为了尽可能稳固政权基础，大久保利通从各方渠道联络板垣退助、木户孝允两人，约定在大阪会面。

明治八年（1875）1 月 8 日，大久保利通与木户孝允对谈，前者希望进一步集权，后者则认为国家权力不能集中一处，必须设立妥善的分权体系。双方难以达成协议，只好紧急召唤伊藤博文在 1 月 22 日来大阪。

伊藤博文是大久保政权的重臣（工部卿），又与木户孝允关系甚笃，作

① 《岛津久光公实记》八，10—12 页。

为调停人再好不过。1 月 23 日，伊藤博文提出政府改革建议，主要条文是：建立元老院（立法机构）与大审院（最高法院），将立法、司法两项职能从中央政府分离出去，但仍旧不设“民撰议院”；参议与各省长官分离，弱化各省长官的实际权力；设立地方官会议，确立地方自治原则。

与此同时，由本已下海经商的原大藏大辅井上馨（长州出身）出面，联络木户孝允与板垣退助在大阪会面。到 1 月 30 日，两人围绕“民撰议院”问题达成初步“合意”，共同要求明治国家以“立宪”“国会”为最终目标；2 月 9 日，三人会面，大久保利通基本同意这一目标，木户、板垣同意回归政府，会议基本结束。

应该说，虽然以“会议”为名，三方会面却极为随意，选址也只是在一家高级餐馆，基本没有严整的辩论。按照伊藤博文所言，“开了会就喝酒，大阪会议就这么了结了”[①]；大久保利通也提到自己未与板垣退助有“政府上之谈”（指政治事务的交流），只是在酒席中聊聊花鸟风月，见见老朋友而已[②]。2 月 11 日，多方达成协议后，木户孝允兴奋之余，还把餐馆的名字改成“花外楼”。

但对于整个日本而言，大阪会议却促使日本政府在 4 月 14 日发布“渐次立宪政体树立之诏敕”，“设元老院以广立法源泉，设大审院以巩审判权，召集地方官以通民情、图公益，渐次立起国家立宪之政体”，正式宣布日本走上“预备立宪”之路。

大阪会议原址，目前已有当年参会五人浮雕
上（左起）：大久保利通、木户孝允、板垣退助
下（左起）：伊藤博文、井上馨

当然，妥协并没有完全解决派系之争，10 月下旬，板垣退助认为自身意

①② “伊藤博文谈话”，《大久保利通文书》六，275—279 页。

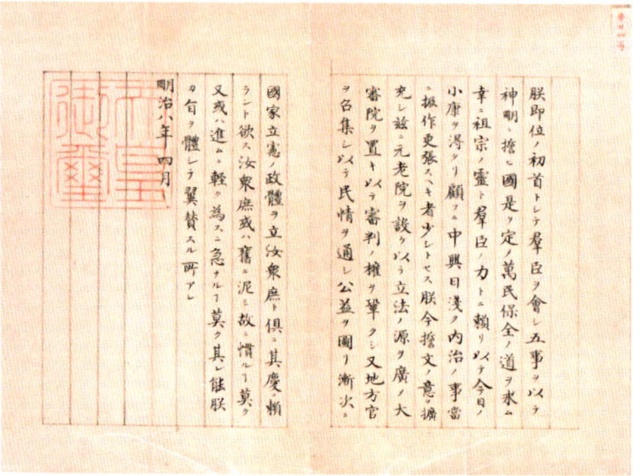
朕即位ノ初首トシテ群臣ヲ會シ五事ヲ以テ
神明ニ誓ヒ國是ヲ定メ萬民保全ノ道ヲ求ム
幸ニ祖宗ノ靈ト群臣ノ力トニ頼リ以テ今日ノ
小康ヲ得タリ顧ニ中興日淺ク內治ノ事當
ニ振作更張スヘキ者少シトセス朕今誓文ノ意ヲ擴
充シ玆ニ元老院ヲ設ケ以テ立法ノ源ヲ廣メ大
審院ヲ置キ以テ審判ノ權ヲ鞏クシ又地方官
ヲ召集シ以テ民情ヲ通シ公益ヲ圖リ漸次ニ
國家立憲ノ政體ヲ立汝衆庶ト倶ニ其慶ニ頼
ラント欲ス汝衆庶或ハ舊ニ泥ミ故ニ慣ルヽコト莫ク
又或ハ進ムニ輕ク爲スニ急ナルコト莫ク其レ能ク朕
カ旨ヲ體シテ翼贊スル所アレ
明治八年四月

立宪政体之诏书

见未得重视，再度辞去参议职位，继续搞起自由民权运动。但随着日本与清政府围绕台湾出兵问题达成和解，日本与朝鲜建交，加之木户孝允回归，大久保政权终于免除了后顾之忧，着手推动自身的首要任务：殖产兴业。

·政经联动：殖产兴业的改良

“（内务省）不讲体裁之虚文，不求奇功于外事[1]，而在于厚殖民产，振励民业”。

明治八年（1875）5月24日，内务省《定本省事业之目的之议》开宗明义，明确自身行政目的就在于整备“治安根基”、养成“国之实力”，两者分别对应于警察制度与殖产兴业。

针对所谓“殖产兴业”，内务省分三项实施：（1）“劝奖”农业、畜牧业、农产加工业、海运业；（2）推进“山林行政”；（3）建立“直输出会社”（出口企业）。根据这种分类，大久保政权进一步分工：内务省（大久保利通）负责推动“劝农”政策、建设国营纺织工厂，工部省（伊藤博文）负责铁路、电信、矿山等行业，至于大藏省（大隈重信）则提供财政保障，保证各省预算通过。

其实，殖产兴业从明治初年就已经开始进行，但问题在于，明治政府甫一集权，要做的事情太多，必然导致预算不足。如果不解决“钱少坑多”这个根本问题，那么以后省厅之间的矛盾会愈发激化。

① 此处意指不机械模仿欧美国家的表面制度。《公文录》明治八年10月内务省伺二，2A-9-公1532。

这时候，基础建设层面的分权就显得极为必要。

近代日本殖产兴业重要遗迹：富冈制丝厂

稍早一点的明治八年（1875）1月，大隈重信代表大藏省提出了平衡财政预算与殖产兴业的“五策”：（1）设立税法、平衡进出口；（2）抑制外国商品进口，保护国内产业发展，“将来这等诸厅需要物品……除去我国未能制造之外……必须使用我国制造”；（3）“若不得不向外国采购，须附我大藏省回评”；（4）“主任官府应进一步奖励农工商，扩大采掘各类矿山”；（5）“（官营事业）渐次赏与应得之商社”，即将国有资本拨付民营运作①。

为了完善第一至第三策的减少进口原则，内务省继续实行“劝农”政策，以国有资本投入农业建设。为了鼓励农业发展，大久保利通甚至在自己的别墅里设立园艺场，专门将从欧美带回来的各种果树、蔬菜种植在自己的农场里，数年间不仅有葡萄、洋梨等水果生长起来，甚至连茶园、桑田都搞得很好。看到领导者如此热心，地方官更为热衷于设立国营工厂，为避免过多进口外国货物做出贡献。

明治初年（1868—1879）设立的部分官营设施

设立年份	所属府县	工厂名称	主业
1870 年	群马县	富冈制丝厂	纺织业
1872 年	大阪府	堺纺绩所	纺织业
1872 年	东京府	内藤新宿试验场	农业

①《大隈文书》第三卷，103—106 页。

续表

设立年份	所属府县	工厂名称	主业
1875 年	新潟县	树艺厂	农业
1875 年	千叶县	下总牧羊厂	畜牧业
1877 年	新潟县	新町纺绩所	纺织业
1877 年	东京府	三田育种厂	农业
1878 年	东京府	驹场农学校	农业

不过明治政府逐渐发现，对于投入较高的产业，尤其是海运、铁路等，单纯靠国有资本无法承担起规模浩大的基础设施建设工作，大久保政权便遵照第五策，于明治八年（1875）5 月发布政策，宣告这些产业不再以半官半民方式经营，而是以民营企业为主，政府加以保护。

铁路业方面，工部省相继同意建设大阪・堺铁道（1 月 23 日）、东京・横滨铁道（10 月 12 日）；海运方面，7 月，政府宣布三菱汽船会社为第一家政府保护企业，将数艘政府船只无偿拨付给其使用，并给予“助成金”支持。虽然两者发展都多少存在问题，到 19 世纪 80 年代才走上正轨，但工部省的相关开支却从 190 亿日元迅速减少到 46 亿元[①]。通过支持“官商”发展，明治政府有效降低了财政赤字，在集权基础上实现了经济层面的公议，吸引社会资本投入基础设施建设。

大阪・堺铁道机车“浪花”

① “工部省沿革报告”，《明治前期财政经济史料继承》17 卷，130 页。注引自浅田毅卫《明治前期殖产兴业政策的修正与政商资本》。

大久保政权也同样重视出口企业的建设。明治九年（1876）5 月，内务省设立劝商局，将全部原有的国营企业置于麾下管理："起立工商会社"（1873 年设立）借用政府官办的制茶厂，将茶叶卖到美国，后又向美国、中国（清）、澳大利亚等国家出口铜器、漆器、陶器等手工业品；"广业会社"则在上海设立分店，将日本产的海带、鲍鱼等海产出口到中国。也就在这年（1876）7 月，内务省重组井上馨与"三井组"共同设立的"先收会社"，改名为"三井物产会社"，成为第一家由政府直接设立的外贸企业。

"三井组"的作用还不止于此。作为江户幕府的御用"为替方"（银钱兑换部门），"三井组"早在江户时期就在全国八大城市（江户、大阪、横滨、京都、大津、神户、新潟、敦贺）拥有分支机构，"三井组"大量发行的"三井札（银票）"更成为各大商人手中的重要通货。靠着庞大的资金链，"三井组"旗下的"三井两替所"在明治维新以后迅速转型，成为事实上的地下银行。

对于"三井组"，明治政府最初采取扶持与打压的双向政策。政府一方面继续让"三井组"承担"官商"、担负兑换实物货币等旧有职能，另一方面又要求"三井组"与"小野组"共同出资，在明治五年（1872）设立"三

"三井组"西洋式换汇所，后来的第一国立银行所在地

井小野组合银行”，继而在明治六年（1873）更名为“第一国立银行”，借“三井组”之财设立新的银行来制约“三井组”。除去第一国立银行，明治政府又相继设立第二、第四、第五国立银行。

此处“国立”并非“国家出资设立”之意，而是“依照国家法律设立”，四家银行事实上由私人资本支持成立。但由于明治政府要求“国立银行”必须担负“钞票兑换实物货币（银）”的义务，设立银行均需要足量的银通货作为基础，只有富商巨贾或是高级贵族（华族）才有足够资金设立银行，这就使得银行数量、资金流转效率都无法满足市场需求。

看到这个机会，明治八年（1875）3月，“三井组”整体改名“三井バンク（bank）”。以音译“バンク”而非意译“银行”作为名字，“三井组”的实际意图就在于规避日本法律中银行必须承担的兑换义务，从而交易面迅速扩张。到9月，第一国立银行的另一出资人“小野组”破产，“三井バンク”作为最大母公司把控住了这家国立银行。

看到“三井バンク”发展迅速，明治九年（1876）6月，大隈重信指挥大藏省修改银行条例，允许各大银行发行“不换纸币”（允许钞票作为独立货币存在）。如此一来，不仅“三井银行”得以被纳入银行范围，国立银行的设立也不再需要足量的银通货作为基础，甚至连旧士族手里的“金禄公债”也可以成为资本金，这些举措极大地促进了银行业发展。到明治十二年（1879），日本总共成立153家国立银行，其中第四、第十六、第十八、第七十七、百五、百十四等6家银行一直

明治政府最早的独立纸币

存续至今。

受到金融业发展影响，各融资主体在大久保政权下大幅开展社会融资，总额超过 5000 万日元，从而促进了一大批企业蓬勃发展：以铜矿为本业的住友家、以兑换金钱为本业的安田家纷纷站稳脚跟，与三井、三菱并立，形成日后所谓“四大财阀”的雏形。各大财阀以政府给予的资源及自身拥有的庞大本金为后盾，以自身控股的银行为资金源泉，广泛投资经营于多个行业，形成“从茶叶蛋到原子弹无所不包”的经营模式，对日本产业的整体影响一直持续到二战以后。

日本“殖产兴业”期间融资额与返还率概览

融资主体		融资年度	融资额（日元）	返还率（%）
中央及地方政府	秋田县	1875	211020	100
	广岛县	1876—1880	150209	80
	鹿儿岛县	1876—1880	136628	16
	内务省劝商局	1875—1877	129209	68
	其他	1875—1880	807534	66
银行	三井银行	1875—1880	10832858	98
	第二国立银行	1875—1879	9628601	100
	第一国立银行	1875—1879	7649316	96
	横滨正金银行	1880	4789450	100
	东洋银行	1875—1880	3447516	99
	第十五国立银行	1881	1000000	100

续表

融资主体		融资年度	融资额（日元）	返还率 %
银行	香港上海银行	1879—1880	850000	100
	第五国立银行	1875—1876	410106	100
	其他		41643347	98
各大企业	三菱会社	1875—1879	2479940	77
	广业会社	1877—1880	670000	10
	三井物产会社	1877—1880	625000	85
	起立工商会社	1877—1880	310000	3
	新燧社	1877—1880	310000	34
	东京为替会社	1877—1880	300000	9
	上毛茧丝改良会社	1881	300000	不详
	日本商会	1881	262004	不详
	其他		7339697	49
个人	五代友厚	1875—1879	690660	8
	涩泽荣一等三人	1876—1880	500627	37
	岛津忠义	1879—1882	251062	100
	岩仓具视	1876—1877	240000	100
	川崎八右卫门	1876	200000	100

续表

融资主体		融资年度	融资额（日元）	返还率 %
个人	田中平八	1876	186000	98
	后藤象二郎	1875	150000	100
	笠野吉次郎	1879	150000	100
	其他		3199508	64

的确，明治时期的官僚体系中爆发了大量贪污腐败案件，但在大久保政权下，政治家与商人建立了良好的联络纽带，政府放弃对产业的绝对控制而转为引导，加上民间银行业自由发展，使商人获得了极为良好的营商环境。虽然大久保利通本人没有看到日本产业的后续发展，但他打下的基础却极为重要。

· 士族式微："秩禄处分"导致武士失业

前面提到旧士族可以用"金禄公债"作为设立银行的资本金，那这个"金禄公债"是从何而来的呢？

简而言之，这就是旧士族的"买断金"。

明治五年（1872）《征兵令》发布，军队士兵不再单纯从旧士族中招收，而改为面向全国各阶层征兵，这就使得旧士族失去了"常职"。

所谓"常职"，便是主业。从16世纪末期，即战国后期织田信长、丰臣秀吉政权实行"兵农分离"政策以来，武士就成为专业化军事人才，兵役便成为其"常职"。正因需要完成"常职"，他们才有权"带刀称姓"，位列"士农工商"四民之首，也才有权获得相应"知行"（工资）。

一旦没了"常职"，就等于失去了工作，那么下一步遭到"裁员"（秩禄处分）也就难以避免了。

既然明治政府提出了“四民平等”的口号，那么保留士族家禄就显得毫无必要，况且旧士族在全国人口中所占比例不到 5%，而家禄支出却接近国家一般性财政支出的 40%[①]，这自然会成为明治政府的负担。

当然，为避免引起士族反扑，断然废止家禄决然不可行。跟随岩仓使节团出国考察之前，长州系首脑木户孝允曾提出，可以将现有家禄的三分之二改为债权，停止发放另外三分之一，留在政府手中，等到十年后统一赎回债权。但由于当时废藩置县尚未完全执行，所以这份提案并未受到关注。

早在明治五年（1872）二月，大藏大辅井上馨曾提出更为激进的处置方案：将“华族”的家禄总体削减 75%，普通士族的削减 33%，且将削减之后的士族家禄改为票面年利率为 10% 的“禄券”（家禄国债）支付。然后井上馨派人前往美国请示岩仓使节团高层，但遭到否决，审议也暂停下来。随后井上馨本人因预算争议而被迫辞职，“秩禄处分”一事又拖到了“征韩论”政变以后。

明治五年（1872）“四民平等”大事记

日期	主要事件
明治五年（1872）四月十八日	允许平民骑马
明治五年（1872）八月九日	允许武士散发脱刀
明治五年（1872）八月十七日	禁止武士随意砍杀平民
明治五年（1872）八月二十三日	允许华族、士族与平民通婚
明治五年（1872）八月二十八日	取消“秽多”“非人”阶层的称呼
明治五年（1872）十二月十八日	允许现职官员以外的华族、士族、卒族自由选择职业

① 明治四年（1871）十月至十二月期间，一般性财政支出为 4247 万日元，其中家禄、商典禄、社寺禄 1607 万日元，占比为 37%。

明治六年（1873）12月27日，大久保政权先后宣布在全国实行“家禄征税”“家禄奉还”两项政策[①]。

所谓“家禄征税”比较好理解，就是按照不同比例对华族、士族的家禄征税，以充填“陆海军资”。太政官布告第424号《华士族禄税则》规定，家禄在5石以上者即须缴税，最低税率为2%，领取6.5万石最高家禄者则需要按35.5%的税率缴税，即2.3万石禄米，禄税总额为50.6万，一旦开征，相当于将全国家禄削减11%。

如果说“家禄征税”是减少士族福利，那么“家禄奉还”则是以“买断金”形式帮助“薄禄”士族寻找出路。太政官布告第425号《家禄奉还者资金给予规则》规定，只要家禄在100石以下的旧士族愿意永不领取家禄，便可一次性领取一定数额的金钱与国债（秩禄公债），领最高的永世禄（世袭家禄）者可领取6年份、领终身禄（本人终身可享有）者可领取4年份、领年限禄者则以年限换算领取1—4年份。明治七年（1874）3月28日又另外规定，“秩禄公债”年利息为8%，一年付息一次（后为两次），分7年偿还，不过每年可以通过抽签选出极少数人全额偿还公债。

虽然士族在江户时代占据统治地位，但家禄在100石以下的旧士族本身也是穷人，明治维新以后先是被削减家禄，又遇“家禄征税”，加上他们没有其他谋生能力，日子苦不堪言。得知政府能给予一笔相当于数年家禄的“买断金”时，他们自然主动响应，打算用这笔钱来经营其他生意。到明治七年（1874）11月，家禄在100石以上的旧士族也被允许参与“秩禄公债”，从而引发全国争取“买断金”的热潮。到第二年（1875）7月政策中止之前，大体有30%左右的旧士族选择“买断”。

不过值得注意的是，鹿儿岛（萨摩）、山口（长州）、佐贺（肥前）这三个旧倒幕雄藩几乎没有人愿意“买断”，这不仅是因为三藩旧士族对政府不满，更重要的是当地地方官对明治政府也很不满，因而三地也成为日后爆发士族

---

① 《法令全书·明治六年》太政官布告第423号“为陆海军资除赏典禄外设家禄税”，第424号“华士族禄税则”，第425号“家族奉还者资金给予规则”，664—685页。

金禄公债券

骚乱的重点地区。

以推行“秩禄公债”为基础，明治八年（1875）9月7日，日本政府再度下令将家禄支付方式由现米改为现金，由于当时日本连年歉收，米价奇贵，以现金支付家禄自然等于降低了家禄总额，以减少政府的财政压力。因“改米为金”，日本各地都表现出一定程度的不满，这也为日后旧士族反扑埋下隐患。

明治九年（1876）2月，日本与朝鲜达成《日朝修好条规》（江华岛条约）[①]，使日本“征韩论战”以来的外交危机基本告一段落，也让明治政府“处分”起旧士族群体来更无顾忌。8月5日，政府强行“买断”全部家禄，但这次不再有“买断金”，而是将之直接转化为5年份到14年份不等的“金禄公债”，本金分30年偿还，利息为5%~7%不等。[②]

“金禄公债”证书的交付情况

金禄额（换算米）	利息	年限	领取人数	总发行额
1000日元（220石）以上	5%	5年至7年半	519人	3141万日元

① 《日朝修好条规》（1876年2月26日）主要规定：（1）朝鲜国自主之邦，保有与日本国平等之权；（2）沿海择便通商之港口二处；（3）日本国政府于朝鲜国指定各口，随时设置管理日本国商民之官，遇有两国交涉案件，会商所在地方长官办理；（4）日本国人民在朝鲜国指定各口，如其犯罪交涉朝鲜国人民，皆归日本官审断。如朝鲜国人民犯罪交涉日本国人民，均归朝鲜官查办。

② “改米为金”问题还出现在“地租改正”（农业税改革）上。由于前五年（1870—1874）的平均米价较高，而明治九年（1876）米价又因丰收而大跌，使得各地民众极为反感。明治九年（1876）12月，三重县农民发起暴动（伊势暴动），烧毁纳税窗口（三井银行地方支行），短短数日之间，整个暴乱席卷爱知县、岐阜县、堺县等多个府县，涉及总计超过5万人之众。最终明治十年（1877）1月，大久保政权不得不将地租（农业税）从3%降低到2.5%，以躲过危机。

续表

金禄额（换算米）	利息	年限	领取人数	总发行额
100 日元（22 石）以上	6%	7 年 9 个月至 11 年	15377 人	2504 万日元
10 日元（2.2 石）以上	7%	11 年半至 14 年	262317 人	1.088 亿日元
买卖家禄（鹿儿岛）	10%	10 年	35304 人	934 万日元
总计			313517 人	1.746 亿日元

应该说，“金禄公债”的制定与实施都颇为急切，毕竟旧士族还没有完全消化“改米为金”，突然又要废止家禄，等于打破了一直以来明治政府对待旧士族的稳健政策。虽然本书认为秩禄处分并不是引发西南战争的主要原因，但大久保利通却无疑因为得罪旧士族而走上人生终结点。

明治十一年（1878）5 月 14 日，刚刚消灭西乡隆盛的萨摩军不久，大久保利通就遭到石川县、岛根县旧士族刺杀而死，享年 49 岁。

“为达此目的，不得不期以三十年。明治元年至十年为第一期，乃创业时期；十一年至二十年为第二期，实为紧要时期，以内治整顿图国力充实正在此时，予虽不肖，愿排除百难而遂行此志；二十一年以后的十年为第三期，以其为守成时期，后进贤者继承而待大成。”①

东京纪尾井坂，大久保利通纪念碑

在遇刺之前，大久保利通曾对来访的福岛县令山内盛典阐述如何“贯彻王政复古之盛意”，于是就有了这番关于“三十年”的名言。虽然大久保利通未能看到第二期的曙光，但他的继承者伊藤博文、大隈重信继续遵从第一期立下

① 《大久保利通文书》九，168—169 页。

的各项原则，推动明治维新继续前行。

小结

在明治前十年，国际局势总体稳定，日本也顺利躲过与朝鲜、中国（清）之间的矛盾，日本的主要矛盾只限于“内治”。换言之，“开国”与“攘夷”的矛盾并不激烈，相反从中央政府到底层百姓，“集权”与“公议”的矛盾都占据主流。

通过版籍奉还、废藩置县，明治政府比江户幕府更进一步，成为日本唯一具有合法统治地位的政府；立法权、司法权逐步分立，明治政府走向依法治国之路，即便天皇也无权直接干涉元老院、大审院人事事宜；通过西南战争这场“日本史上最后一次内战”，明治政府将暴力机器牢牢捏在手里，不必像江户幕府一样再担心受到地方武装威胁；通过大久保政权改革，明治政府建立了完整的官僚制度与健全的政商关系，官商在具体产业问题上拥有与政府近乎对等的发言权。

但伴随这些改革，天皇权威也在明治前十年一步步被抬高。通过“毁释灭佛”，日本将上千年以来“习合”一处的佛教与神道强行拆分开来，重塑“国家神道”，成为天皇权威的一大凭借；每逢推动改革时，都会先规定“天皇大权”，乃至“征韩论战”最终不是由正院而是由天皇做出裁决，这就让日本的意识形态一步步走向“皇国”。

但没办法，既然从“王政复古”开始，改革与复古就绑在了一起，那么改革每迈出一步，复古必然也要迈出一步。如何调和这对彼此矛盾却又互相依存的概念，成为明治第二个十年的重大问题。

第三章

分工协作：明治国家体系如何形成？

明治前十年虽然轰轰烈烈，也以定立立宪制作为终极目标，但本质上，新生的明治政权的第一要务仍是维持政权稳定，明治政府为了保住执政权柄必然会“只看眼前事”，无法对国家政策做出长远规划。随着西南战争结束，明治政府不再担心自身合法性问题，然而随着“王政复古”以来天皇地位不断提升，新的问题又到来：天皇与政府之间如何分工？

幕末一度甚嚣尘上的“开国”与“攘夷”之争，在明治第二个十年以“欧化”与“尊皇”之争的形式重新燃起烈焰。

一、皇权入局：“宫中”权力结构的建立（1878—1881）

明治十年（1877）8月15日，在西南战争还吸引着所有人的注意力时，明治政府的决策机构（太政官）却悄悄移入皇宫，并改称“内阁”。

这次改革，名义上是让天皇“每日临外朝而洞达四聪”[①]，实际上则是让明治政府与明治天皇靠得更近一些，以便于天皇与政府的意见形成“一体化”。毕竟明治六年（1873）的“征韩论战”就是以天皇推翻政府决议而终结的，如果成年的明治天皇（时年25岁）因此形成习惯，那日本就很难像大久保政权所设想的那样走向立宪制度。

为了加强政府与天皇之间的联络纽带，8月29日，宫内省新设“侍补”。根据文本规定，侍补的主要职责在于“君德辅导”，即负责明治天皇的日常

① 《明治天皇纪》四，331—332页。

1873—1888 年间的明治天皇居所，目前为现任天皇德仁居住的赤坂御所

教育，到明治十一年（1878）3 月，共有 10 人成为侍补[①]。大久保利通此举旨在让明治天皇理解自己的思路，从而让天皇为明治政府进一步背书。

借助明治天皇的名义权威，大久保政权得以进一步巩固。但谁承想 5 月大久保利通遇刺身亡，这就意味着“明治三杰”（西乡隆盛、大久保利通、木户孝允）全部退出历史舞台，政权内一旦没有了元勋人物，就使本已平衡的政治结构彻底被打乱，侍补与明治天皇个人结成的“宫中”集团不再满足于做普普通通的立宪君主，而是觊觎起政府的实际权力来。

在伊藤博文、大隈重信勉强支撑的“后大久保政权”面前，一座逐步崛起的“宫中”高山耸立起来。

· 天皇亲政：侍补群体冒头与明治天皇的野心

天皇到底是什么地位？

对于战前日本天皇制，历来有两个极端看法：一种认为天皇是被架空的君主，完全听从内阁与军部的建议；一种认为天皇是实权君主，对国家有绝对统治权。这两种极端认识也可以从日本到底是学英式宪政（虚君）还是德式宪政（实君）找到源头，在明治时代结束以后更是引发 1912 年的“天皇机

① 侍补：（一等）德大寺实则（公家）、吉井友实（萨摩）、土方久元（土佐）、佐佐木高行（土佐）；（二等）元田永孚（熊本）、高崎正风（萨摩）；（三等）米田虎雄（熊本）、锅岛直彬（佐贺）、山口正定（水户）、建野乡三（小仓）。

关说”与 1935 年的“国体明徵”两次重要论战，成为战前日本法理上的核心矛盾。

但在谈论天皇是虚是实之前，还是要弄清一个问题：天皇本人的权力与“宫中”集团乃至于日后的宫内省集团密不可分。侍补便是“宫中”势力的始祖。

根据规定，侍补每晚要轮流为天皇做两小时的“内廷夜话”（讲习）；土方久元在日记里记载，他从明治十年（1877）9 月到明治十一年（1878）11 月一共“参内”59 次。要知道，土方久元还不算明治天皇关系最好的亲信，可见侍补与天皇之间联系之密切。双方不仅在工作上，更在生活上建立了良好的人际关系。

况且 10 位侍补原本都不是等闲之辈。土方久元、佐佐木高行（土佐系）都是幕末“萨长同盟”“萨土盟约”签订时的重要联络人，锅岛直彬本人就是末代佐贺藩主，连大隈重信（佐贺系官员）见到他也要念及旧情，礼让三分，其他人也在各自的藩属拥有一定地位。但在明治维新以后，这些人的政治地位都显著降低，如今天皇成为自己的“学生”，曾经的倒幕志士群体当然要借机发挥倒幕维新时期的另一大“政治正确”——“尊皇攘夷”来争取政治权力，而天皇也在侍补本身拥有的政治实力衬托下开始掌握起实际权力，双方互为表里，在“尊皇攘夷”的旗帜下逐步偏于“尊皇”。

土方久元，原为土佐藩上级武士，经历大量历史事件，后成为明治天皇身边重要亲信

明治十一年（1878）5 月 14 日大久保利通去世，5 月 16 日元田永孚等五名侍补立刻提议，要求“最早今日实现真之亲政实事”，明治天皇也回应“各方奏报事宜甚妥，从今以后

明治政府《教育敕语》起草者元田永孚

（朕）应多加注意”。5 月 18 日，新任内务卿伊藤博文被迫接受提案，允许侍补在内阁会议旁听。

紧接着 5 月底天皇针对工部卿人选问题（因伊藤博文就任内务卿而空缺）发言，希望让侍补佐佐木高行就任，然而最终伊藤博文选择了密友、前大藏大辅井上馨；到了明治十二年（1879）3 月 10 日，天皇结合前一年巡防各地经验，在政府“内示”（内部公开）所谓“勤俭爱民”圣旨，虽然内容依然仅限于宣传方面，但也是宫内省直接干涉政府行政事务的开始。

天皇的名义权威与侍补的实际权力结合一处，不免来势汹汹。政府方面当然想要废除碍事的侍补，便首先在明治十一年（1878）6 月提出让参议与侍补共同商讨如何“辅导”天皇，将侍补暂时纳入议事前置程序；12 月开始，政府邀请天皇在每周一、三、五三次“临御”内阁会议，参议得以一周三次面见天皇，加强人际关系纽带；明治十二年（1879）4 月，政府确定“御前议事式（章程）”，规定天皇“亲临内阁或在宫中召见大臣、参议”。

中年的伊藤博文

议事频率增加，参议与天皇之间的沟通渠道畅通，无疑压缩了侍补的政治空间，明治政府也因此立即遭到反扑。就在 4 月，由元田永孚策划，让在“征韩论战”中下野的副岛种臣出任宫内省侍讲，充实了宫内省势力。7 月，元田永孚更是为明治天皇起草了一份《教学圣旨》，抨击明治维新以来政府的教育理念一味追求“文明开化”，却搞得“舍本逐末”“伤风败俗”，要求应重新在各方教育中加入“道德之学”，培养民众的“仁义忠孝之心”。

之所以批评教育理念，是因为伊藤博文正在主导推动新的全国性教育法案，元田永孚意在以天皇权威压制伊藤博文，继而提升自己的政治地位。

怎知伊藤博文也毫不手软，立刻写作反驳文章《教育议》，不仅论及文明开化与风俗变动之理，还从正面批判元田永孚："政谈之徒过多，绝非国民之幸福……盖现今之书生大抵出于汉学学生之种子，汉学学生往往开口即谈政理，攘臂而论天下之事，然而转其读及洋书，却无法静心研磨，屈节而从事百科……喜议空论，滔滔成风……今应矫正其弊。"

一番雄辩之下，明治天皇只好废掉《教学圣旨》，伊藤博文得以在 9 月 26 日发布《第一次教育令》。元田永孚败下阵来，生气地表示"要么废掉侍补，要么建立让人发挥精神活力的制度"，伊藤博文本来就对他们不满意，甚至曾经直接斥责他们"让所谓宦官之弊重生"①，便干脆在 10 月 13 日废除了侍补职位。

但有趣的是，废除侍补职位并不代表剥夺了 10 位侍补的实际权力，明治天皇还好生安抚道"虽然侍补废官，心中所想仍应无虑上达天听"，进而将元田永孚等人留任为"皇后府大夫"，继续团聚在天皇周围，形成帮天皇争取亲政的重要势力，也成为日本高层政界重要的保守派。

他们下一次的争夺，就爆发在明治十三年（1880）外债募集问题上。

·内阁会议：参议、省卿分离后的"府中"实态

刚废掉侍补，伊藤博文立即着手改革大久保政权留下的重大问题：参议、省卿兼任问题。

参议的职责在于决策，省卿的职责在于执行政策与管理部门。先前一人兼任两职，有助于让决策迅速推行，但随着中央各省厅日常事务愈发忙碌，参议工作量急剧增加，加之明治十年（1877）太政官迁入皇宫，这就意味着

---

① 佐佐木高行《保古飞吕比》八，355 页。

各参议需要往返奔波于皇宫与各省厅之间，难以投入足够精力用于决策。那么立宪制度的基础——独立的国家决策机构便无法建立，导致无论是立宪还是开设国会都难以实现。

但反对改革的声音随即响起。明治十三年（1880）1月19日，井上馨给离开东京疗养的伊藤博文写信，提到“前日与岩公（岩仓具视）相谈一夜，（参议、省卿）分离论有寺岛（寺岛宗则，文部卿）、大木（大木乔任，司法卿）、山田（山田显义，工部卿）多不同意，黑田（黑田清隆）与寺岛会谈（均为萨摩系官员），对方提到先前参议与各省长官分离时常有不和，因而（分离论）无意义”[①]。

所谓“常有不和”，自然是指明治六年（1873）因财政预算纷争引发了朝野乱局，但与此同时，当年乱局的当事者井上馨想要借机转任大藏卿的传言甚嚣尘上，萨摩系官员也不免借机敲打说目前国家实行殖产兴业政策，正在用钱之时，且由大隈重信（大藏卿）与萨摩系官员控制的大藏省刚有起色，他们并不希望长年以来要求紧缩财政的井上馨回归大藏省。2月12日，本已与伊藤达成协议的黑田清隆也提出“国会开设尚早”，意在封锁全部改革措施，而大隈重信得知消息后也对伊藤博文的改革方案持保留态度。

佐野常民

换言之，如果伊藤博文想推动自身方案，就必须首先同意萨摩系官员的宽松财政要求。若放在平日，这并不算是大事，然而这段时间伊藤博文一直卧病在床，只能让井上馨四处奔走，井上馨本人又被认为有接替大藏卿的野心，不免让人防范，才让事情迟迟没有进展。直到2月16日，大隈重信才勉强同意登门拜访伊藤博文，双方达成妥协，参议、省卿分离后的大藏卿由大隈重信的亲信佐野常民（两人均为佐贺系官员）担任，

① 伊藤博文收井上馨书信，明治十三年1月19日，《伊藤博文关系文书》158—159页。

政局这才得以稳定。后大久保政权之牛耳重由伊藤博文、大隈重信两人执掌。

2 月 19 日，伊藤博文病体初愈，来到右大臣岩仓具视府邸，委托他向天皇陈明“内阁诸省分立”的缘由；2 月 25 日，内阁会议召开，“分离论”得到通过；2 月 28 日，关于“分离”后的人事提案获得天皇裁可，“专任参议”（专职参议）定为 6 人[①]，其中萨长出身者 5 名，“兼任参议”定为 4 人，其中萨长出身者 3 名——中央政府的“萨长幕府”色彩便更加浓厚起来。

3 月 17 日，内阁会议制定办事章程（日则），正式确定“专任参议”为国务大臣，除去周日与节日，天皇在每天 10 点都要临席开会，在内阁书记官说明当日上奏文件以后，各参议根据主管方向不同提出建议，并由相关省卿出席说明情况。这套制度一经建立，参议阶层便可每日与天皇见面，并把控住内阁会议的讨论方向，内阁制度也自然通过与天皇结为一体而获得不容置喙的最高决策权。

但对这一点，“宫中”集团却并不满意。

4 月下旬，元老院副议长、原侍补佐佐木高行提出：“如今内阁改革，颇为不当之论说极多，第一，基于内阁集权思路而激怒一步集权……今日的诸省卿便好似过去的大辅（副部长），实为不妥。”[②]

在侍补遭到废除以后，佐佐木高行一度希望就任文部卿，并得到了明治天皇的首肯，希望他能在教育体系中渗透“尊皇”思想。然而伊藤博文等内阁人马自然不会允许，便安排佐佐木高行任元老院（立法机构）副议长，然后又派遣大木乔任作为政府首脑（参议）兼任元老院议长，代替政府监督元老院，封死佐佐木高行的政治路径。没办法，佐佐木高行等人只能重新走到前台，与大臣阶层结为同盟。

所谓“大臣”，便是指当时在任的太政大臣三条实美、右大臣岩仓具视。在参议地位提升到一般省卿以上之后，两大臣的相对地位也有所降低，有一

① 专任参议：寺岛宗则、西乡从道、川村纯义（萨摩）、伊藤博文、山田显义（长州）、大隈重信（佐贺）。兼任参议：井上馨（外务卿、长州）、山县有朋（参谋长官、长州）、黑田清隆（开拓使长官、萨摩）、大木乔任（元老院议长、佐贺）。

② 佐佐木高行《保古飞吕比》九，84—85 页。

保守派要员佐佐木高行

定程度反改革的意图。为了引起高层注意，佐佐木高行强调："很明显，上述大臣遭到参议逼迫，碍于情面而难行公论，最终逼迫圣上施行。"另一位原侍补元田永孚也提出："（天皇）本想让佐佐木（高行）做文部卿，结果却反复遭到内阁逼迫，不得不加以许可。"①

一连串政治对立后，明治天皇终于难忍怒火，在内阁会议上训斥众臣："一直以来，凡事若由参议上奏，大臣都不能裁断，实在是参议兼大臣；过去万事都让大臣驾驭参议，结果现在却权威受损，岩仓公也很是担心。"②既然明治天皇本人不满于做一个"点头皇帝"，他身边的"宫中"势力便等于得了圣旨，岩仓具视随即展开行动。

恰在此时，明治政府的施政也出现问题。

·"宫中"蜂起：外债问题与国家决策权的争夺

殖产兴业确实激活了日本经济，却也引起了通货膨胀。

由于银行业解禁"不换纸币"政策，促使全国信贷业务骤然发展，纸币需求量骤增，仅在解禁当年（1878），日本全国流通纸币总额就从 1.19 亿日元增至 1.65 亿日元（增加 38.7%），接下来几年更是继续攀升。到明治十三年（1880），100 日元的"金禄公债"的实际价值为 60 日元，纸币 2 日元也只相当于银币 1 日元。从表面上看，政府超发纸币似乎能够带来效益，但既然政府用纸币作为税收结算工具，那么政府收入也会大幅降低。

① 佐佐木高行《保古飞吕比》九，85—86 页。
② 佐佐木高行《保古飞吕比》九，90 页。

另一方面，纸币价值下降，必然导致硬通货（金银）成为外贸业务的主要结算货币，仅在明治十三年（1880）就有超过2000万日元的金银流出日本，而日本政府仅剩800万日元的金银货币，仅占纸币流通总额的4.5%，国际信用极为危急。

明治十三年（1880）5月14日，大隈重信与萨摩系官员在内阁会议上提出意见，首先是缩减皇室财产，售卖一部分政府产业、削减文部省补贴，接着是从国外借债5000万日元以渡过眼下难关。该提案立即遭到伊藤博文与长州系官员反对，因为5000万日元相当于当时财政收入的80%、土地税收入的1.3倍，额度太大，双方不免产生分歧。

在5月14日会议之后，外债事项再未加以讨论，而是由岩仓具视直接上奏天皇；5月21日，天皇宣布即将"临御"内阁，并要求各省卿针对问题提出意见书。

所谓提出意见书，就是立即表态支持还是反对。要知道，内阁意见不同，这在各国都是家常便饭。对于外债问题，大隈重信与伊藤博文的分歧点主要在于额度，换言之，无论双方在会议上多么剑拔弩张，问题并不难解决。但一旦上升到立即表态这个层面，那就不单纯是事务性辩论，而是有可能上升到派系斗争。

大久保利通去世后，从表面上看伊藤博文、大隈重信两人虽然形成合作关系，但事实上两人分别率领着长州系、萨摩-佐贺系两大群体，双方固然可以讨论一些事情，但在重大事务上并没有形成统一步调，这也就让岩仓具视抓住了把柄，以提升天皇的实际权力。

按明治元勋设想，天皇不应直接干预内阁会议的具体项目，而应由大臣、参议群体共同决定，这也与伊藤博文的参议"大臣化"设想一致。为了不与参议同列，在内阁制度刚刚建立的关口，大臣阶层的岩仓具视自然想要变参议主导为天皇主导，进而把"下问"范围扩大到全部省卿，以求让参议"省卿化"。

5月21日，心里非常不满的伊藤博文给太政大臣三条实美写信："方才于御前，听闻您上奏会计问题应下问于诸省卿……若未提醒各省卿不要向世上泄露，而下达至各新闻社之耳，想必会立刻引起喧嚣，有何种影响难以预测。”[①]意思是说一旦把问题讨论“下问”至省卿一级，便不免会将消息泄露出去，舆论便有可能会影响到政府决策，导致整个议政体系再度混乱。

但对于“宫中”集团而言，泄露情报当然是个大好事。一旦“下问”到省卿一级，政治讨论必然会丰富起来，正如佐佐木高行所言：“今日若不能广泛下问大众，那多数事项都不可谈论，我之所愿，便是不仅敕任官，连奏任官乃至局外人也可以得到下问。”5月28日，元田永孚进入皇宫，以“美国前总统格兰特也不同意发行外债”为由劝说明治天皇[②]。

就在“宫中”、内阁双方争夺权力时，各省卿的意见书也汇总完毕：17名参议与省卿之中，8名同意发行外债，8名反对[③]，1名（寺岛宗则）中立。

1879 年访问日本的美国前总统格兰特一行，后排左一为日本接待官员西乡从道

① 三条实美收伊藤博文书信，明治十三年5月21日，《伊藤博文传》中，174页。

② 佐佐木高行《保古飞吕比》九，120—121页。

③ 同意者为大隈重信（参议、佐贺）、黑田清隆（参议、萨摩）、西乡从道（参议、萨摩）、川村纯义（参议、萨摩）、山田显义（参议、长州）、榎本武扬（海军卿、旧幕臣）、大山岩（陆军卿、萨摩）、田中不二麿（司法卿、尾张）；反对者为伊藤博文（参议、长州）、井上馨（参议、长州）、山县有朋（参议、长州）、大木乔任（参议、佐贺）、松方正义（参议、萨摩）、佐野常民（大藏卿、佐贺）、河野敏镰（文部卿、土佐）、山尾庸三（工部卿、长州）。

大隈重信、伊藤博文虽然都不希望内阁出现分裂，但在天皇强行要求提出意见书的状况之下，本来可以弥合的分歧也就真的演变成了分裂。

内阁一旦分裂，决策权就只好上交天皇，而“宫中”集团自然也就能发挥重大作用。到6月3日，天皇下达诏书，提出“朕素知会计之事绝非容易，却也知外债为今日最不可为”[①]。通过一系列操作，岩仓具视借助一次本能弥合的事务讨论，将内阁的第一份政治决策提升到天皇级层面完成。虽然从治国角度讲，否决发行外债是极为愚蠢的举动，减弱了政府解决财政压力的能力，但“宫中”权力却是实实在在得到了提升。

天皇权力的提升，最初肇始于倒幕派举起“王政复古”大旗之时。明治政府本以为这面大旗有益无害，便无限扩张天皇的名义权力，并在明治六年（1873）以天皇诏书制止西乡隆盛访问朝鲜。谁承想随着事态发展，围绕天皇名义权力而产生的“宫中”集团尾大不掉，“复古”势力正式踏出涉足国政的重要一步。

·“米纳”论争：岩仓具视的窘境与伊藤博文的思路

不能发债，但财政赤字还是要解决的。

6月13日，大隈重信、伊藤博文、寺岛宗则三人开会，决定将各省预算支出减少300万日元，用于治理通货膨胀。然而通货膨胀已经使各省预算事实上减少，没有哪个省厅想进一步缩减预算。一番踢皮球之后，6月29日，三人只好把预算削减一事挂了起来，预备等8月中旬天皇巡幸归来之后，再召开内阁会议决定如何具体实施。

看到财政问题因政治矛盾而难以解决，7月初，黑田清隆辞去参议，表示将专心于“开拓一途”。岩仓具视备受打击，毕竟失去黑田清隆与萨摩系官员支持，即便到了8月，财政问题还是解决不了。到那时，主动制止外债发

---

① 《明治天皇纪》五，75页。

位于山梨县甲府市的明治天皇巡幸纪念碑。通过明治初年在全国范围内巡幸，明治天皇初步建立威信，明治天皇巡幸纪念碑遍布日本全国

行的岩仓具视就会成为第一责任人而受到内外夹击。

8 月初，通过四处求助，岩仓具视总结出一份土地税“米纳”提案，认为既然如今“金”（纸币）贬值厉害，便可以重新征收“米”，一来减少了农民在“换米为金”过程中的损耗，二来明治政府获得实物以后可以通过商人外卖换取金钱。

更重要的是，向岩仓具视提出“米纳论”的人，正是萨摩系商人五代友厚，因他与萨摩系官员和佐贺系首领大隈重信私交都不错，岩仓具视便认为这份提案能让萨摩系官员满意，旋即在 8 月 16 日内阁会议上提出将 25% 的土地税改回“米纳”。

谁承想提案刚一说出，第一个反对的就是大隈重信，随即长州系的伊藤博文、井上馨也双双表示反对，整个内阁会议一片申斥之声。这份提案或许能解决一些问题，但麻烦在于，“改米为金”是整个明治维新的主流，也是日本迈向文明化、近代化的重要基石，回归“米纳”无异于倒行逆施，全无可商讨的余地。

擅长拆别人台的人，自己的建构很可能更差劲。

8 月 19 日，岩仓具视再度在内阁会议上提出“米纳论”，也再次遭到一片斥责；随后 8 月 21 日，他要求大隈重信调查财政状况，为探讨“米纳”是否可行做准备，然而大隈重信立即以“调查太费时间”为由反对。

没办法，岩仓具视只好放弃做参议的工作，而是通过太政大臣三条实美寻求“宫中”集团支持。8 月 23 日，原侍补土方久元向佐佐木高行提出：“三条公私下说，近期米纳论进入讨论，且在内阁引发争议，便想先行询问御思召（天皇意思），若（天皇）主动下问，那么请您（佐佐木）一定要支持米纳。”[①]

然而与岩仓具视所想不同，虽同为旧维新志士出身，但佐佐木高行也觉得“米纳论”是政策倒退，便反而劝谏有栖川宫炽仁亲王（皇族、左大臣）一起反对。终于到 9 月 2 日，元田永孚陈述了天皇意见：“近期虽有米纳论提出，决不可也，无论如何，迄今为止的地租改正已大费周章，农民虽普遍有不平之意……也渐在一两年内归于平稳……轻易变更法令，会招致人民不信，甚为不宜。”[②]

既然“宫中”集团这一次不站在岩仓具视这一边，伊藤博文也就立即提出议事模式的要求：“关于内阁中的不同观点，如在此上进一步下问各省之卿，各卿必又有不同观点，最终难以统合一处。”[③]换言之，伊藤博文开始试图回归发行外债之前的议事规则，尽可能把“下问”对象集中于参议群体，以防人多嘴杂。即便无法在制度上扳回来，起码也要让岩仓具视的发言权降低。9 月 15 日，伊藤博文参见天皇，明确反对“米纳论”。

9 月 17 日，内阁会议召开，参议就“米纳论”投票表态，天皇则直接否决了“米纳论”，伊藤博文、大隈重信抛去往日仇怨，结成同盟，共同对抗岩仓具视与“宫中”集团。

由于“外债论”和“米纳论”都没能得到通过，要解决财政问题只能另想他法。随后，伊藤博文与大隈重信一起，强行以削减开支、增加酒税等方法填补了 900 万日元赤字，明治政府的财政政策也从积极转为紧缩。

在明治十三年（1880）两次有关政策的争斗中，政策本身都不是最重要的因素，“宫中”与参议的权力争斗才是主线，这就让明治政府陷入反复争论的怪圈，效率降低。不仅是财政问题，“宫中”集团在其他方面也不断阻挠政府提案，比如内阁在 10 月提出给文官授勋，但这份仅关乎礼仪荣典的提案也遭到“宫中”不满而被迫延期。

或许正是看到“宫中”集团在礼仪荣典问题上大做文章，伊藤博文也逐

① 佐佐木高行《保古飞吕比》九，265 页。
② 佐佐木高行《保古飞吕比》九，277—278 页。
③ 佐佐木高行《保古飞吕比》九，278 页。

元老院议官合影，1879 年

步走上一条有趣的路线：改革元老院制度。

明治十三年（1880）12 月 14 日，经历了近一年乱局后，伊藤博文发表了一份关于立宪政体的意见书，提出两条提案：一是对未来将成为上议院的元老院进行改革，将元老院议官由“华士族”担任改为公选；二是设置公选检察官，对政府进行会计检查。

就当时而言，元老院并不完全拥有如今国会的职权，更类似于一种“政府内议会”。这种情况固然制约了立法权的发挥，但也使得明治政府各项法案通过获得保障，那么在引入民间议员组成下议院（众议院）之前，必须要重塑作为上议院的元老院，以防民意过载而颠覆决策。

如果元老院得以改革，那么原侍补组成的“宫中”集团就很有可能整体获得进入元老院的机会。与其让这些反对派一直以宫内省成员身份影响天皇，不如把他们放入尊重公议思路的元老院，给他们一个平台展现不满，却又不至于过度影响政府决策。

·“宫中工作”：伊藤博文对“宫中”集团的接纳

时间稍许向前，来到明治十四年（1881）7月。

7月，一则“北海道官有物贱卖”的新闻在报纸上发布。原来在北海道，黑田清隆预备将政府投入1400万日元建设的船舶、仓库、农园、矿山、工厂等设施以39万日元贱卖给政商五代友厚。由于两人均出身于旧萨摩藩，私交良好，故事件在舆论界引发了轩然大波。发布这件事的报纸《邮便报知新闻》是大隈重信属下所控制，所以日本高层政界普遍认为，大隈重信是为了扳倒黑田清隆与萨摩系官员群体才故意把消息泄露出去。

得知消息以后，8月下旬，原侍补佐佐木高行等人先后聚集东京，商讨如何应对大隈重信的“阴谋”；而另一方面，伊藤博文为了争取萨摩系官员支持，也决定扳倒大隈重信，并正在尽可能联络更多支持力量。双方一拍即合，形成“反大隈”共识，意在寻机驱逐大隈重信。

不过对于“贱卖”这件事，伊藤博文一开始为了拉拢黑田清隆还是准备继续实行，只是要降低“贱卖”的幅度，但佐佐木高行却并不满意。9月下旬，原侍补土方久元、佐佐木高行集合大量元老院议官、华族、军人、官僚乃至皇族形成“反贱卖”同盟（中正党），并把目标上升到“除奸人，立政权，扬皇威”的高度[①]。

位于札幌北海道神宫的开拓神社，祭祀37位北海道开拓的有功人士。明治维新后，日本在北海道展开了大规模的开拓活动，旨在抵御沙俄入侵。为了让北海道这个过去以少数民族阿依努人为主的地区更加“日本化”，日本政府也引入国家神道

一旦上升到这种高度，

① 佐佐木高行《保古飞吕比》十，394页。

伊藤博文就很难继续反对。更重要的是，当时右大臣岩仓具视并不热心于驱逐大隈重信，如果想说服他，就必须要从“宫中”集团入手，以天皇权威压制岩仓具视的反对意见。于是 10 月初，伊藤博文同意了佐佐木高行的要求，说服黑田清隆主动放弃“贱卖”事宜，而佐佐木高行、土方久元二人也顺势成为伊藤派的说客，在说服岩仓具视加入其阵营方面立下汗马功劳。至于大隈重信，则在 10 月 11 日御前会议之后遭到“免官”，大隈重信代表的佐贺系官员整体被迫下野。

10 月 21 日，政府重组人事体系，佐佐木高行作为“宫中”集团代表晋升为工部卿，另一位原侍补吉井友实则为工部大辅，两人一直到明治十八年（1885）工部省废止之后才回到宫内省重新就职；而在明治十八年（1885），日本内阁制度也正式建立，这一次轮到土方久元成为伊藤博文内阁的农商工大臣。

至于行动最为积极的元田永孚，更是继续在宫中顾问官位置上继续发挥作用，甚至成为明治历史上唯一不需要穿西服，只需穿和服便可觐见天皇的政治家，乃至于后来参与了明治二十三年（1890）《教育敕语》的起草，将自身对于儒家天皇制的理解灌输到整个明治国家的建设中。

另一方面，伊藤博文也渗透进“宫中”系统。从明治十七年（1884）3 月开始，伊藤博文担任宫内卿，并启动对宫内省的全面改革，增加大量办事机构与官僚编制，借以弱化“宫中”集团对宫内省一直以来的控制力；要求天皇、皇后均身着“欧风”服饰并学习欧洲礼仪，借以冲淡元田永孚等主张传统国学的呼声。对这些改革，“宫中”集团与明治天皇虽然多少有些反感，接受过程也并不一帆风顺，但由于伊藤博文权威日盛，名义上拥有最高权力的天皇也无可奈何。

应该说，大久保利通去世后，面对权力真空，伊藤博文、大隈重信、黑田清隆、“宫中”集团分别作为不同层面的继承者展开竞争。在侍补废止、“外债论”、“米纳论”三次纷争中，各参议与“宫中”集团各有胜负，最终到明治十四年政变后，一方面“宫中”集团以个体形式融入官僚体系中，另一方面宫内省也彻底稳住了自己的政治地位。

到明治十七年（1884）7月，伊藤博文主导发布《华族令》，为华族制定公、侯、伯、子、男五等爵位，包括旧侍补在内的全部维新志士都被纳入华族序列，正式与他们曾经的藩主获得相似的贵族待遇，其中长州藩出身的伊藤博文、山县有朋等人甚至在日后成为公爵，地位与旧长州藩贵族毛利家完全对等。靠着这番政治调整，伊藤博文吸纳“宫中”群体成为自身政权的重要基础，甚至连天皇都逐渐对伊藤博文倍加信任。

在伊藤博文的努力下，天皇本人的权力在明治十九年（1886）以“机务六条”形式得以封印，并在《大日本帝国宪法》中受到约束，但宫内省却逐步崛起为拥有6000多名职员的庞大省厅，成为日本官僚体系中不可或缺的一部分，也成为20世纪30年代天皇权威逐步崛起、日本逐步走向侵略之路的重要推手。

当然，这些都不再是明治时代的麻烦，眼下伊藤博文的大麻烦，还是在大隈重信身上。

二、欲速不达：明治十四年政变（1881）

古话说，欲速则不达。

古话又说，先下手为强。

在明治国家的建设过程中，“急速”与“渐进”的争端始终没有停息。公共知识分子恨不能在第二天就看到宪法，各大媒体更是要求在一代人时间里能看到开设国会；但另一方面，明治元勋非常明白这些知识分子只是社会的极少数，一旦改革举动过度触犯保守势力利益，“沉默的大多数”必然会成为政治动荡的牺牲品。事实上先前急速推进的“废藩置县”“地租改正”“秩禄处分”，无一不引起大量普通人的反感。

普通人反感强烈了，自然更会让知识分子与各大媒体找到攻击点——自由民权运动便再度爆发。

·自由民权："民"是何人？

后藤象二郎，幕末与坂本龙马过从甚密，曾对《船中八策》提出建议

虽叫"自由民权运动"，本质上却依然是政治斗争。

明治六年（1873）"征韩论"政变之后，四名在野参议联名提出《民撰议院设立建白书》。随后江藤新平走上武装暴动之路，兵败身死，而原土佐系官员板垣退助、后藤象二郎却进入民间，成为政治新兴势力。从明治七年（1874）开始，板垣退助首先在高知县（原土佐藩）成立"立志社"，主张国家主权在民，提出保障民权，并成立《土阳新闻》[①]宣传自己的理想。

为了防民之口，大久保利通邀请板垣退助参与茶话会性质的大阪会议（1875），随后板垣退助回归参议之位。然而由于不满大久保政权的士族政策，他很快就辞去参议之职，回归民间。西南战争（1877）结束，自由民权运动也难以通过武装反抗方式获得政权，所以板垣退助也在明治十一年（1878）9月把立志社旧部重组为"爱国社"，要求日本早日开设议会，改变"有司专政"现状。

从这一时期开始，自由民权运动逐渐显现出一个问题：官方认为的"民"，并不一定是后人眼中的"民"。起码从爱国社在日本各地的响应者来看，大部分参与者依然是拥有一定社会地位的旧士族。其中最著名的，莫过于以九

① 19世纪80年代，《土阳新闻》记者坂崎紫澜以幕府末年土佐藩为背景先后撰写《南海血汐之曙光》《汗血千里驹》两部连载小说。借由小说，幕末土佐藩志士坂本龙马因其理想主义与人格高洁而备受日本人欢迎。需要注意的是，在幕末史中，坂本龙马更类似于西乡隆盛与萨摩藩的特使，实际作用很难与木户孝允、西乡隆盛等人比肩。但在日本平民眼中，萨摩、长州建立起的明治政府是更专制、腐败的政府，拥有高洁形象的坂本龙马自然成为大家抒发情绪的重要出口。

州福冈为根据地的“向阳社”及其首领——头山满（1855—1944）。

日本右翼鼻祖头山满

头山满是福冈藩武士后代，曾在明治九年（1876）与500多名福冈藩士族一起发动“福冈之乱”，反抗明治政府，随后遭到逮捕入狱；出狱以后，大久保利通遭到暗杀，头山满只身前往四国寻找板垣退助，希望能再度掀起反抗斗争，但板垣退助却劝服头山满从“行动战争”转为“言论战争”，参与自由民权运动与爱国社。

明治十一年（1878）12月，头山满回到福冈，联络原先的战友成立向阳社，以“敬戴皇室”“固守人民权利”为纲领，主张自由民权；随后又以向阳社为基础成立民间政党“筑前共爱公众会”，以福冈县为地盘进行自治；再到明治十二年（1879）1月，向阳社又得到本地富商资助而成立了向阳义塾。后来到明治十四年（1881）2月，向阳社更名“玄洋社”，一跃成为日本著名的民间右翼团体；尔后明治二十年（1887）8月，头山满又创办《福陵新报》，成为九州地区极富影响力的媒体。

结合板垣退助的爱国社，不难发现，自由民权派整体上也在建立一个小“政府”：以思想团体为核心，以地方自治团体为手脚，以新闻媒体为传播机构，再辅以学校培养自己的人才。组织化的宣传手段有助于动员民众，也自然受到政府警惕。除去旧士族结社之外，地方“豪农”（富裕农民）、城市新知识分子群体也纷纷参与进来，先后涌现了东京法律演讲会“嚶鸣社”（1877），爱知县旧士族组织“三河交亲社”（1879）与其后身“爱知县交亲社”，福井县农民组织“自乡社”（1879年8月）与其后身“天真社”（1881年4月），东京知识分子组织“交询社”（1880年1月）。

这个交询社，也成为明治十四年政变的一个重要导火索。

交询社由庆应义塾创始人、明治时代著名思想家福泽谕吉组建，最早设定是毕业生交流会，不过由于以“交换知识，咨询世事”为目标，交询社也

日本近代教育家福泽谕吉

逐渐收拢了各界有识之士。虽然福泽谕吉明确提出不搞政治团体，但由于福泽谕吉本人已经公开在报纸上发表10篇立宪论文章，加之庆应义塾毕业生大量进入政府工作，便使交询社有了政治结社的意味。

况且交询社“议员”也不是什么省油的灯。不久后，已经进入政府工作的庆应义塾毕业生矢野文雄起草了一份“私拟宪法”。

所谓“私拟宪法”，便是未经政府审议而私自起草的宪法。从明治十三年（1880）3月开始，爱国社联合其他2府22县的政治社团一道成立“国会期成同盟”，并在接下来一年多里连续召开三次大会，集结十余万民众签名请愿。私拟宪法在这期间接连出现了十余部，象征着自由民权运动进入高潮。

但矢野文雄并不是一般的老百姓，他是大藏省官僚，可以直接向自己的顶头上司——主管大藏省工作的参议大隈重信提出立宪建议。

大隈重信从明治维新初年开始就主张立宪，对这份贸然送上来的文件不但没有苛责，反而颇有好感。随后在他授意下，矢野文雄买下了福泽谕吉一直撰写专栏的《邮便报知新闻》，并担任报社社长。

由于矢野文雄的存在，福泽谕吉与大隈重信之间也有了沟通渠道。明治十四年（1881）3月10日，福泽谕吉写给大隈重信一篇关于立宪政体与开设国会的书信，希望能够通过大隈重信尽早实现立宪理想；而就在3月，大隈重信依据自身想法也提出了一份意见书——这也成为明治十四年政变的始源。

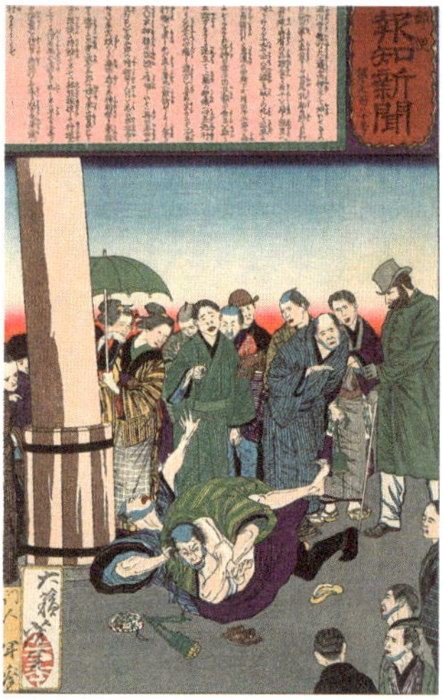

早期的《邮便报知新闻》锦绘

·理念争夺：不是两派，而是四派

其实，伊藤博文早就想立宪。

明治十三年（1880）12月14日，伊藤博文《立宪政体的意见书》提出“政体新说亦在士族之间流行，数年之间蔓延于都鄙（指全日本），无法防遏”，立宪政体“皆天步时运所致，几非人事之所为”。只是在他看来，立宪政体设立要“顺势乘机，制之不至激，纵之不至慢，逐序进步，缓急得当”，意思是要对社会思潮予以适当引导，以循序渐进的方式作为自己的方法论。

同一时期，主管立法的元老院第三次提出“国宪草案”，但伊藤博文却认为草案过于激进：“只顾热衷于模拟欧洲之制度，却不顾将来之治安利害如何；如是，仅以表象之见轻易变更政体，结果很可能无法形成（立宪政体）。”[①]换言之，在当时日本时局不稳的环境下，轻易变更政体会产生难以预料的后果，甚至会危害到立宪本身。但是世界观层面，伊藤博文对立宪依旧持积极态度。

既然有人想立宪、开设国会，自然也有人不想，最麻烦的就是萨摩系官员的首脑黑田清隆。

明治十四年（1881）1月中旬，伊藤博文与大隈重信、井上馨（长州系）、黑田清隆（萨摩系）一同来到旅游胜地热海。三派人马齐聚，首要任务是为了修复日本高层的分裂状态，尤其是要说服黑田清隆不要再坚持“国会开设尚早”论，而是与政府一起迈向立宪、开设国会的道路。

日本著名政商五代友厚

① 《伊藤博文传》中，192—201页。

大隈重信，早稻田大学创建者

然而与伊藤博文预想的有所出入，会议并没有仅限于四人之间，大隈重信带来了萨摩系官员西乡从道、政商五代友厚等亲信，希望以同乡之谊说服黑田清隆。谁承想黑田清隆不但没有妥协，反而态度激烈，伊藤博文一方完全达不成目的。由于解决黑田清隆问题不力，伊藤博文的统合能力备受质疑，于是明治天皇便通过左大臣有栖川宫炽仁亲王下令，要求大隈重信仿照伊藤博文的样式也提出一份关于立宪政体的意见书。

3 月底，大隈重信以不给其他大臣、参议阅读为条件，秘密向有栖川宫炽仁亲王提出了所谓的“大隈意见书”[1]，主旨有六条：

（1）英国因开设国会，故政党之争只会出现在议院里，而不是如同日本一样出现在政府内；

（2）日本应采用立宪体制，天皇应授予议会多数政党的首脑以组织内阁之权；

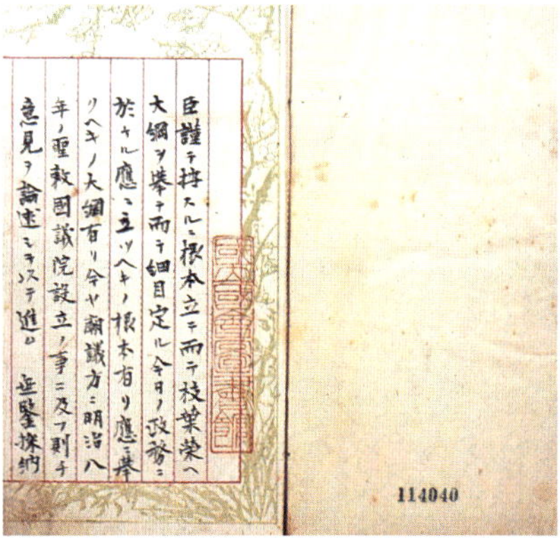
臣謹テ按スルニ根本立テ而テ枝葉栄ヘ
大綱ヲ挙テ而テ細目定ル今日ノ政務ニ
於ケル応ニ立ツヘキノ根本有リ応ニ挙
リヘキノ大綱有リ今ヤ廟議方ニ明治八
年ノ聖勅国議院設立ノ事ニ及フ則チ
意見ヲ論述シテ以テ進ム 並聖鑒採納
114040

1881 年大隈重信关于宪法的建议书（抄写本）

（3）官员应分为政党官与永久官，其中政党官可担任参议、省卿、辅之职，必须由上下两院议员担任；

（4）永久官包括两部分，一是各官厅中下级官僚，二是三大臣（即太政大臣、左大臣、右大臣）与军官、

① 渡边几治郎《大隈重信》，146—151 页。

警视官、法官等需要考虑“公平国益”的官僚，不得由政党成员担任；

（5）宪法制定应以钦定宪法为形式，由内阁委员迅速着手制定；

（6）希望在本年（1881年）制定钦定宪法，于本年末或1882年公布，在1882年末召集议员，1883年初召开国会。

之所以提出开设议会，是因为大隈重信看到伊藤博文在热海会议以后多少丧失了一些控制权，为防伊藤博文失势导致立宪理想破产，大隈重信只能先与最为熟悉的有栖川宫炽仁亲王商议，将事情托付给对方；同时，大隈重信也存在私心，意图拉拢有栖川宫炽仁亲王作为自己的政治后盾，便没有与伊藤博文商议就擅自提交了意见书。

但没想到，有栖川宫炽仁亲王并没有保密，而是直接把这份意见书交给右大臣岩仓具视审理。岩仓具视非常重视，立刻派自己的秘书、太政官大书记官井上毅（与长州系官员井上馨无血缘关系）起草反驳文章。

6月14日，井上毅呈上报告初稿：“潜心熟虑之下，欧洲各国以独乙国（德国）为殊，不唯似英国而授充分之权与议院。”[1]井上毅认为，日本政界与英国不同，并未形成可以信赖的多个大型政党，而只是在民间散落着一些小政党，若采用英式君主立宪制，容易导致议会分裂，使立法权难以集中，明治政府的行政权也难以受到应有的压制。

随即到6月26日之前，井上毅以惊人的毅力翻阅了大量西方政体书籍，并先后提出《宪法意见书》等五项文件：“今若欲于我国起立宪之政、设立国会，事诚系于新创，于是有两途：一进而模仿英国之政党政府，执政进退都任于议院之多数；本于渐进主义，

井上毅

① 岩仓具视收井上毅书信，明治十四年6月14日，《井上毅传史料篇》四，337—338页。注引自坂本一登《伊藤博文与明治国家形成》。

1871 年普鲁士国王威廉一世成为统一德意志帝国的皇帝，也吸引了遥远的日本关注

仅付议院以立法之权，行政长官的组织专属于天子选择，即比拟于普国（普鲁士，即德国）。此二者取舍之间，实应付于庙堂，以立永远之基本。”[①]

简而言之，井上毅认为，英国与德国最大的区别，便在于行政首脑（首相或总理）是由国会最大政党推举产生（英），还是由“天子”直接任命产生（德）。

以井上毅提出这份文件为标志，日本大体形成英式（激进）、德式（渐进）两套立宪主张，前者认为“国王徒拥虚器，其实形宛如我国中古以来政治之实权归于武门无异”，后者认为“国王不仅统御国民，且理国政，立法之权虽分于议院，行政之权专在国王手中，绝不让渡他人”。按照井上毅的类比，实行英式制度等于是倒退回幕府时代，只有采用德式制度才是向着中央集权方向努力。

当然以现代理论来看，英式宪政与日本江户幕府的统治方式之间相去甚

① 稻田正次《明治宪法成立史》上，223—224 页。

远，难以类比；德式宪法本来就分为德意志帝国宪法与普鲁士王国宪法两大体系，井上毅只是通过文本资料而杂糅出一个德式宪政。但问题在于，由于井上毅与岩仓具视过从甚密，他的歪曲理论极大地影响到岩仓具视等曾经的倒幕运动参与者，也为高层偏向所谓的德式立宪思路打下思维基础。果不其然，读完井上毅的文件，岩仓具视惊呼“（大隈意见书）实为可恐”[①]，并迅速指示井上毅仿照德式制度制订立宪方案。

由于井上毅这份文件的影响，后世一般认为这一时期的日本政坛存在英式、德式两派，其中前者是激进派，后者是渐进派。但这套分类方式本来就极为武断，日后的日本宪法也并不属于英式、德式任何一派，用这种虚构的概念来区分政治派系很不可取。从真实情况看，当时日本的政治图谱应该分为四部分：一是伊藤博文所代表的长州系文官（如井上馨），主张渐进立宪；二是大隈重信所代表的佐贺系官员，主张按照英国体制立宪；三是岩仓具视、井上毅所代表的德式立宪派；四是黑田清隆所代表的萨摩系官员（如西乡从道）与长州系武官（如山县有朋）派，他们总体上不希望立宪。

随着“大隈意见书”不断发酵，四大派别马上进入整合阶段。

·政界乱局：保全大隈重信与攻击井上毅

5 月底，岩仓具视就拿到了这份“大隈意见书”，但直到 6 月 27 日他才把复写本交给伊藤博文。毕竟明治十三年（1880）因“米纳论”败下一阵后，岩仓具视不想让自身决策受到伊藤博文等参议、省卿过多影响，而是希望在大臣阶层决策以后，再让伊藤博文、大隈重信等实权参议去实际完成，以求形成所谓“大臣主导型政治”。

对于“大隈意见书”，伊藤博文最初并没有表示反对。毕竟大隈重信是

① 三条实美、有栖川宫炽仁亲王收岩仓具视书信，明治十四年 6 月 21 日，《三条文书》。注引自坂本一登《伊藤博文与明治国家形成》。

自己的重要政治盟友，也是阻止“大臣主导型政治”的重要人物，公开表达不满并不是好事。

另外从理念上说，英式制度虽然强调国会作用，但太早开设国会也会让民间不成熟的政治噪声影响国家建设；德式虽然更符合当时日本现状，也有助于加强中央集权，却并不符合伊藤博文关于政党政治的理想。毕竟如果行政首脑（首相或总理）无法由国会选举产生，那就无法以立法权制约政府的行政权。

但到了6月30日，井上毅作为岩仓具视的说客进入伊藤博文府邸，陈述了整件事情的来龙去脉，伊藤博文顿时转换立场。7月1日，伊藤博文对太政大臣三条实美高呼辞职，接着在7月2日撰写文章反驳大隈重信：“读历史，想象欧洲之沿革变故之迹，博文愚见：恐不能容易获得其建白（大隈意见书）所载之成绩，若与其大体情况相背离，实为遗憾恐惧之至。”伊藤博文之所以反对大隈重信，重要原因是井上毅提到“大隈意见书”是大隈重信私自提交给左大臣的密奏，并没有与任何人讨论。伊藤博文自己也说：“迄今小生凡事皆与大隈讨论……然而此建言（大隈意见书）却未同列合计而单独上奏，不合规制千万。”[①]换言之，伊藤博文真正不满意之处，在于大隈重信未与自己商量就独断上奏，还把本来与立宪事宜无关的岩仓具视、井上毅都拉了进来，让局势变得异常复杂。

看到伊藤博文恼怒，首先着急的是岩仓具视，毕竟一旦伊藤博文与大隈重信闹翻，整个政府就又会停摆。在岩仓具视斡旋下，7月4日，两人畅谈一日，大隈重信私下对伊藤博文致歉；伊藤博文虽然有点“愤懑”，但为了保全大局，还是没有继续苛责，而是决定和解，并同意大隈重信所提发行5000万日元外债的建议[②]。

对大隈重信，伊藤博文只是表面批评；但对搅局者井上毅，他就没那么客气了。要知道，井上毅不仅官位低于伊藤博文，年龄上也小了3岁，若不

① 稻田正次《明治宪法成立史》上，496—497页。

② 5000万日元外债方案在8月1日由伊藤博文、大隈重信联名签署。

位于广岛县宫岛的严岛神社，明治时代许多权贵人士都在日本各大旅游景点拥有别墅，以供疗养之用

是有岩仓具视背书，井上毅断然不敢如此“无礼”。7月5日，伊藤博文在斥责大隈重信之后，以更尖刻的语言讽刺井上毅“如此重大事件，书记官之辈不应关联”[1]。随后7月12日，井上毅提出“若实行英国风宪法，待到四五年之后时机渐熟、政党大团结既成之日也未晚，若实行普（德）国风宪法，不可不早行于今日”[2]。伊藤博文不加理会，只以“北地御巡幸”（天皇前往东北、北海道巡视）、中央政府官员大多不在为由拖延。

伊藤博文的态度愈发恶劣，井上毅的处境不能算太好，加上岩仓具视从7月6日开始离开东京养病，更让井上毅失去了最好的后盾。于是7月22日，井上毅也以跟随岩仓具视为名离开东京寻找新的机会。7月26日，他抵达广岛县宫岛，找到了正在疗养的井上馨。

井上馨作为长州系文官，与伊藤博文关系自然没得说；同时，他对大隈重信一直以来主张的宽松财政政策也很是不满。经过井上毅一番劝说，井上馨认为可以借反对“大隈意见书”为突破口，一举扳倒大隈重信。

7月27日，井上馨给伊藤博文写信，提出“愚见，早习独乙（德国）法，以定吾宪法，乃方今不可失之好机会”，又根据德式宪法提出可在“一年或两年之后布告开设下院”，等于全盘接受了井上毅的德式宪法理论[3]。

然而在伊藤博文看来，大隈重信提出在两年内设立英式国会他都不同意，

① 岩仓具视收井上毅书信，明治十四年7月12日，《井上毅传史料集》四，342页。注引自坂本一登《伊藤博文与明治国家形成》。

② 伊藤博文收井上毅书信，明治十四年7月12日，《井上毅传史料集》四，47—48页。注引自坂本一登《伊藤博文与明治国家形成》。

③ 伊藤博文收井上馨书信，明治十四年7月27日，《伊藤博文关系文书》一，164—165页。

所以德式国会自然更不能开，一旦开设很容易被岩仓具视的“大臣主导型政治”所利用。8月6日，伊藤博文给这位同乡盟友写信劝道：“能否如你所说还难以预料。”[①]但他也知道，就连井上馨这个离自己最近的盟友也已经被井上毅说服了，那么与自己本来就不太对付的萨摩系官员可能会是更大的麻烦。

很巧，萨摩系官员真的有了麻烦，而且是自己惹的祸。

·政界重组：“大隈阴谋论”与联络井上毅

7月底，自由民权派报纸《东京横滨每日新闻》报道了“北海道官有物贱卖事件”，这起将1400万日元资产以39万日元售卖的“贱卖”丑闻引起舆论轰动，萨摩系官员黑田清隆成为众矢之的；8月中旬以后，全国报纸的笔锋开始批评明治政府与萨摩系官员中饱私囊，希望主管大藏省与全国财政事宜的大隈重信能够叫停“贱卖”事件。

浮世绘，上野公园国内劝业第二博览会美术馆及金鱼喷水器之图，第三代歌川广重，1881年。这是日本东京举办的第二次国内劝业博览会，也是日本政治与经济处于不稳定时期为了鼓励民间创业的一次重要盛会

① 井上馨收伊藤博文书信，明治十四年8月6日，稻田正次《明治宪法成立史》上，506页。

这种铺天盖地的谩骂不见得有什么实际用处，却给大隈重信及其身后的佐贺系官员带来了一个重要契机：如果他们出面阻止“贱卖”，整个佐贺系就可以获得民意支持，借机压倒萨摩系官员。

一时间，大藏省书记官（秘书）层级开始押注佐贺系官员，恰好大藏卿也是佐贺系官员佐野常民，于是大藏省在8月20日给大隈重信写了一封“劝进”文：“伏冀望于阁下、大木公（大木乔任，佐贺系官员）共同协议之上，奏力挽狂澜之伟功（叫停“官有物贱卖事宜”）。”[①]在这种思潮下，佐野常民也私下给太政大臣三条实美提出建议，要求叫停北海道官有物“贱卖”。

然而这就打破了一个重要的政治平衡：高层与底层合谋。

在明治政府看来，把官有物“贱卖”给政治商人从来就不是什么大事，相反这是大久保时代以来的惯例，三菱等大型企业发展的第一桶金也得益于此。如今民怨沸腾，对于政府而言，第一要务是如何平息舆论怒火，是否叫停“贱卖”要往后放；但佐贺系官员却迎合媒体所倡导的“民意”，把叫停当成第一要务，加之大隈重信手下官僚还是自由民权派报纸《邮便报知新闻》的社长，就不禁让人怀疑整个“北海道官有物贱卖事件”的报道有可能就是佐贺系人马暗中所为，是大隈重信背后指使。

从8月底开始，“大隈阴谋论”迅速流传开来，不少人认为他与自由民权派勾结，意图颠覆政府，独占政权。恰好这一年（1881）春天，大藏省会计检察院录用了东京庆应义塾毕业的两名官僚（尾崎行雄、犬养毅，均为后来著名的政治家），而庆应义塾又是福泽谕吉所创建，大隈重信本来就被揶揄过“内通”福泽谕吉，这一下子更是坐实了别人的揣测。

伊藤博文的态度也开始不明朗。而且麻烦在于，这段时间大隈重信陪同天皇在北海道巡幸，井上馨在广岛休养身体，只有伊藤博文在东京，后大久保政权的“三驾马车”对于7月以来的政治事件没有面对面交谈，使得伊藤博文很容易受到东京舆论的影响，尤其是要照顾仍然在东京的萨摩系官员的情绪。

① 大隈重信收中岛书信，明治十四年8月6日，《大隈重信关系文书》四，291—293页。

萨摩系官员是“贱卖”事件的涉事者，他们最为担忧的就是佐贺系官员把自己一网打尽。如果伊藤博文能阻止佐贺系官员的行动，乃至于帮助他们驱逐大隈重信，那么曾经反对开设国会的萨摩系官员就有可能进入其阵营，伊藤博文就能在立宪问题上掌握主动权，热海事件以来关于内阁主导权的争斗就能彻底画上句号。

8月30日，伊藤博文给正在陪同天皇北行的黑田清隆发去信件：“都下之形势颇骚然……今日时机较（明治）六年征韩论分裂之秋更危急，北海道御巡幸一经终结，勿有片刻犹豫请即刻归京。”[1]但要知道同一时期，大隈重信也在陪同天皇北行，可见伊藤博文已经下决心要驱逐大隈重信。

不仅是黑田清隆，长州系官员井上馨也被紧急召回东京。8月31日井上馨刚到，伊藤博文就立刻开会，共同决定为了避免“内阁破裂”，必须驱逐大隈重信；9月6日，伊藤博文宣布废除先前与大隈重信共同确定的5000万日元外债发行计划，双方政治同盟宣告结束。

但打一派便必须拉一派，除去拉拢萨摩系官员之外，伊藤博文还准备拉拢岩仓具视。既然岩仓具视不在东京，那么对伊藤博文而言，关系上从属于岩仓具视，却在明治十四年（1881）迅速崛起的政治新星井上毅就成了重点人物。

不过井上毅也不太好对付。除去前述对伊藤博文言辞“无礼”之外，9月12日，井上毅还痛斥了伊藤博文的“废华族现称而设五等爵位”法案。不过这一次，伊藤博文并没有生气，他不再像两个月以前那样讽刺井上毅为“书记官之辈”，反而在回函中很客气地提出“此事并非一朝一夕之工夫”，“无论如何请您赞助”。两人虽然对立，但伊藤博文却开始寻找两人之间的“最大公约数”。

9月14日，伊藤博文允许井上毅为内阁制度改革起草方案，邀请其参与高级政治活动。而且在邀请函里，除去提出各项要求以外，伊藤博文还说了一句意味深长的话——“（国会开设）公布发表之后，立即废除参议，愿以

① 黑田清隆收伊藤博文书信，明治十四年8月30日，稻田正次《明治宪法成立史》上，511页。

各省卿组织内阁”[①]，一举抓住了井上毅的心。

需要注意的是，明治十三年（1880）参议、省卿分立政策实行以后，虽然运转效率提升，但中央政府依旧维持大臣、参议、省卿三级结构，三者之间仍存在很明显的上下级关系。伊藤博文提出废除参议，以“省卿组织内阁”，自然是要提升省卿权力，弱化大臣权力，虽然对于岩仓具视不利，但对于官僚出身的井上毅无疑是福音：如果他帮助伊藤博文起草这份改革议案，以后很有可能跻身高级政治家行列。

9月21日，井上毅将内阁改制方案初稿送交伊藤博文，其中针对“大隈阴谋论”背后书记官（秘书）层级的活动，他提出要阻止“书记官流的文书政事”，以免情报对外泄露，造成政府局势动荡。有趣的是，井上毅的身份也是太政官大书记官（秘书长），他这么做就等于是“革自己的命”，如果不是因为未来有可能跻身高层政界，井上毅也难以写出这么激烈的文字。[②]

对于这份提案，伊藤博文非常满意，称赞为“符合要求至极”，乃“完全之物”，只需等待天皇“还幸”之后寻机提出即可。[③]

井上毅既然是为了个人目的而与伊藤博文结盟，那他便不会再单纯作为岩仓具视的代言人，而是变成伊藤博文的从属者；不过在外养病的岩仓具视对其间事项一无所知，结果就是伊藤博文掌握了一条与岩仓具视沟通的管道。

·“萨长幕府”：明治十四年政变终局

10月6日，岩仓具视久病后终于痊愈，回到东京。

---

① 井上毅收伊藤博文书信，明治十四年9月23日，《井上毅传史料集》四，51—52页。注引自坂本一登《伊藤博文与明治国家形成》。

② 伊藤博文收井上毅书信，明治十四年9月21日，《井上毅传史料集》一，243—245页。注引自坂本一登《伊藤博文与明治国家形成》。

③ 井上毅收伊藤博文书信，明治十四年9月24日，《井上毅传史料集》五，25页。注引自坂本一登《伊藤博文与明治国家形成》。

“宫中”集团成员，元老院议官安场保和

抵达东京当日，政府便送来很多督办事项，比如“北海道官有物贱卖”事件如何处理，比如如何处理民间激进舆论，当然，“大隈阴谋论”与应否驱逐大隈重信也成为议论重点。不过抵达东京当天，岩仓具视却推说“疲劳”，谢绝与伊藤博文会面，准备先咨询身边其他人的意见。

岩仓具视本想在这两天收集情报，可没想到，伊藤博文不仅拉拢了井上毅与萨摩系官员，更与佐佐木高行等“宫中”集团结成攻守同盟。岩仓具视一回到东京，耳边所闻都是要驱逐大隈重信：10月7日，元老院议官安场保和面见岩仓具视，力陈“大隈阴谋论”；随后10月8日，“宫中”集团成员佐佐木高行、土方久元也来劝谏。再加上井上毅一直煽风点火，岩仓具视也不得不赞同驱逐大隈重信。

10月11日，明治天皇回到东京，他如同岩仓具视一样，对流放大隈重信以及“大隈阴谋论”都心存疑惑，甚至责问：“会不会是萨长参议结合一处，定驱逐大隈之议？”对此岩仓具视却回应道：“不仅萨长参议，平素正义论家也悉皆归于其边，虽愤懑不已，然而若对萨长之事生有疑念，内阁恐随时破裂。”[①]明治天皇也未再多言，大隈重信离开中央政府已成定局。

在“驱逐大隈”的同时，10月8日，伊藤博文也将自己提出的元老院改革方案、井上毅提出的内阁改制方案一并上报给岩仓具视，并提出以天皇诏书形式公布开设国会的具体时间，因为“国会论之局早晚必有终结，非此不能了结明治政府之艰难无休时事（指自由民权派的反政府呼声），非此则萨长辅翼中兴之功绩也终归水泡，且为天下后世存留祸害”[②]。

① 佐佐木高行《保古飞吕比》十，459页。
② 岩仓具视收伊藤博文书信，明治十四年10月8日，《大隈重信关系文书》四，387—389页。

这番话语中，伊藤博文明确提出“萨长辅翼中兴之功绩”，这不仅是想延续幕末萨摩、长州两藩共同推翻幕府的故事，更是欲在高层政治中建构新的叙事模式：明治政府由出身于萨长两藩的官员共同协作完成，大隈重信代表的佐贺系官员并不在内。

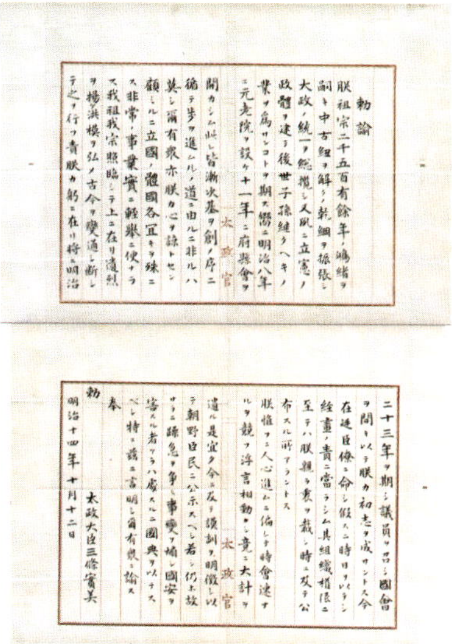
勅諭

朕祖宗二千五百有餘年ノ鴻緒ヲ嗣キ中古紐ヲ解クノ乾綱ヲ振張シ大政ノ統一ヲ總攬シ又夙ニ立憲ノ政體ヲ建テ後世子孫繼クヘキノ業ヲ爲サンコトヲ期ス嚮ニ明治八年ニ元老院ヲ設ケ十一年ニ府縣會ヲ開カシム此レ皆漸次基ヲ創メ序ニ循テ歩ヲ進ムルノ道ニ由ルニ非ルハ莫シ爾有衆亦朕カ心ヲ諒トセン

顧ミルニ立國ノ體國各宜キヲ殊ニス非常ノ事業實ニ輕擧ニ便ナラス我祖我宗照臨シテ上ニ在リ遺烈ヲ揚ケ洪模ヲ弘メ古今ヲ變通シ斷シテ之ヲ行フ責朕カ躬ニ在リ將ニ明治二十三年ヲ期シ議員ヲ召シ國會ヲ開キ以テ朕カ初志ヲ成サントス今在廷臣僚ニ命シ假スニ時日ヲ以テシ經畫ノ責ニ當ラシム其組織權限ニ至テハ朕親ラ衷ヲ裁シ時ニ及テ公布スル所アラントス

朕惟フニ人心進ムニ偏シテ時會速ナルヲ競フ浮言相動カシ竟ニ大計ヲ遺ル是宜ク今ニ及テ謨訓ヲ明徴シ以テ朝野臣民ニ公示スヘシ若シ仍ホ故サラニ躁急ヲ爭ヒ事變ヲ煽シ國安ヲ害スル者アラハ處スルニ國典ヲ以テスヘシ特ニ茲ニ言明シ爾有衆ニ諭ス

奉勅

明治十四年十月十二日 太政大臣三條實美

国会开设之诏

对于这份提案，岩仓具视还是心存疑窦，毕竟他的思维还停留在7月井上毅提出的德式宪法体系上，如今还未完全确定下来就先向社会公布开设国会，对于他而言是一个不小的思维冲击。然而就在10月8日，井上毅也以应对民间的“国会开设热”为由进言，岩仓具视不得不加以认可，立即开始起草开设国会的诏书。

10月11日晚间，明治天皇刚刚归来，三大臣与包括伊藤博文、黑田清隆在内的七名萨长参议聚集开会①，提出立宪政体“宜设备慎重，举行循序，其间仍需数年”，促进政府“以明治二十三年（1890）为期，召集议员，开设国会”②。

至于制定宪法的基准，伊藤博文将其定为“与建国基础之各源流为殊，不可妄自借他移此”，这不仅否定了大隈重信的英式宪法，也多少否定了岩仓具视先前欣赏的德式宪法。虽然后人给英式冠以“激进论”、给德式冠以“渐进论”之名，但在伊藤博文看来，二者都是“欧美诡激之说”，想要立宪必须要“防止急变激进之弊”。

10月12日，明治政府公布了三件大事：（1）发布《国会开设之诏》，

① 参会人员有明治天皇，三大臣三条实美、有栖川宫炽仁亲王、岩仓具视，萨长参议伊藤博文、寺岛宗则、山县有朋、黑田清隆、西乡从道、井上馨、山田显义。

②《明治天皇纪》五，540—543页。

尾崎行雄

宣布九年“预备立宪”；（2）宣布停止售卖“北海道官有物”，另行发落；（3）免去大隈重信的参议职位，而大隈重信也被迫在10月15日补上一份辞职奏表。以三件大事的公布为标志，整个明治十四年政变落下帷幕。

随着大隈重信离开政府，整个佐贺系官员也陷入总崩溃：大藏卿佐野常民引咎辞职，而大隈重信提携起来的矢野文雄、小野梓（会计检察院检察官）、犬养毅（统计院权少书记官）、尾崎行雄（统计院权少书记官）等人马全部辞职。当然，他们并没有就此退出政治舞台。相反，大隈重信在1882年开设“东京专门学校”（早稻田大学前身），并结合原有人马成立“立宪改进党”，在民间构造出一个不同于自由民权运动的新政治团体，为其日后继续活跃于政界打下良好基础。后来，大隈重信还两度荣任首相（1897、1916）；门徒犬养毅也在年逾古稀之时担任首相，并在1932年死于著名的“五一五”事件；尾崎行雄则因多次参加维护宪法运动而被称为“宪政之神”，也是唯一在1945年以前一直连选连任的日本国会议员。

与明治六年（1873）的“征韩论”政变相比较，明治十四年政变并不血腥，也没有导致太大社会问题，但其意义十分重大：大久保利通去世以后，高层政坛重新找到伊藤博文这个核心，并以萨长两藩出身的人马作为执政基础，而萨摩阀、长州阀也从这一时期开始坐大，垄断了明治政府与军队中绝大多数重要岗位，明治政府正式形成所谓的“萨长幕府”；伊藤博文进一步延续大久保利通的立宪思想，以诏书形式明定立宪与开设国会之期，为明治国家建设打下基础；民间思潮借助大学与媒体，第一次实际影响到高层决策，以板垣退助为核心的自由党、以大隈重信为核心的改进党均初见端倪，为政党政治埋下种子。

三、帝国内阁：“尊皇”到哪一步？“欧化”到哪一步？（1882—1888）

“近日伊藤大为痛心，神经衰弱，每夜不眠，非吞酒一升不能就寝。”[①]

经历明治十四年政变之后，伊藤博文虽然独掌权力，却因将同样具有立宪主张的盟友大隈重信赶下台而必须拉拢“宫中”势力，这就引发了一个巨大问题：以“宫中”为代表的“尊皇”势力很可能继续侵蚀属于政府的权力，一旦政府万事都要由宫廷指导，那日本就同古代的绝对君主国没有区别，新时代的君主立宪制便无从建立。

但从根本上说，明治维新最大的政治正确，就是推翻幕府，树立天皇权威，所以任何分权行为都会被看作是“幕府再兴”，这也就赋予了天皇无限大的理论权力。当然在实操层面，刚刚成年的天皇不可能事必躬亲，于是距离天皇最近、最受信任的“宫中”集团就在事实上掌握了这种“泛权力”，“尊皇”对他们而言不仅是思想理念的追求，更具有巨大的实际意义——掌控政权。这点早已在明治十三年（1880）围绕外债进行争议时就初见端倪，到大隈重信离开政府以后更进入白热化阶段。

就在这时，伊藤博文却选择了离开日本。明治十五年（1882）3月14日，伊藤博文前往欧洲调查各国宪法。

·再访欧陆：伊藤博文与宪法考察团

历来提到伊藤博文“宪法考察团”时，大量说法都集中在伊藤博文在欧洲受到的法学教育与他想要建设何种“理想国”，却很少提到出国考察对他

① 佐佐木高行《保古飞吕比》十一，22—23页。

而言不仅是一次理念上的洗礼，更是一次政治上的纵横捭阖。

明治十四年政变后，明治政府形成以伊藤博文为核心的萨长藩阀统治体系，但与此同时，“宫中”集团乃至岩仓具视都依旧是藩阀面前的一道坎。双方的对立点不仅在于对统治权的争夺，也在于岩仓具视始终要求建立所谓德式的宪法体系，同时还怀疑伊藤博文与昔日盟友大隈重信一样，想要继续推行英式宪法[①]。让伊藤博文前往德国、奥匈帝国两个欧陆最主要的立宪君主国调研宪法，可以洗脱其与大隈重信同谋之名。

只不过最初，参议阶层[②]几乎集体反对伊藤博文出访。理由很明确，十年前岩仓考察团的失败还历历在目，加之刚刚经历了一场明治十四年政变，现在突然让政府核心人物伊藤博文长期离开日本，对整个日本的发展不一定有好处。即便是支持伊藤博文前往欧洲的盟友井上馨，也更多的是希望伊藤博文出国疗养。但井上馨没有想到，伊藤博文此次出访不仅得以休养生息，也从西方宪法体系中获得启迪，进而成为立宪的掌舵者。

伊藤博文“宪法考察团”行程概览

日期	地点	事项
1882 年 5 月 16 日	柏林	抵达柏林
5 月 19 日	柏林	格耐斯特初步介绍宪法讲义
5 月 25 日至 7 月 29 日	柏林	莫西逐条讲解德意志帝国宪法与普鲁士宪法
8 月 4 日	柏林	信中向山县有朋、井上馨、山田显义三人倾诉宪法调查遇到的困难，要求旅欧考察延期，准备前往维也纳
8 月 8 日	维也纳	抵达维也纳，当日与施泰因会面

① 岩仓具视曾对萨摩系官员寺岛宗则表示：“（伊藤博文）若心醉于欧美流（宪法），那必须前往独逸国（德国）详细调查全部境况方才合适。”佐佐木高行《保古飞吕比》十一，28 页。

② 1881 年底前后的政府参议：佐佐木高行（土佐，宫中）、山田显义（长州）、井上馨（长州）、大木乔任（佐贺）、山县有朋（长州）、大山岩（萨摩）、西乡从道（萨摩）、福冈孝弟（土佐）。

续表

日期	地点	事项
8 月 11 日	维也纳	信中向岩仓具视提出“颇有‘朝闻道，夕死可矣’之感”
8 月 28 日	柏林	德皇威廉一世在晚宴上表示“即便开设国会，也不要设立国费征收（征税）必须经过国会承认的条项”
8 月 30 日	巴黎	会见有栖川宫炽仁亲王，与森有礼谈论教育政策
9 月 18 日至 11 月 1 日	维也纳	接受施泰因讲学
11 月 14 日	柏林	重新接受莫西讲学
12 月 22 日	维也纳	询问施泰因一些问题
12 月 27 日至 1883 年 1 月 5 日	德国南部	巡游德国南部各邦，中途一度在巴黎会见后藤象二郎
1 月 30 日	柏林	会见俾斯麦，提及修改不平等条约、招聘德国人前往日本政府就职等事
2 月 19 日	布鲁塞尔	会见板垣退助
3 月 3 日至 5 月 2 日	伦敦	派遣西园寺公望前往法国调研
5 月 9 日至 27 日	莫斯科	参加沙皇亚历山大三世即位仪式
8 月 3 日	横滨	回到日本

1882 年 5 月中旬，伊藤博文一行九人抵达德国柏林，首先拜会德国“铁血宰相”俾斯麦，随后在其介绍下来到柏林大学拜访法学教授鲁道夫 · 冯 · 格耐斯特[①]，并听其学生阿尔伯特 · 莫西（Albert Mosse）讲解德国宪法。结束柏林之行后，伊藤博文来到维也纳，拜访格耐斯特的好友、维也纳大学法

① 鲁道夫·冯·格耐斯特（Rudolf von Gneist，1816—1895）：德国法学家、政治家，著有《英国宪法史》（*Englische Verfassungsgeschichte*），他的学生中有后来著名的政治学家、社会学家马克斯·韦伯（Max Weber，1864—1920）。

1881 年的俾斯麦

学教授洛伦茨·冯·施泰因（Lorenz von Stein），双方结下深厚友谊。日本后来以德国宪法体系为蓝本，莫西、施泰因作为宪法顾问来到日本政府就职，这次巡游是一次重要的开始。

作为政治家，伊藤博文请教学问并不单是为了增长知识，更要为日后的政治改革寻找他山之石。明治政府面临的两大难题，一是天皇与“宫中”集团对于政府权力的侵蚀，二是板垣退助、大隈重信等民间政治家鼓动民意、主张“尽早开设议会”。面对这两个难题，如何保证政府拥有足够权力， 如何确定天皇与“宫中”、政府、议会这些形形色色的机构的分工，便是最大难点。事实上，当时日语“宪法”一词也不是“Constitution”的翻译，更类似于德语“Verfassung”的翻译，这个德语词同时具有“宪法”“国家体制”双重含义。

但有趣的是，所谓的“德国经验”并非只有一套。德意志帝国虽然在1871 年完成统一并制定宪法，但其政治主体——普鲁士王国在 1849 年确立的宪制也同时并行。两套体系有着不同的历史背景，矛盾之处甚多，在税收、陆军军务等具体层面也是乱象丛生，两者并不是天然的上下级关系，而是走了完全不同的发展路径。

洛伦茨·冯·施泰因雕像

近代普鲁士王国里，限制国王权力一直是政府要务。1810 年，普鲁士首相卡尔·冯·哈登堡借鉴英国首相制度，建立宰相制，规定任何国家政策都必须有首相签字才能生效，阻止了君主与身边亲信对国家政治的干预，自身也成为其他国务大臣的上级，极大地削

1900 年的德意志帝国议会

弱了君主的实际权力。虽然宰相制在 1822 年哈登堡去世后被废除，甚至连“铁血宰相”俾斯麦也未能在普鲁士层面恢复这一体制，但其影响却极为深远，比如 1850 年普鲁士宪法就依然坚持“国王的一切政府文件需经相关大臣副署才为有效”。

另外，为避免议会权力过大，1850 年普鲁士宪法规定“立法权由国王与两院共同行使”，并以财产及交税的标准将选民选举权分为三级，倾向于让具有财产优势的阶层获得更多选举权，即所谓的“限制选举”；陆军军权方面，普鲁士王国奉行国王领导体制，议会仅有的审核军事预算的权力也在 1862 年被俾斯麦大幅削减。

德意志第二帝国则完全不同，其本质是以普鲁士王国为核心的联邦国家，甚至于“德意志皇帝”这个名号也只是将“联邦主席”更改后的称呼，连俾斯麦都提到“帝国主权不属于皇帝，而属于各邦政府统一体”。既然如此，德意志帝国不太涉及限制皇权的问题，因为连陆军的所有权力也归属各邦，仅在战时归属皇帝统率，于是俾斯麦积极将皇帝拉入统治事务以寻求支持，要求“帝国皇帝与帝国宰相合作决定大政方针”。

1900 年的维也纳大歌剧院。聚集各路思想家与文化人士的奥匈帝国首都维也纳成为伊藤博文发现立宪奥秘的地方

议会方面，德意志帝国理论上只有一院制的帝国议会，将选举权授予全体德意志帝国成年男性，实行所谓的“男子普选”。但帝国议会本身不能提出提案，只能审理与通过他人提出的法案，立法权受到事实上的上议院——联邦会议（后为联邦参议院）的极大限制。

根据上述内容，不难发现普鲁士王国与德意志第二帝国有着截然不同的宪制，对君主、议会、政府、军队的职能职权划分也大相径庭。那么到底借鉴哪一边，到底如何调整各大利益集团的关系，就成为伊藤博文的访学重点。

面对日本的难题与德意志第二帝国复杂的政治生态，伊藤博文终于在维也纳找到了一份上佳的答案。

明治十五年（1882）8 月 8 日开始，伊藤博文在维也纳接受施泰因的教学。施泰因主张“国家人格说”，即认为国家也拥有人的自我意识（Ich）、意志（Wille）、行为（Tat），其中自我意识的代表为君主，意志的代表为立法机关，行为的代表是各大行政机关，任意一方坐大便会形成“专制君治”、“民政专压”（多数派暴政）或“专理者”（独裁者），都不是健康的政治形态。如果想要构建高效政府，便需要“宪法规范邦国三大机关的结构及相互关系”。

在施泰因看来，订立宪法最难的事情并不是确立条文，而是如何将国家“意志”化为国家“行为”，即在“行政”（Verwaltung）方面如何下功夫[1]；而伊藤博文处于官僚体系顶端，自然也关注行政权的定义与实施。双方一拍即合，形成了极为良好的互动关系。伊藤博文也最终明白，立宪并不仅仅是

① 施泰因在著作《行政学手册（*Handbuch der Verwaltungslehere*）》（1876）中曾表示：“我们在本质上已经跨过了创立宪法的时代，下一个时代的着力点应是行政。”

撰写一部宪法，而是要建立起法治国家，那就需要完整的行政体系来支撑，而代表国家意识的天皇、代表国民意志的国会，都不应成为行政体系运转的障碍。

晚年岩仓具视

借助这番理论，伊藤博文为日本各大政治集团找到了定位：日本国自我意识的代表即是天皇，意志的代表是民间各大政治团体，行为的代表则是从明治政府成立以来的整套行政官僚体系，而自己正是这套官僚体系的核心人物。

伊藤博文也确实被夹在中间：一方面大隈重信下野后加入自由民权运动，鼓动民众要求建立英式宪制，以民选形成的议会为国家最高决策机关；另一方面保守派又极力反对英式宪制，要求走德式路线，以君主权力对抗意欲兴起的民权。正因如此，施泰因强调行政权与官僚体系作用的理论深深感染了伊藤博文，在君权与民权激烈对立的状况下，伊藤博文逐步走上“第三条路”。

8 月 11 日，伊藤博文给岩仓具视撰写信件，信中提出“向独逸（德国）有名的格耐斯特 、施泰因两师请教，得以了解国家组织之大体，充分知悉固定皇室基础、确保大权不坠之大纲目……颇有‘朝闻道，夕死可矣’之感”。联想到伊藤博文出国前的具体背景，这段文字自然是向醉心于德式宪法的岩仓具视洗脱自己英式倾向的嫌疑。

但随后，伊藤博文也从侧面敲打岩仓具视：“欧洲现今之形势乃渐次削减君权，政府好似国会之臣仆”，这一方面说明君权必然不能滥用，应以行政权作为国家建构的核心权力[①]，另一方面也是暗示君主应与政府合作，以防行政权受限于国会，动摇国家统治的根本。既有合作又有对抗，伊藤博文对

① 伊藤博文提出“最初认为只了解宪法之事便充分了，如今才明白行政管理（Administration）之事绝非容易，如今只能先建立原则，继而热心于进一步研究”。井上馨收伊藤博文书信，明治十五年 10 月 22 日，收于《伊藤博文传》。

待君权的态度已经很明晰：把天皇作为政治正确的基础，但也要从各方面限制天皇以其权力对行政权的干预。而要实现这两点，最好的方式就是从管理皇室事宜的宫内省入手。

明治十六年（1883）8 月 3 日伊藤博文归国后，《邮便报知新闻》在 8 月 4 日的社论中立刻提到“朝野人士之中，多愿实行日耳曼主义之政略，这等士人盼君（伊藤博文）归朝之好机会，以遂其愿”[①]，这种舆论风评让对于英式宪法有所忌惮的“宫中”集团稍稍放松了警惕；又由于保守派核心人物岩仓具视在稍早一点的 7 月 20 日去世，伊藤博文面前再无掣肘之人。

9 月 19 日，伊藤博文向天皇提出起草宪法的基本方针：“于我国，古来由万世一系之天皇总揽万机，是为万邦无可比拟之国体。以此国体为基础而举经国之大纲， 明君臣之分义。以此方针而尽瘁于大典立案，不日即可成草案，再仰圣裁钦定。”[②]

这段基本方针囊括了后来明治宪法的两大基础理念：一是国家以“万世一系之天皇”作为最高统治机关，天皇作为国家元首代表日本的“自我意识”；二是要“ 明君臣之分义”，即天皇与国务大臣之间的分工要明晰且互不干涉。这一方面符合倒幕运动以来的政治正确，以天皇为名义核心构建近代化民族国家，另一方面也能让天皇权力受到限制，让国家行政权免于皇权干涉，走向君主立宪制。

从之前十五年明治维新的经验来看，皇权干涉政治的方式主要以“宫中”集团介入政治争斗为主，那么与其在天皇本人身上做文章，不如想方设法规制“宫中”权力，让宫内省从天皇权力的附庸变成政府的一个独立官僚机构——这也是宫内省改革的思想源头。

如要改革宫内省，就要就任宫内卿，但想当宫内卿并不是件容易事。

① 《邮便报知新闻》明治十四年 8 月 4 日。

② 《伊藤博文传》中卷，364—366 页。

· 宫内改革：伊藤博文就任宫内卿

自明治二年（1869）宫内省创立以来，宫内卿先后由万里小路博房、德大寺实则两人担任，而两人所属家系均是出自藤原北家的名门，德大寺家更是古代七大“清华家”[①]之一，家格极高。由于宫内省的创立植根于京都旧公卿系统的人事关系，宫内省也被看作是古代宫廷管理机构的延续，宫内卿自然要由家格较高之人担任。

然而问题在于，伊藤博文是平民出身，靠着自己的父亲过继给下级武士伊藤弥右卫门才获得武士身份。虽然时移世易，但日本的贵族传统难以轻易被打破，加之伊藤博文上位后力求改革，让明治天皇本人也有些疑虑。“两大臣奏上伊藤兼任宫内卿之事，朕虑（伊藤）就任宫内卿虽宜，然伊藤好欧风，必改革宫中之事，继而涉及后宫衣服之事[②]，难免造成困惑，不可不察。”[③]更重要的是，伊藤博文作为政府首脑，原则上不应担任宫内省职务，以免打破“宫中府中之别”。

武士时期的伊藤博文

不过“宫中”核心人物元田永孚却另有一番思虑：“诸省卿中，唯宫内卿未得兼参

① 清华家：古代日本仅次于担任摄政、关白的藤原摄关家（一条、二条、九条、鹰司、近卫）的重要公卿家族，包括久我（明治时期：岩仓具视）、三条（明治时期：嵯峨实爱）、西园寺（明治时期：西园寺公望）、德大寺（明治时期：德大寺实则）、花山院、大炊御门、今出川七家。

② 伊藤博文旅欧时看到德国宫廷在外交中的作用，向天皇提出“可经常从皇后宫中外出用餐，可（向德国公使夫人）下问独逸（德国）各邦帝室内宫模样，宜依具体情况而阐述内宫体裁，渐行改正”。岩仓具视收伊藤博文书信，明治十六年1月28日，《伊藤博文传》中，352—355页。

③《元田永孚文书》一，209页。注引自坂本一登《伊藤博文与明治国家形成》。

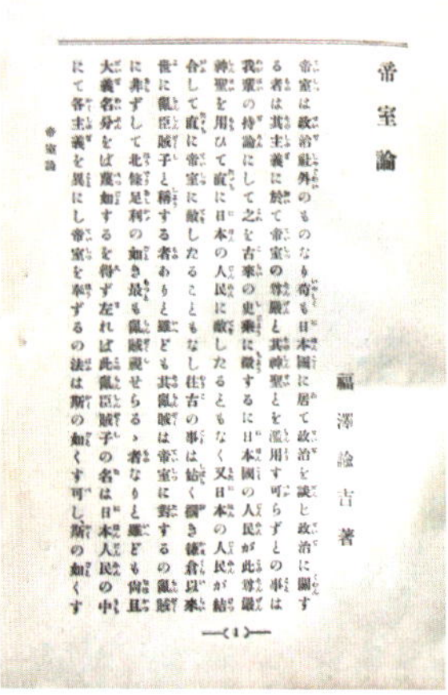
帝室論

福澤諭吉著

帝室は政治社外のものなり苟も日本國に居て政治を談じ政治に關する者は其主義に於て帝室の尊嚴と其神聖とを濫用す可らずとの事は我輩の持論にして之を古來の史乘に徵するに日本國の人民が此尊嚴神聖を用ひて直に日本の人民に敵したることもなく又日本の人民が結合して直に帝室に敵したることもなし往古の事は姑く擱き鎌倉以來世に亂臣賊子と稱する者ありと雖ども其亂賊は帝室に對するの亂賊に非ずして北條足利の如き最も亂賊視せらるゝ者なりと雖ども尚且大義名分をば糜如するを得ず左れば此亂臣賊子の名は日本人民の中にて各主義を異にし帝室を奉ずるの法は斯の如くす可し斯の如くす

帝室論

—(1)—

福泽谕吉《帝室论》

议，是以从来帝室受人轻视之缘由，故自今而始，参议兼宫内卿若能冠于八省卿之上，便是扩张帝室实权之第一紧要。”岩仓具视死后，“宫中”已经无人能与伊藤博文匹敌，那么打破“宫中府中之别”，借助伊藤博文扩大自身影响力便最为有利，自然应该着力推进。

此时，外部时局也对伊藤博文有利。早在明治十五年（1882）春天，福泽谕吉在自己创办的《时事新报》上发表《帝室论》，明确提出“帝室在政治世界之外，所有居于日本国而谈政治且与政治相关之人，不可为其主义而滥用帝室之尊严与神圣”[①]。这种要求皇室不参与政治的主张在民间广受欢迎，也引起了“宫中”集团的警惕，在岩仓具视已经去世的情况下，伊藤博文若接手宫内省，对于稳定时局也有所帮助，因此，天皇不得不接受了这一人选设定。

如今依然是皇室财产的奈良正仓院

① 《帝室论》为《时事新报》1882 年 4—5 月发表的 12 篇社论编集而成。主要观点为：政治的事务机关如国会、内阁无法成为国民的精神中心，皇室不能干预政治但依然可以成为阻止国家分裂、保证国民统一的基础，各大政治团体不能以皇室为后盾阻止其他人自由发表意见等。需要注意，福泽谕吉对自由民权运动持批判态度，这篇文章的写作初衷也不是为了与自由民权派呼应，但其理念却受到民间立宪派欢迎。

明治十七年（1884）3月17日，伊藤博文在宫内省设立“制度取调局”，由宫内省大辅杉孙七郎牵头，组建了六人组成的宫内省改革委员会[1]。其中三宫义胤、斋藤桃太郎两人从外务省转职而来，两人原本在德国、意大利两个君主国的公使馆负责外交礼仪。这一举动也象征着宫内省改革正式开启。

宫内厅办公大楼，原为宫内省办公大楼

当时宫内省的最大问题在于公私不分，即天皇、皇族私人事务与皇室成员作为国家机关的成员的公共事务界限模糊，导致掌管皇室财产的宫内省依旧遵循古代原则，难以成为近代化官僚机构。伊藤博文3月21日就任宫内卿后，马上让前任宫内卿、以清廉著称的德大寺实则转任新设的“侍从长”，成为天皇的私人顾问；随后进一步设立“内藏寮”（4月）主管皇室财政，原先主管宫内省财政与各项礼仪的“式部寮”改组为专门管理皇室典礼的“式部职”（10月），职权重新得以规划。经过一番改组，宫内省形成“五职六寮四局一职员”[2]的庞大体系，其中各类“职”均承继古代日本皇室各项职能，而“寮”“局”则成为近代化官僚机构。

既然有了新的官僚机构，就必须由新的职业官僚负责。除去三宫义胤、斋藤桃太郎等几名外务省官僚转职宫内省外，伊藤博文在明治十四年政变后的重要盟友井上毅也在明治十七年（1884）8月成为宫内省“图书头”，负

① 成员名单：杉孙七郎（宫内省大辅）、香川敬三（宫内省少辅兼皇后宫大夫）、儿玉爱二郎（宫内省大书记官兼皇太后宫亮）、长田銈太郎（宫内省权大书记官兼太政官权大书记官）、三宫义胤（日本驻德公使馆勤务）、斋藤桃太郎（外务省二等属）。

② 五职为侍从职（天皇侧近）、式部职（皇室典礼）、皇太后宫职、皇后宫职、大膳职（餐饮）；六寮为内藏寮（皇室财政）、主殿寮、图书寮（宫内省公文事宜）、内匠寮（建筑）、主马寮（马车汽车管理）、诸陵寮（皇室陵墓）；四局为御料局（皇室财产管理）、爵位局、侍医局、主猎局；一职员为皇族职员。

受封公爵的近卫笃麿,后曾参与组建民间组织"东亚同文会",二战时期日本首相近卫文麿的父亲

责管理宫内省内外公文，等于是抓住了宫内省这个官僚机构的核心。

人事权之外便是财产权。明治维新以来，皇室与宫内省财政支出在国家预算中列入“帝室总费”一项[①]，皇室财产也与其他国有土地一样被列入“官有地”，由于皇室需要翻修宅邸、设宴招待外国使臣，加上通货膨胀愈发严重，进入明治第二个十年以后宫内省就长期处于入不敷出的状态。早在明治十五年（1882）2 月，伊藤博文访欧之前曾提出“地所所有权区别之议”，要求从“官有地”中分出一部分作为“皇有地”（皇室土地），不过这一说法遭到秉持“普天之下莫非王土”的“宫中”集团的一致反对，加上伊藤博文本人前往欧洲，这份提案就被搁置。

就任宫内卿后，为避免“宫中”集团再次反对，伊藤博文便施行了一套颇具策略的方案：首先通过宫内省改革而扩大宫内省官僚体系规模，使得明治十七年（1884）的“宫内省费”增加到 68 万日元，比前一年增长 25 万日元；但与此同时，伊藤博文严格限制“帝室总费”的增长，因而这一年（1884）的“帝室总费”仅比前一年增长了 14 万日元。“帝室总费”保持相对稳定，然而其中的“宫内省费”却大幅增长，天皇与皇族成员的花销自然就得减少，这自然是对皇室的无形压力[②]。

对此天皇与“宫中”集团自然不会满意，因而伊藤博文首先在明治十七年（1884）7 月颁布《华族令》，将华族分为公、侯、伯、子、男五等爵位，

① “帝室总费”：在明治国家预算原文中写作“帝室费”，但由于在皇室费用统计中进一步分为“帝室费”（天皇家族费用）、“皇室费”（其他皇族成员费用）、“宫内省费”（宫内省运转的费用）三项，两处“帝室费”容易造成概念混淆。为了区分，将前者称为“帝室总费”，后者称为“帝室费”。

② 黑田久太《天皇家的财产》30 页，东京：三一书房 1996 年版。注引自坂本一登《伊藤博文与明治国家形成》。

横滨正金银行总部原址，现为神奈川县立历史博物馆

并在12月27日一次性给七名公家出身的公爵[①]发放总计36.8万日元现金及公债作为“赐金”，以争取旧贵族的支持；进而将日本银行、横滨正金银行总计350万日元的政府股份无偿划为皇室财产，在当年就给日本皇室带来了23万日元的利息收入，此举不仅缓解了皇室的财政压力，更让天皇与“宫中”集团尝到了明确皇室财产的甜头。随后在明治二十年（1887），日本邮船的政府股份也归皇室所有。

通过一系列“收买”拉拢，伊藤博文不仅与皇室及“宫中”集团成为盟友，也以宫内卿身份明确皇室费用与宫内省费用，进而让宫内省作为一个独立的政治实体的职能得到强化，这就从根本上减少了天皇与“宫中”集团的政治能量。

但在宫内省改革的中段，伊藤博文却依然遭到来自天皇本人的反扑。

·“异例”闭关：森有礼任用问题

明治十七年（1884）5月7日，伊藤博文正式上表，推荐英国公使森有礼为文部省御用挂，这一人事任命成为当年极为棘手的一个政治问题。

森有礼作为萨摩官僚，在幕末曾经前往美国留学，其间因生活困窘而受到当地基督教会帮助，进而对基督教深有感情；明治维新以后，他与福泽谕吉等人结成“明六社”，共同担负对日本普通人民的启蒙工作。森有礼与福泽谕吉过从甚密，甚至结婚都找福泽谕吉作为证婚人。其经历让他对于西方

---

① 分别为“摄关家”一条实辉7.5万、二条基弘6.5万、九条道孝（昭和天皇外祖父）3.9万、近卫笃麿（近卫文麿父亲）4.1万、鹰司熙通7.5万以及明治维新功臣三条实美3.5万、岩仓具视之子岩仓具定3.8万。

森有礼

文明颇为向往，因而长期主张在日本引入基督教。这就触了天皇与“宫中”集团的霉头，虽然日本废除了江户幕府时代的基督教禁令，但既然日本神话中将天皇奉为“现人神”，自然无法容许文部省这种教育机构以一个“基督迷”为首脑。

元田永孚首先表示反对：“森有礼参事院议官兼任文部省御用挂一事，我甚为忧虑而直接拜会三条大臣（三条实美）、有栖川左大臣（有栖川宫炽仁亲王），痛切建言：森其一直以来乃宗教家，若关于教育则将来招致国害，不可不察”[①]，“若用其才，则应转任他官，唯教官不可入”。

但引入基督教并不只是森有礼本人的一种愿望，更是当时日本想要与西欧各国修改不平等条约的抓手，事实上伊藤博文的重要助手、外务卿井上馨在这一时期也主张引入基督教以得到西方国家认同，而社会新一代青年人也普遍以信仰基督教为时尚。一方面伊藤博文本人希望用森有礼之才，另一方面国内也确实需要基督教文化，加上伊藤博文也希望宫内省整体氛围更加国际化，那么他就必须站在天皇与“宫中”集团的对立面。

天皇则从 5 月中旬开始，突然以身体欠佳为由长期居于内宫（奥），元田永孚也早早称病在家。按照惯例，只要天皇宣布不出门，那么无论是宫内卿还是太政大臣都无权主动进宫，这种颇为古老的行为规范成为天皇与“宫中”集团的重要武器：只要“宫中”集团对宫内省或政府提案不满意，那么“闭门不出”就有可能将政策决定延迟，甚至逼迫当事人改变思路。

6 月 11 日，天皇走出内宫，但依旧不接见伊藤博文；到 6 月 24 日，天皇越过伊藤博文，直接任命宫内省侍从山口正定（原三等侍补）转任宫内省大书记官；6 月 25 日，天皇突然出面参加上野至高崎铁路通车仪式，伊藤博

① 《元田永孚文书》一，211 页。注引自坂本一登《伊藤博文与明治国家形成》。

现代日本皇居内部风景。即便时至今日，东京皇居依然有很多地方不允许外界参观，无特别许可也不允许进入，封闭的环境使得近代天皇的起居成为秘密

文碍于典礼仪式而无法提出任何政治话题。

局面僵到这种程度，伊藤博文的解决方法不是收回森有礼的推荐信，而是推进另一项重大改革：前面提及的《华族令》。

明治十七年（1884）颁布的《华族令》并不是一个孤立政策，其根本目的在于为明治维新以来的功臣确立一套奖励制度，让古代贵族与新贵站在同一个层次上，共同成为明治国家发展的基础[1]。毕竟对于曾经冒着生命危险参加倒幕运动的人来说，最渴望的就是摆脱幕府时期的中下级地位，希望与曾经有着人身依附关系的藩主阶层平起平坐；而在旧藩主阶层与旧公家看来，只要保证自身有一定地位待遇，新的华族制度也并非不能接受。一方面尊重既有的身份制度，一方面允许维新新贵加入行列，这成为伊藤博文推动华族制度改革的重要手段。

但在这个时点，伊藤博文自然不能过于强调《华族令》对新贵的好处，

① 伊藤博文曾在1881年表示："今日士族、平民等有功者立于无知华族之下风，显然对国会议员有所期望，然而今日却落后于人，如今之世，想笼络有功者之心还很是不足"。佐佐木高行《保古飞吕比》十，546页。

反而要强调其对旧贵族的好处。6 月 30 日，伊藤博文专门写信给一直闭门不出的元田永孚："先前记得曾在私下提到过的华族爵制设置之事，此时调查完毕，已通过内阁上奏，窃以为您必会得到（天皇）下问，其时为尽可能速下决裁断，万望蒙您赞成。毕竟若再像如今这样，华族上下之别难立，随之外戚等处理方式又会困却异常。"①这封书信最主要的逻辑，便是伊藤博文以"华族上下之别"为重点，暗示华族制度依然会保证旧贵族的待遇，高级贵族依然会居于（起码名义上的）上位，以此争取对方同意。这一招收效奇特，当天元田永孚就回信道："爵制设置之事，休假前已经得知必会发表，若蒙（天皇）下问必会答以赞成。"②

7 月 7 日，《华族令》正式颁布，其中旧贵族大体分为公家华族③、武家华族④两种，共 475 家；明治维新有功者（勋功华族）获得授勋的仅仅 34 家，且最高爵位为侯爵⑤。这种授勋方式虽然在实操层面存在一定不平衡现象，但总体还是稳定了旧贵族情绪，也给予维新新贵一个崭新的政治舞台。由于"宫中"集团的副岛种臣、伊地知正治、土方久元等人都获得授勋，伊藤博文与元田永孚等"宫中"集团的关系得以缓和，双方也从对抗转为合作。

随后伊藤博文继续对传统表达忠心。按照西式典礼规范，授爵仪式之后应召开一次晚宴庆贺，但伊藤博文担心西式晚宴会激起宫内省内部不满，便计划了"贤所参拜"。所谓"贤所"，是指皇宫内祭祀日本三大传国重器之一"八尺镜"的宫殿。"贤所参拜"的意思自然是要让天皇与"宫中"集团认为自

---

① 元田永孚收伊藤博文书信，明治十七年 6 月 30 日。《元田永孚关系文书》266 页。

② 伊藤博文收元田永孚书信，明治十七年 6 月 30 日。《元田永孚关系文书》27 页。

③ 公家华族：公爵为旧藤原摄关家及对明治维新有功的三条、岩仓两家；侯爵为清华家；伯爵为大臣家、羽林家及东西本愿寺世袭门迹家；子爵为清华、大臣、羽林各家的分家；男爵为维新后列入华族的僧侣神官。

④ 武家华族：公爵为岛津宗家、玉里岛津家、毛利家；侯爵为德川御三家及家禄 15 万石以上大名，包括琉球国王尚氏；伯爵为德川御三卿及家禄 5 万石以上大名，包括对马宗家；子爵为维新前其他藩主；男爵为大藩家老家，包括琉球尚氏的两大分家。

⑤ 勋功华族 34 家：侯爵 2 家，大久保利和（大久保利通子）、木户正二郎（木户孝允弟）；伯爵 15 家，伊藤博文、黑田清隆、井上馨、西乡从道、山县有朋、大山岩、大木乔任、伊地知正治、川村纯义、副岛种臣、寺岛宗则、广泽金次郎、山田显义、吉井友实、佐佐木高行；子爵 14 家，伊东祐麿、品川弥二郎、曾我祐准、高岛鞆之助、谷干城、鸟尾小弥太、中牟田仓之助、仁礼景范、福冈孝弟、三浦梧楼、三好重臣、桦山资纪、野津道贯、土方久元；男爵 3 家，菊池武臣、名和长恭、新田俊纯（三人分别为南北朝时代南朝武将菊池武重、名和长年、新田义贞后代）。

华族会馆内部陈设

己仍有尊崇传统之心，而不是“醉心于欧美流”。

很快，宫内大辅、伯爵吉井友实便认可了伊藤博文的思路，促成 292 名受爵者在 8 月 7 日参拜皇宫贤所，集体向着“皇祖神灵”宣誓效忠，表示“永世扶翼皇室尊严”[①]；当晚，刚刚经历过一场日本古代典礼的 263 名华族又携夫人参加了极为盛大的西式晚宴，天皇、皇后与各亲王夫妇均出席宴会。两场风格完全不同的典礼让整个《华族令》显得颇为奇怪，却也找到传统化与国际化的交汇口，也昭示出明治维新的重要方法论：近代化、国际化每走一步，传统化、皇权化也要更进一步。

随着天皇、皇后双双出席西式晚宴，伊藤博文与天皇的矛盾也宣告结束。经历过这次争斗，双方都认识到对方的实力与能力。明治十八年（1885）5 月，天皇突然驾临伊藤博文宅邸，双方逐步走向合作。至于森有礼就职文部省的

① 《明治天皇纪》六，274—275 页。

麻烦，自然烟消云散。

·立宪君主：伊藤博文与明治天皇的“机务六条”

只是，合作也并不那么顺利。

从倒幕运动时期的一个十多岁少年，到明治十八年（1885），明治天皇已经是一名33岁的中年人，对绝大部分事情已经有了相当成熟的看法，尤其是在天皇权威方面也有很多自己的考量。如下一节讲述，这段时间天皇与军部主流派关系十分紧张，多次拒绝出席军方的各项礼仪活动，而由于军部主流派也正是伊藤博文所在的萨长藩阀，天皇在这一年春天也两次拒绝出席政府方面的活动[①]。

的确，明治天皇外出次数确实显著少于后来的两任近代天皇，画像照片也寥寥无几。关于天皇为何如此厌恶社交活动，一般认为是其性格不擅长社交所致，也有人认为是明治天皇长年患有腿疾而不愿出门，当然也有好事者认为明治天皇本人在倒幕维新之初就已被“掉包”。但无论原因如何，天皇拒绝出席公共活动，对日本的外交活动有着显著影响。因为就在明治十八年（1885）4月，英国军队占领朝鲜巨文岛，以与沙俄相抗衡，威胁到了日本与朝鲜之间的关系，伊藤博文希望借助各项礼仪活动缓和日本与英国之间的矛盾，但天皇的态度却无疑让日英之间取得互信的进程有所减慢。

明治天皇画像

然而政府早就公布于明治二十三年

① 1885年5月5日与外国公使的赏樱会、5月12日横滨赛马会，明治天皇皆拒绝出席。其中横滨赛马会为英国公使邀请。

（1890）开设议会，时间只有不到五年，伊藤博文结束宫内省改革，将宫内省彻底编为政府部门以后，下一步计划就是要改组现在的政府机构，使其成为近代内阁。

其实从明治十年（1877）开始，内阁作为机构已经存在，但问题在于，内阁之上还存在太政大臣、左大臣、右大臣这种古代官职，担任者也都是三条实美、有栖川宫炽仁亲王、岩仓具视这种公家甚至皇族，让内阁拥有名义决策权却无法独自裁决[①]，自然不符合维新以来的集权本意，也成为明治十四年政变的重要始源。如今已经安定好华族群体，与天皇之间的关系也有所修复，伊藤博文自然要打破大臣与省卿之间的界限，让内阁成为国家的最高决策机构。明治十八年（1885）5 月，伊藤博文提出与太政大臣三条实美会面，目的是劝说对方以日本大局为重，早日隐退。

但从 6 月开始，天皇率领众多官员外出巡游山阳道（广岛、山口等地），直到 8 月 16 日才回归东京。这段时间里，无论天皇还是三条实美都对内阁改制的建议置若罔闻，惹得伊藤博文大怒，斥责天皇道："如今若不能在政务上更加倾注圣虑，聪明之质恐有名无实"，"如此茫然之态度模样面对历代之祖宗、万百世之皇孙，也与（天皇）职掌不相称"[②]。

眼见伊藤博文情绪暴怒，井上馨连忙作为中间人在 8 月 19 日与三条实美会面。只不过经过一段时间拖延，三条实美不但没有支持伊藤博文的内阁改制设想，反而提出了"右大臣补任论"，即破格提拔下级武士出身的伊藤博文，接替去世两年之久的岩仓具视成为右大臣。

在伊藤博文看来，由于大臣阶层不具备实际执政能力，应废除大臣阶层，将内阁参议升格为大臣；但在天皇与"宫中"集团看来，一旦打破大臣、参议之间的隔断，就意味着以后会有更多平民冲上大臣位置，最好的方法就是把目前最有能力的伊藤博文提升为大臣，既能够解决大臣不能执政的问题，

---

① "今三条大臣之责任重矣，而不能自裁，必待一二参议议论可否，故不有大臣之权。"《伊藤博文传》中，1004 页。

② 三条实美收伊藤博文书信，明治十八年 8 月 16 日，《伊藤博文关系文书》书简。

又能继续让大臣统领政治[1]。这种手段极为高明，也显示出天皇虽然有意接纳伊藤博文，却对他的改革思路仍有警惕。

11 月 14 日，伊藤博文想出了应对的高招，即推荐萨摩系官员领袖黑田清隆补任右大臣。

果不其然，天皇对黑田清隆表示疑虑："朕以为，方今若为内阁组织之一时政略而登用黑田尚可，然而右大臣地位甚重，能当其任者非德识名望众人所推者不可。黑田非其人，如伊藤之人其功劳才能众所周知，非伊藤不能举用右大臣。然而若是谦让而不敢当，进而举用黑田，那么黑田承命后，其政事之权又专于伊藤之手，必怀不满，久而久之难免步岛津左大臣之覆辙（即1875 年岛津久光辞职一事）。故朕意在举黑田、伊藤两人置于参议之上，总理省务，右大臣之名称姑且不加，待事功举、名望显之日，再升任大臣之地位不晚。"[2]

虽然日本的政治正确是"普天之下莫非王土"，但天皇并没有完整的古代皇权，其任命与罢免之说难以成为实质性命令，伊藤博文无论祭出什么招数，只要坚持不做右大臣，谁也无法逼迫他。至此，天皇与"宫中"集团发现，虽然他们可以阻碍过去维新志士群体的很多行为，但如果他们自己想提出什么提案，没有维新志士群体的帮助可能会更加寸步难行。

11 月 18 日，伊藤博文再度给明治天皇上书，提到"今晚与黑田面会之时，所谈第一不仅在如何贯彻圣上思虑所在，更虑如今国家内外之事逐渐多事繁密，因此现时两大臣到底不能统御，若不能在大臣之地位增加其人、没有助力，则难立维持之目的，若大臣之地位不能保障，不如更改内阁组织，以参议统理大政，直乞陛下之裁制"[3]。

伊藤博文不愿就任右大臣，只愿改制内阁，这让明治天皇与"宫中"集团对他爱恨交加，而随着黑田清隆表示不愿就任右大臣，"宫中"势力整体

① "抑左右大臣之职，非朝臣则难妄任。然至今日，则势不可不用旧士族之人……故擢一人之参议，授之以右大臣之任乎，则辅两大臣而统众参议，或得事理之宜欤？"明治十八年 6 月 11 日《元田手记》，109—120 页。

② 《元田文书·改正稟议概言》，109—113 页。注引自坂本一登《伊藤博文与明治国家形成》。

③ 三条实美收伊藤博文书信，明治十八年 11 月 18 日，《伊藤博文传》中，455—456 页。

显得十分窘迫。最终 11 月 29 日，在三条实美面见天皇陈述当下困难时，天皇不得不放弃“右大臣补任论”，愿意“先定组织而后议其人”。

伊藤博文于是迅速发起改革：12 月 4 日，他提出内阁制度方案，紧接着在 12 月 7 日就通过了该改革方案；12 月 22 日，明治政府废止太政官与太政大臣职位，国家行政权最高行使机构改为内阁与内阁总理大臣[①]，各省卿也升格为大臣[②]，伊藤博文自然当仁不让，成为第一任日本首相，也是迄今为止最年轻的日本首相（44 岁）。如此一来，自明治十三年（1880）“参议省卿分离”开始的内阁制度改革终于告一段落，伊藤博文也以首相兼宫内大臣身份掌握起施泰因所言的行政权，为日本下一阶段的立宪工作打下良好基础。

从制度看，1885 年日本内阁制度与 1810 年普鲁士王国首相哈登堡的宰相制不无类似，不过从本质上说，宰相制的理论基础恰恰来源于英国首相对于王权的长期制衡形态，连日本保守派井上毅也认为“普国千八百十年之制（宰相制）同于英国”，“如今内阁之组织生出英国风类似之倾向”[③]。换言之，普鲁士路线在一定程度上与英国路线有相似之处，伊藤博文以德式路线为幌子，让保守派安心，却同时截取普鲁士层面的英式元素，以求实现自己的“虚君”构想，不得不说是一种极具创造性的改革。

普鲁士王国首相卡尔·冯·哈登堡（Karl von Hardenberg），于 1810 年至 1822 年之间对普鲁士王国进行政治改革，仿照英式君主立宪制扩大首相权力

纵观伊藤博文从宪法调查到建立内阁制度的全过程，不难发现他与先前的木户孝允、

① 内阁总理大臣职权：“作为各大臣的首班，奏宣机务，承旨，指示大政方向，统都行政各部”。《法令全书·明治十八年》太政大臣公爵三条实美达，1040 页。

② 第一次伊藤博文内阁成员：外务大臣井上馨（长州）、内务大臣山县有朋（长州）、大藏大臣松方正义（萨摩）、陆军大臣大山岩（萨摩）、海军大臣西乡从道（萨摩）、司法大臣山田显义（长州）、文部大臣森有礼（萨摩）、农商务大臣谷干城（土佐）、递信大臣榎本武扬（幕府）。

③ 伊藤博文收井上毅书信，明治十八年 12 月 11 日，《伊藤博文关系文书》一，358—359 页。

明治宪法起草者之一伊东巳代治，其作为宪法守护者的形象一直延续到 20 世纪初

大久保利通等政治家存在根本不同，即对任何改革举措都不焦急，若有反对呼声，就先想办法弥合矛盾；但弥合矛盾的方法又不是撤回提案，而是用另一种看似完全无关的提案“收买”对手，将对方拉入自身阵营中。

成功担任首相以后，伊藤博文集合原太政大臣与参议的权力，使日本政治向着更为高效的方向发展。到明治十九年（1886）2月，日本内阁进一步确立自身权力细节。2 月 26 日敕令第一号第二条提出“法律敕令于内阁起草”，第三条提出“法律敕令在（天皇）亲署后盖玉玺，由内阁总理大臣副署”。按照这条敕令的起草者伊东巳代治所言，“无论国王想发何等法律敕令，临其时必由大臣赞成其敕令与否便关乎其案成否……虽有王命而无责任大臣之辅弼，便是君主一家私言而无法律效力”[1]，这就成为后来《大日本帝国宪法》体系“内阁辅弼”原则的肇始：若无内阁动议，天皇不能进行任何决策。

9 月，伊藤博文与明治天皇达成“机务六条”：内阁会议除非首相邀请，天皇不得参与；天皇若“下问”国政，只能召见对应的国务大臣及次官；国务大臣若想汇报主管事项，即便天皇生病也可进入内宫“拜谒”……有别于同时代德意志帝国允许“帝国皇帝与帝国宰相合作”，伊藤博文反而借鉴普鲁士首相哈登堡宰相制对于君权的压制，直接封死了天皇直接干预国政的路径，日本内阁变成一个脱离皇权存在的独立实体，彻底走向“英国风”。

通过数年对峙，天皇终于在政治上收敛了权力，但他与军部大臣却仍处于紧张的对峙中，不过这点却也在客观上进一步抬升了伊藤博文的地位，让他成为整个明治国家的核心。

① 明治十九年 2 月 27 日，《伊东巳代治关系文书》127。注引自坂本一登《伊藤博文与明治国家形成》。

四、明治军政：军部与皇权的权力之争（1882—1890）

“下级者承上官之命，须知此乃直承朕之命。”

明治十五年（1882）1月，日本陆军省发布《军人敕谕》，要求所有军人尊天皇为“大元帅”，并定下“尽忠节”“正礼仪”“尚武勇”“重信义”“强质素”五条精神，这也成为战前日本军队的精神原点。

但问题在于，幕府倒台、维新开始才不到一代人的时间，谁都知道天皇是维新藩阀扶植起来的，所以对天皇的忠诚也完全不似后来二战时那样疯狂。实际上就在明治十九年（1886）4月13日近卫兵演习时，还曾有一枚流弹划过明治天皇身边，惊得众人一身冷汗。这或许是偶然事件，也不一定有什么阴谋论背景，但起码体现出天皇的绝对权威在明治年间并未建立，连下士官兵都可以“险些”伤及天皇。

日本常以“万世一系”形容天皇，然而从文本上看，“万世一系”四个字差不多是幕末产生的一种说法，到明治时代使用率才逐步提升，最终写入《大日本帝国宪法》第一条。从某种意义上说，天皇管理军队绝不是《军人敕谕》所说的“光荣传统”，相反，古代日本的军权长期不在天皇手中才是常态。因而在明治时代，日本军队的俗称并不是“皇军”，更普遍的称呼其实是“国军”。明治天皇虽然理论上有“大元帅”的权威，然而享有“国军之父”之誉的人却不是他，而是长州系军人山县有朋——以山县有朋为核心的“军主流派”一直站在明治天皇这位“大元帅陛下”的对立面。

·军部独立：西南战争以后的天皇与军部

明治天皇之所以与军部对立，最早起源于与西乡隆盛的感情。

从明治五年（1872）五月到明治六年（1873）10月下野前，西乡隆盛一直担任近卫都督，其孔武有力的教导方式让明治天皇受益匪浅。直到西乡隆盛发动的西南战争（1877）结束以后的12月，天皇依然在众多官员“陪食”典礼上提起一桩往事：当年西乡隆盛曾送给自己一套柜子，而一次皇宫发生火灾时，自己冒着生命危险让人把这套柜子抬了出来。[①]后来到明治十四年（1881）4月，天皇更是主动要求给西乡隆盛的遗子西乡寅次郎赏赐1200日元，供他前往德国留学，虽然这一想法最终受到军部阻挠未能实现，但天皇与西乡隆盛的感情确实影响到他与后来“军主流派”的关系。

“军主流派”以长州系军人山县有朋和萨摩系军人西乡从道、大山岩三人为代表。应该说，三人与西乡隆盛都有密切联系：山县有朋是西乡隆盛从金钱丑闻中力保下来的武官，西乡从道、大山岩更与西乡隆盛有着血缘关系[②]。但与此同时，三人都是西南战争中坐镇后方的指挥官，山县有朋更是直接写信建议西乡隆盛自尽，天皇自然会认为这些人背叛了自己的导师或兄长。

由于军方没有了西乡隆盛，天皇便不再出席任何军事活动，连续两年（1877、1879）的秋季例行陆军演习他都让其他亲王代为参加。这点让军方高层大为担忧，毕竟他们之所以能控制军队，靠的是倒幕维新之功。但随着日本在明治维新以后取消藩兵制、实行全国统一的征兵制，兵源扩大，致使藩阀控制力减弱，所以军事体制中必须存在一个较之藩阀势力更高的权威，这就需要天皇为他们赋予名义合法性。然而天皇长期不出现在军队面前，“军主流派”就难以获得天皇的背书。

西乡从道

另外，明治十一年（1878）日本效

① 《明治天皇纪》四，326页。

② 西乡隆盛一生均没有画像或影像资料留存，所以在西乡隆盛去世后，意大利画家只能以西乡从道、大山岩两人为基础绘制西乡隆盛画像。

仿德意志帝国军制实行政令分离，即将军队控制权分为军政（征兵、兵器制造、训练演习、人事调动）与军令（军事调动、作战计划制订）两部分，其中军政归属政府下设的陆军省负责，军令则不归属政府管辖，而是在政府系统之外专门设立参谋本部管理。

追溯源头，德意志帝国之所以实行政令分离，根本原因是德国陆军的所有权分属于26个邦政府（普鲁士、巴伐利亚等），而各邦政府均有一定独立主权与宪法，不愿意让渡军队所有权，只能在战时临时拼凑一支德意志帝国陆军；然而日本实行单一制，主权归中央政府所有，并不存在实行德国政令分离制度的基础。之所以仿效德国，是因为明治军阀不想把军队置于政府管辖之下，而是希望让参谋本部与政府处于同等地位。如此一来，明治军阀就必须把军令权（统帅权）归于天皇本人，他们才能作为军事上的辅弼者，与政府作为政治上的辅弼者一样，获得同等地位。

明治十二年（1879）5月，陆军卿西乡从道、陆军中将大山岩联名提出“军事御统辖之仪”：“因立宪政体渐次订立，应区别文武两途之道，是故一般政治虽可分任于对应有司，但至于军事，圣上不可不躬自居于大元帅之职，亲裁万事，若如此侍臣子亦必骈置文武两官，即增设侍中武官是也。”所谓“侍中武官”，即天皇身边近侍武官。大山岩此举意在模仿德意志帝国的军事制度，希望将天皇拉入军事指挥者之列，“依陛下之恩威而负担国家保护之重任”，增加军队体制合法性；而由于天皇从未经历战阵，一旦战事开启，藩阀武官“可列帷幄之末而参于谋划”，掌握军队控制权。[①]

这番意见确实起到一定作用，天皇从当年10月开始重新出席每年秋季的例行陆军演习，并在明治十二年（1879）至明治十六年（1883）间平均每年参加12次军事活动，月均1次，这对于极度反感涉外活动的明治天皇来说甚为不易。

不过天皇仍然对“军主流派”抱有警惕态度，比如从明治十三年（1880）开始又拒绝出席秋季例行陆军演习，连海军新造舰船的竣工仪式也拒绝参加，

---

① 《军事御统辖之仪付上请》，《三条文书》48—13。注引自坂本一登《伊藤博文与明治国家形成》。

晚年谷干城

更重要的是，大山岩、西乡从道提出的侍中武官一事最终未获批准。毕竟侍中武官要是成为天皇近侍，就会与已经在天皇周围形成势力的“宫中”集团出现矛盾。

不过有趣的是，正是在“宫中”集团的推动下，明治天皇与另一拨军人的关系迅速升温，这就是所谓“四将军派”。

明治十四年（1881）7月，“北海道官有物贱卖”事件爆发，“宫中”集团成员佐佐木高行拉拢高层政客组成反对贱卖的“中正党”，与此同时，谷干城、鸟尾小弥太、三浦梧楼、曾我祐准四名陆军中将也借反对贱卖机会组成攻守同盟，甚至反对伊藤博文建立君主立宪体制。

从出身角度说，谷干城与佐佐木高行一样，出身于原土佐藩，虽然曾在西南战争中坚守熊本城52日，为政府军的胜利打下坚实基础，却依然受到萨长藩阀冷落；鸟尾小弥太、三浦梧楼虽然出身于长州藩，也有军功在身，却与山县有朋关系极差，难以受到重用；曾我祐准出身于原筑后柳川藩，也与“军主流派”关系不佳。这次提出反对意见后，四人先后受到降职或被迫辞职处罚，新仇旧恨促使“四将军派”初具雏形。

实际上“四将军派”并不是只有这四个人，重要的是他们身后的“月曜会”。“月曜会”由陆军士官学校（旧制）一期生、二期生中的年轻军官组成[1]，虽然其中不乏原萨摩、长州两藩出身的学生，但他们也对萨长藩阀独占军队大权颇有不满。于是双方一拍即合，四名陆军中将集体成为“月曜会”顾问，整个团体从读书会逐渐转型为政治结社，对“军主流派”形成巨大冲击。

① 截至明治二十一年（1888），“月曜会”拥有中将8名、少将17名、大佐24名、中佐32名、少佐131名、大尉480余名。

既然站在对立面，四将军与“月曜会”自然要批判“军主流派”的扩军思路。

·外压内变：东亚变局下的军事扩张

明治维新的第一个十年，虽有“台湾出兵”（1874）、“江华岛事件”[①]（1875）等多起国际纠纷，但问题基本都通过谈判得到解决，国际环境总体稳定，日本并未面临太强的军事威胁。正因如此，西南战争结束后，明治十年（1877）12月，山县有朋提出《陆军定额减少奏议》[②]，要求政策从“富国强兵”转为“民力休养”。

然而进入19世纪80年代，国际局势骤变，日本的外部环境，尤其是朝鲜半岛局势忽然紧张起来。

1882年7月，朝鲜爆发“壬午军乱”。隐居的朝鲜国王之父兴宣大院君试图回归政坛，驱逐统治朝鲜政府的国王正妃闵妃（明成皇后）势力，因而策动朝鲜旧式军队进攻由日本人担任顾问的“别技军”[③]。随后清朝派遣朝鲜事务大臣吴长庆率领淮军6营士兵（约3000人）进军朝鲜，将兴宣大院君软禁于中国保定；日本也派遣1500人进入汉城防御，逼迫朝鲜签订《济物浦条约》[④]，向日本官民赔偿损失50万日元，并允许日本公使馆配备本国军人。

1884年12月，“甲申事变”爆发。接受日本教育的朝鲜革新派发起针对闵妃政权高官的刺杀行动，一度夺取政权；不过数日之后，袁世凯再度率领清军进入朝鲜戡乱，结束政变。明治十八年（1885）4月，中日签订《天

---

① 江华岛事件：1875年9月20日，日本军舰“云扬”号非法在朝鲜王国汉城西北海岸附近的江华岛一带勘测地形水文，与朝鲜军队爆发武装冲突，后朝鲜王国在日本逼迫下签署《日朝修好条规》（《江华条约》）。

② “山县有朋意见书”，《陆军省大日记》中，70—72页，原书房，1966年。

③ 别技军：1881年5月朝鲜王国在日本工兵少尉堀本礼造的指导下设立的新式军队，数量为80人。别技军比普通军队得到的军饷、被服质量都要更好，受到旧式军队的妒忌。

④ 《济物浦条约》（1882年8月30日）主要规定：（1）自今期二十日朝鲜国捕获凶徒严究渠魁从重惩办事；（2）因凶徒暴举日本国所受损害及护卫公使水陆兵费内五十万圆由朝鲜国填补；（3）日本公使馆置兵员若干备警。

受到攻击的日本驻朝鲜公使馆

津会议专条》[1]，约定中日两国军队共同撤出朝鲜国。同一时期，英国为了防止沙俄海军南下干扰自身利益范围，派遣3艘军舰占领朝鲜半岛南部的巨文岛，直到两年以后才撤走。

朝鲜半岛的地缘政治危机扩大，随之而来的是清朝洋务运动进入高潮期。从1881年开始，清朝将朝鲜事务交由北洋通商大臣李鸿章管辖，清朝在渤海湾沿岸的存在感愈发增强；1885年铁甲舰"定远""镇远"两舰竣工回航，意味着亚洲第一舰队——北洋水师雏形已成，1886年8月长崎水兵事件更让日本人直观感受到清朝"同光中兴"的威慑力。

国际局势压力陡然增大，促使日本军部再度推行扩军政策。早在明治十五年（1882）9月，山县有朋就首先提出"军扩八年计划"，以近6000

① 《中日天津会议专条》(1885年4月18日)主要规定：(1)议定中国撤驻扎朝鲜之兵，日本国撤在朝鲜护卫使馆之兵弁，自画押盖印之日起，以四个月为期，限内各行尽数撤回；(2)两国均允劝朝鲜国王教练兵士，足以自护治安；(3)将来朝鲜国若有变乱重大事件，中、日两国或一国要派兵，应先互行文执照，及其事定，仍即撤回，不再留防。

1893 年的长崎港

万日元的总投资扩充日本军备，要求陆军在三年内扩军一倍，海军新造 48 艘舰船。由于军备扩张计划突然实行，日本财政压力骤然增大，从明治十六年（1883）开始，军费预算已超过 20%，到“军扩八年计划”结束的明治二十五年（1892）军费预算达到 31% 之多，海军军舰总吨位也从 14300 吨（1876）增加至 50861 吨（1893），成为甲午战争的作战基础。

北白川宫能久亲王塑像，位于东京北之丸公园

在扩军计划推行的过程中，明治十八年（1885）5 月，日本陆军修改了镇台条例。随后，六个镇台扩编一倍，战时直接组成六个师团作战。后来在明治二十一年（1888）5 月，六个镇台直接改组为师团，

三年后（1891）再加入近卫师团，至此日本常设陆军的七个师团全部建成，陆军军人数量也从 4 万人（1876）增加到 7.4 万人 （1893）。

只不过对这些扩军行动，明治天皇完全不感兴趣。明治十七年（1884）7 月，天皇以“炎暑”为由拒绝出席横须贺造船所第二船渠的竣工仪式，这一耗资 52.4 万日元的船渠是日本海军崛起的根本，最终由北白川宫能久亲王代天皇出席仪式；后来在明治十九年（1886）3 月，天皇仍以“寒气”为理由拒绝出席军舰“武藏”竣工典礼。天皇次次拒绝军部高层的邀请，或许是因有晕船的痼疾[①]，但也明确传达了对“军主流派”的不信任与不合作信息。

不仅如此，明治天皇还主动插手军队高层人事决策，“四将军派”随机而动，成为明治十八年（1885）“陆军纷议”之始。

·陆军纷议：明治天皇与军部高官之间的矛盾

明治十一年（1878）12 月，日本发布《监军本部条例》，在全国设立东部、中部、西部三个监军本部[②]，在平时负责“军令之出纳、现役军人及第一后备军人的检阅”，战时监军部长直接率领所属镇台兵出战，这一设置可以说是军队政令分离的附属产品。 随后到明治十八年（1885）5 月 18 日，由于陆军规模扩大一倍，日本军部制定《监军部条例》，将“监军本部”改为“监军部”，理论上直接隶属于天皇指挥。

但三个监军部的最高指挥官监军当时并未得以任命，而是由陆军卿代理各监军事务。毕竟朝鲜半岛的政治局势已经缓和，日本并不需要立即任命一套战时人马。不过 5 月 20 日，明治天皇却通过侍从长德大寺实则提出建议：

---

① “圣上似厌恶航海之事，如何处理仍属悬念”。明治十九年 7 月 31 日，伊藤博文收三条实美书信，《伊藤博文关系文书》五，142—143 页。

② 《法令全书·明治十一年》太政官达第 52 号“监军本部设置”，176 页。东部监军本部管辖第 1 军管区（东京镇台）、第 2 军管区（仙台镇台），中部监军本部管辖第 3 军管区（名古屋镇台）、第 4 军管区（大阪镇台），西部监军本部管辖第 5 军管区（广岛镇台）、第 6 军管区（熊本镇台）。

“陆军中将子爵鸟尾小弥太、同子爵谷干城、同子爵三浦梧楼之流难道不是适任监军之人？”[1]就在当天，德大寺实则找到陆军卿大山岩、参谋本部长兼内务卿山县有朋，要求由“月曜会”会长、反“军主流派”的堀江芳介出任陆军第一旅团长。

德大寺实则

虽然天皇完全没有带兵经验，但在这个关键时刻提出几名候补人选，明显是要启用“统帅权”，指挥理论上属于自己的军队。6月9日，天皇针对参谋本部发布训令：“以后不应给予参谋本部长以行政事务，应以勋功将校补之。”[2]这等于是要求在政府中担任内务卿的山县有朋离任，同时禁止陆军卿大山岩接任。无奈之下，山县有朋只得在8月31日辞职，12月，改由皇族有栖川宫炽仁亲王接任其职。

在任职标准上，明治天皇提出“勋功将校”之说，亦即出任者要以能力而非由“古参顺（按资排辈）”这种迂腐的官僚思路来评定，无论军人是否出身于长州、萨摩两大藩阀，都要以能力论高下。这不仅给了在西南战争前线立下战功的谷干城、三浦梧楼以机会，也让非萨长藩阀出身的曾我祐准成为参谋本部次长（1886年3月16日），更让“月曜会”里的年轻将校看到了迅速升迁的曙光。

为了反击以能力论高下的思路，明治十九年（1886）7月12日，陆军大臣大山岩提出《陆军检阅条例》与《陆军武官晋级条例》的修改案：（1）废止监军，将“现役军人及第一后备军人的检阅”职责归于陆军大臣；（2）武官晋级要遵从“古参顺”。对这一提案，有栖川宫炽仁亲王、曾我祐准两名参谋本部最高领导明确反对，提出一旦废止监军，就等于是由陆军大臣剥夺

① 《明治天皇纪》六，410—411页。
② 三浦梧楼《明治反骨中将一代记》，158页，芙蓉书房，1981年。

曾我祐准

了属于天皇的“统帅权”。虽然这两人并未提出20世纪30年代的“统帅权干犯”一词，但他们借助天皇权威来维护自身权力的意图依然很明显。

天皇对此自然也很不满意。“监军”一职在前一年刚刚设立，天皇只是提出几个候选人，陆军省就立刻提出“废止监军”提案，明显是在表达对天皇提议的不满。于是天皇马上提出“今年检阅如旧执行，条例改正理应延期”[①]。

但没想到，大山岩立刻以辞职相威胁，要求立即实行“条例改正”。7月19日，有栖川宫炽仁亲王给首相伊藤博文写信提道：“陆军诸条例改正之件，本日陆军大臣（大山岩）、本部长（有栖川宫炽仁亲王）应召觐见，听闻御思召（天皇的思路）之主意，（陆军）大臣坚决不予采用，提出上述条例绝无不合时宜之处，若有调替，便有断然辞去职务之决心。”[②]

大山岩

天皇与藩阀政治家矛盾尖锐，自然会让日本政界的目光集中在伊藤博文身上，毕竟只有他才拥有藩阀政治家与天皇代言人双重身份。从立场来说，伊藤博文已经改变了过去偏向藩阀的态度，但他又不能失去藩阀这个重要的政治根基，这就需要在政府、“军主流派”、天皇及“四将军派”之中再度做出平衡。

经过审慎选择，伊藤博文这一次只好与

① 《明治天皇纪》六，619页。
② 明治十九年7月19日，伊藤博文收有栖川宫书信，收于《伊藤博文关系文书》一，110页。

大山岩和解，并亲自进入皇宫劝说明治天皇。7月24日，《陆军武官晋级条例》的修改案（“古参”一事）以陆军省所提原文通过，《陆军检阅条例》（“废止监军”一事）则以“将来再设监军部”为条件，暂时予以通过。

三浦梧楼。晚年转任日本驻朝鲜公使，挑起了“乙未事变”，杀死朝鲜当权者闵妃

不过这次妥协之后，天皇支持的“四将军派”也彻底走向瓦解：谷干城离开军界，专门担任伊藤博文内阁的农商务大臣，与鸟尾小弥太一样再未担任军职；曾我祐准从参谋本部次长位置上被拉下来，改任陆军士官学校校长；三浦梧楼被发配到熊本镇台担任司令官，随后被打入预备役；堀江芳介来到金泽，出任步兵第六旅团长。至于“四将军派”的底层母体“月曜会”，也在明治二十二年（1889）2月遭到解散，全部人员编入陆军军人的官方组织“偕行社”。

虽然日本名义上采取德式军制，奉天皇为“大元帅”，乃至在后来的明治宪法中给予其无上的名义地位，但一场“陆军纷议”过后，明治天皇想在军中培养自身体系的思路遭到了毁灭性打击，意图借助“统帅权”干涉高层军官对军队的控制权的想法也化为泡影，就连伊藤博文也只能妥协，这就为军部高层彻底独立于内阁打下基础。

· 军部独立：军部高层的思路及明治天皇妥协

对于明治高级军官而言，天皇是“借尸还魂”的“尸”，因而天皇与军部的合作，本质上是天皇的名义权力与明治高级军官的实际权力的结合。体现在具体实践上，就是虽然一切大权都归属天皇，但天皇必须通过身边“辅弼”之人才能行使“统帅权”。其中的逻辑与明治十九年（1886）9月伊藤博文的“机务六条”的逻辑如出一辙，不同之处在于，军队更强调自身的独立性，不希望接受政府、议会的统治，以防重新回到幕府时代那种军政府形态——“军部独立”最初的目的，正是为了消除政治家借助军队干预政治的可能性。

《军人敕谕》（1882）“尽忠节”一章里明确提出：“不受舆论蛊惑，不介入政治，仅仅一途守自己本分之忠节。”事实上整部《军人敕谕》里，“政治”一词仅仅出现过三次，前两次出自对古代政治被武士“窃取”的批判，第三次则是禁止军人参与政治，三处均视政治为军队的“仇敌”。考虑到这部近代日本军队教育的核心文件是山县有朋委托学者撰写，所以不难发现这些明治高官对于“幕府重生”的恐惧。正是在这种历史氛围与政治正确的基础上，才会有《大日本帝国宪法》（1889）第 11 条“天皇统帅陆海军”、第 12 条“天皇确定陆海军编制与常备兵额”。

当然，把“统帅权”与政府权力分离开来，就造成政府最高领导首相不能掌握军队，而只是天皇在政治方面的最高咨询官员；若要咨询“统帅权”方面事宜，则必须直接起用参谋本部（以及后来的海军军令部），政府在没有军部允许的情况下甚至无权过问军队事宜。两者相加，自然会促使军部无限解读“军务”的界限，把一切政府事务都视为“军务”，进而侵吞政府权力，走向军国主义体制，这也是明治国家最严重的制度漏洞。

而且，“军人不干政”思路对明治日本而言并不现实：一来国际形势险恶，军队扩编与军队制度建设是整个国家的重要课题；二来山县有朋本人也是极具影响力的政治家，曾在做内务卿时做出很多重大改革，具有很强的内政管理能力。换言之，或许底层军人不可干预政治，但高层军人与高层政治家的分别、军事事务与国家事务之间的界限本来也不是非常明显。在高层政治家遇到麻烦时，山县有朋经常会以“救火队员”形象出现。

山县有朋

时间继续往前，随着明治二十二年（1889）日本帝国宪法颁布，议会也准备

江田岛海军兵学校，是日本海军培养中基层士官的学校，最早建立于东京，后在 1888 年迁至广岛外海的江田岛，一共培养了 70 多期毕业生。现为日本海上自卫队第一术科学校

于第二年开设，日本民间的激进呼声开始影响到高层政局的稳定。尤其是在与西方列强修改不平等条约方面，连续两任首相伊藤博文、黑田清隆均出现问题，导致首相之位甚至由已经远离政治核心圈的内大臣三条实美兼任，极大地触动了内阁制度的根本。也是在这年 12 月，山县有朋作为军方元老与政界首脑，被任命为下一任首相。

获得首相任命后，山县有朋以首相及军方负责人的身份，给明治天皇写了一份非常重要的上奏文："臣前游历欧洲，视察各国皇室[①]，虽早想与宫内大臣一起亲奏上，到今日为止却未得其机，今幸得见天颜于咫尺，只将平素心思奏上一二以达圣听"，"臣等在维新前受教，紫宸殿（天皇宫所）前面哪怕只是一掬沙土，犹贵于金银珠宝；而至今日少壮之辈分，皆讲欧美之学而与臣等所学有异。为不至此辈以仪文虚礼敬爱皇室，故不得不取良途，策动其炽盛之真敬爱仰慕之念。"上奏文虽以极为官方的敬语辞藻作为开篇，却也提到一个重要问题，即新一代日本青年人逐渐受到西方教育影响，那么

① 1888 年 12 月 2 日至 1889 年 10 月 2 日，山县有朋前往欧洲各地访问，主要向俾斯麦、威廉二世等德国政治家以及格耐斯特、施泰因等伊藤博文咨询过的法学家群体求教军事改革事宜。

1891 年，俄罗斯帝国皇太子尼古拉（后来的尼古拉二世）访问日本，但在路过滋贺县大津时遭到警察官津田三藏行刺。这起刺杀让日本政府非常紧张，非常担心俄罗斯帝国会借此对日本采取行动，迅速调集医生前往诊治，明治天皇本人甚至都到神户加以慰问。事后尼古拉并无大碍，津田三藏则被判处无期徒刑。这起事件让日本对外态度变得更加激进，也让日本军部筹划在大陆地区划出一条"利益线"

新一代军人是否会形成一种对国家的认同感，进而形成凝聚力、战斗力，都要打上一个大问号。

随后山县有朋开始借鉴他山之石："欧洲诸国帝王视陆海士官犹如子弟，其待遇优渥深切，言语所不能尽；不时突然驾临军队，不时慰问患者，不时又赐士官以会食之荣，军人敬爱尊崇之路备矣。而回顾我国形势，东西铁道既通联络，一夕可达百里之远，如此便利，龙跸（即天皇的行迹）从未至于大阪、名古屋、仙台诸师团，若反复由臣下乞愿临幸，此非未尽宪法上陆海军统帅之陛下天职乎？海军屡屡乞愿陛下临御横须贺竣工式，却大抵以头痛之故而不加听取，陛下即便有晕船之病由，若不能有少许忍耐之处，敬爱便徒有虚名，陛下一令之下水火不辞的真敬爱忠诚之心难立。"如果略去必要的敬语表达方式，山县有朋对明治天皇的这番批评非常严重，等于是直接指责天皇不出席军事活动已经影响到军队战斗力，并把天皇的个人行为上升到国家行为层面（天职），要求天皇与军部相配合[①]。

眼见山县有朋、大山岩、西乡从道等"军主流派"掌握了军政大权，且形成了与伊藤博文等文治派官僚集团体量等同的军人政治家集团，明治天皇便也采用了对待伊藤博文的态度，将山县有朋的建议列入自身行为需要考量的范畴中。明治二十三年（1890）2 月 24 日，明治天皇时隔十年参加军事活动，乘坐新竣工军舰"八重山"来到横须贺视察；3 月下旬，天皇出席陆海军

① "黑田首相辞职问题相关上奏文案"，《伊东巳代治关系文书》320。注引自坂本一登《伊藤博文与明治国家形成》。

联合大演习；再到 6 月 7 日，明治天皇任命了西乡隆盛之后的第二批陆军大将——获任者除去皇族小松宫彰仁亲王之外，还有山县有朋，等于是认同了山县有朋为军事最高辅佐者。明治时代的藩阀政治达到顶峰。

不仅如此，由于军部逐步独立，先前的扩军思路也进一步发展为维护海外势力范围的行动。明治二十三年（1890）3 月，山县有朋在议会就职演说中提到“想来，国家独立自主之路有两条，其一是守护主权线，其二是保护利益线。主权线指的是国家疆域，利益线指的是与主权线安危有紧密关联的区域……我国利益线的焦点，事实上在朝鲜”[①]，这也确定了日后甲午战争的根本思路。

五、三派归流：明治二十年政府危机与化解（1887—1888）

明治第二个十年（1879—1888），日本最为核心的矛盾出现在两个层次：一是天皇身边的“宫中”集团与“四将军派”想以天皇为名义后盾，把控政府实权，而伊藤博文、山县有朋等主流派政治家进行阻止；二是民间政治结社带动民意爆发，民意又推动民间政党崛起，进而通过影响高层政治家之间的关系来影响政局。

但从根本上来说，无论“宫中”集团的土方久元、佐佐木高行、元田永孚，还是民间发起自由民权运动的板垣退助、大隈重信，都是曾经与萨长藩阀并肩战斗的倒幕志士。只是由于一次次政治斗争与派系分化，前者借助天皇的名义权力而形成“宫中”派，后者则与商人、百姓结合而形成“民权”派，都成了不可小觑的政治势力。

伊藤博文创立内阁制度以后，主要精力都投入宪法条文与议会规则制定工作中，而将政府具体事务托付给各省大臣分工协作。这一段时间里，外务

① 大山梓《山县有朋意见书》197 页，原书房，1966 年。

大臣井上馨主持的"条约改正"(修改不平等条约)工作颇受议论,随即成为"宫中"集团与民间政党攻击政府的重要理由,继而导致明治政府再度迎来一次重大的危机。

·谈判历程:明治日本的不平等条约实际形态

从嘉永七年(1854)日本与美国签订《日美和亲条约》以来,欧美列强剥夺了日本的两大权力:一是关税自主权,日本针对外国进口货物制定或修改关税必须与各国外交官协商;二是法律裁判权,外国人在日本不适用日本法律,其罪行须由所属国驻日领事馆根据本国法律判处。

近代欧美列强通过不平等条约压迫掠夺东亚等国,日本也深受其害,但与此同时,日本也建立起了一套自我保护手段。日本在江户(东京)筑地、大坂(大阪)川口、箱馆(函馆)、横滨、长崎、新潟、神户七大开港地设立"外国人居留地",除非有幕府(明治政府)允许,外国人禁止在非居留地"游步",外国企业也不能进入非居留地;另外,外国人不能在日本买卖土地,

长崎港大浦居留地

日本邮局早期发行的明信片

只能以所谓“永代借地”（永久租借）方式获得土地，租借权不允许买卖。日本国土面积狭小，欧美列强初期对日本内地兴趣不太大，但到了明治年间，这套管理办法让外国人的生活很不方便，其在日本投资的商业也难以扩大规模——能否允许“内地杂居”，便成为日本手中的一张王牌。

近代欧美列强之所以力求获取“治外法权”，除去维护殖民利益以外，另一大原因是日本并不存在近代化法律体系，量刑标准模糊不清，甚至于存在切腹、削指、断手等封建性质极强的刑罚，这些让西方国家难以接受。虽然日本在1871年完成废藩置县，结束了近千年的封建制度，但与完整的近代化法治国家还有很大差距，因此建立“西洋法制”也成为日本的一个重要努力方向。

当然，由于国情不同，欧美列强对日本以及不平等条约本身的态度也不尽相同，英、法、德等欧洲国家把日本视为“远东”一隅，美国却将日本视为太平洋航线的重要中转站，对日态度相对偏好。“安政五国条约”中，美国曾主动提出“日本国与欧罗巴某国之间发生矛盾时，美国可从中调停”；明治六年（1873），美国主动与日本缔结《日美邮政条约》，规范双方的物

晚年井上馨

流交易体系，在美国支持下，明治十一年（1878）6月，日本加入国际邮政联合条约，恢复物流商贸自主权。

这让日本看到修改条约的曙光，便随即在明治十一年（1878）7月与美国商议并缔结条约，以开放下关港为条件，宣布美国商品关税额由日本独立制定。毕竟只有将关税自主权重新纳入己手，才能充实日本并不富裕的财政。但由于英、法、意等国极力反对，该条约便无法达到第10条规定“必须与其他国家签订同等条约”的条件，最终日本第一次修改不平等条约的努力宣布流产。

从明治十五年（1882）开始，外务卿井上馨主动联合10国外交官召开“条约改正预备会”，听取各国关于条约修改的意见。各国外交官的口径很一致，即认为现状对各国很有利，如果日本想要恢复关税自主权，甚至废除领事裁判权，就必须让出更多利益。其中最重要的利益，就是允许外国人进入日本内地经商，购买土地，与日本人“杂居”。

井上馨力排众议，首先在明治十六年（1883）4月第九次预备会上提出“正在探讨允许外国人深入内地杂居”的事宜。这一提议受到列强欢迎，德国力主帮助日本在当年面向各国提升关税率，总计获取360万日元的关税收入；同时日本与各国就“治外法权”做出新的约定，即判罚者不能是外交官，而必须是各国法律专业人士。

但井上馨并不想用“内地杂居”来换取关税自主权，毕竟这是日本政府最后的底牌，如果过早打出，日后再想废除“治外法权”便更为艰难。于是面对“恢复关税自主权”事宜，日本准备以“泰西主义”作为交换条件，即在数年内聘用外国法律界人士帮助日本制定西式法律体系，并任用外国法官判决与外国人有关的案件。这一原则基本得到欧美列强同意。

经过前后两年共计21次预备会，井上馨在明治十七年（1884）6月与各

明治时代司法省办公大楼，现为法务省旧本馆红砖楼，竣工于 1895 年。英式红砖房建筑在这一时期的日本十分流行，也是日本试图与世界接轨的重要点位

国外交官达成基本共识；条约修改正式会议于明治十九年（1886）5 月开启，经过前后 26 次会议商讨，双方达成基本协议，确定了日本以“泰西主义”法律体系交换关税自主权的路径。从这一阶段开始，日本逐步在各方面开启“欧化”运动。

但也是在这里，井上馨的思路给后来的政府危机埋下伏笔。外务省作为主管外交事务的政府部门，理论上没有立法权（当时属于元老院，后来属于日本帝国议会），无权构建法律体系（属于司法省权限），但为了在“条约改正”问题上占得优势，外务省经常单独承诺很多法律体制方面的事项，这就造成国内各部门认为外务省在侵犯自身权力，也让政府“欧化”运动马上成为高层政界与民间的关注点。

·宫中欧化：“西洋化”思路与伊藤博文的丑闻

为走向“泰西主义”，获得西方国家认同，日本急需重塑自身外交形象，

锦绘《鹿鸣馆贵妇人慈善会之图》 1884年，鹿鸣馆第一次举办慈善会

重点手段便是建成鹿鸣馆（1883年竣工）。

“鹿鸣馆”取《诗经》“呦呦鹿鸣，食野之苹”之意，以舞会形式吸引本国政治家与各国外交官参加，创造一个“跨越国境增进友谊”（井上馨演讲语）的机会，此举也被当作日本走向文明开化的重要象征。鹿鸣馆经常举办各类舞会、酒会，邀请各国外交官前来跳舞、交流，伊藤博文的妻子伊藤梅子、后来的外相陆奥宗光的妻子陆奥亮子等高官妻子也纷纷出席，组成“鹿鸣馆之华（花）”群体来协助丈夫们开展“鹿鸣馆外交”。

除去鹿鸣馆外，伊藤博文也着手改革宫中礼仪。明治二十年（1887）1月新年庆典上，在宫内大臣伊藤博文建议下，天皇允许皇后穿着西洋式女装出席，随即宫中女官也集体更换西式服饰，时人感叹“以皇室为改进之中心，变社会之风潮，不可不言其诚为千古一大机会”；3月，政府邀请对欧洲宫廷礼仪非常了解的德国人奥特玛尔·冯·摩尔（Ottmar von Mohl）与其妻子一起成为宫内省礼仪顾问，指导明治天皇与皇室成员学习礼仪。

一连串宫中礼仪改革自然也会让人有向西方人“献媚”与“附庸风雅”之感，西方普遍认为日本人的“欧化”有点邯郸学步，经常讽刺日本人“滑稽”；日本媒体也认为鹿鸣馆帑费巨大，莺歌燕舞，斥其为“猿真似”（耍猴）。但问题在于，这一时期的日本既然想与西方修改条约，就必须创造一个与西方类似的社会，起码是表面类似的社会。正如外务省驻巴黎书记官原敬（1919—1921年的日本首相）给伊藤博文的谏言所说："若欲对欧美各国升进本邦之地位……其第一步应是在社会之上流尽量学习欧洲，即学习耶稣教人民之品行，即便只是装上假面（即装腔作势）也要以此事为紧要。"①

伊藤博文位于神奈川县横须贺市金泽附近的别墅。明治元勋们在全国各地都拥有大量田庄别墅，这让当时饱受近代资本主义剥削的底层百姓非常不满，也成为伊藤博文遭到舆论攻击的重要原因

必须明确的是，19世纪末期的国际社会与现代社会有着根本不同。"多元化"与"尊重本民族风俗"从来不是以贵族为主的19世纪西欧社会主流。对于欧美国家而言，不身着正装与晚礼服，不用刀叉而用筷子吃饭，本身就代表不愿融入国际社会。正如伊藤博文反驳日本皇室御用德国医生埃尔万·冯·白尔茨（Erwin von Bälz）"保全民族传统"论调时所言："您对高等政治所要求之物一点也不了解。当然，您所言之事或许都对，只是我国妇人辈若是穿着日本服，便不会被当作人，而是被当作玩具、人偶一样对待。"②只不过，伊藤博文的"西洋化"路线引起了中下层百姓的不满，毕竟一套德国产的皇后大礼服就要耗费13万日元，整个宫中礼仪的"西洋化"预算更是超过1000万日元，这对于月薪只有十数日元的普通家庭而言自然是严重的精神刺激。也正因如此，以自由民权思想为主的日本媒体开始尽全力宣传伊藤博文的丑闻，发泄自身的不满。

明治二十年（1887）4月20日，受英国公使委托，日本首相伊藤博文以英语"fancy ball"（化装舞会）为名，特地在首相官邸组织了日本历史上第

① 伊藤博文收原敬书信，明治十九年2月12日，《伊藤博文关系文书》六，425—426页。
② 《白尔茨日记》上，355页。注引自坂本一登《伊藤博文与明治国家的形成》。

伊藤博文第二任妻子伊藤梅子。原为下关港一家居酒屋的艺伎，与伊藤博文在1864年前后相识。为了追求梅子，伊藤博文与当时的结发妻子离婚，并在1866年将她迎为正妻。只不过婚后，伊藤博文仍放浪形骸，与多名女子有染，甚至有两名私生子伊藤文吉、伊藤真一，但伊藤梅子仍然将这两个孩子视同己出，也因而被称为明治时代“女德之（镜）鉴”

一次假面舞会，广邀各国外交官与社会名流参与。首相夫人伊藤梅子自然领衔出场，与夫君一同打扮成威尼斯贵族迎接宾客。而其他贵族夫人，比如伯爵户田氏共的妻子户田极子自然也参与其中，而她的出现，却成为一场著名丑闻的发端。

据说伊藤博文酒后大发淫性，拉着户田极子离开会场进入内庭。户田极子出身公卿岩仓具视家，无论容貌身材还是举止气质都无可比拟，伊藤博文早已垂涎，这次借助酒劲来了一次霸王硬上弓，户田极子最终赤足离开首相官邸。到了5月，其丈夫户田氏共从一介公使馆参赞（四等官）一跃成为日本驻奥匈帝国公使（二等官），不能不让人想起“封口”二字。

事件经自由民权派报纸《东京日日新闻》报道而迅速传开，为日本街头巷尾所议论。经时人解读，该故事演变出了多个版本，比如伊藤博文不是强暴了户田夫人，而是一名16岁的女学生；又比如事件不是强暴，而是伊藤博文与户田夫人私通已久；又比如发生关系的地方不在内庭，而是在马车里；等等。相同点在于，都是伊藤博文与某位女性发生了伦理之外的关系。

随着舆论传播，这件事本身的真假已经不再重要，但这种负面情绪却显著影响到了政府高官——上一节提到的“四将军派”便成为首先发难之人。

·宫中危机：反伊藤同盟与伊藤博文辞去宫内大臣之职

所谓“四将军派”，自然是指谷干城、曾我祐准、三浦梧楼、鸟尾小弥

黑田清隆，日本第二任首相

太这四名与天皇关系密切的陆军中将。虽然已经失势，但他们依然受到天皇信任，而且逐渐与天皇信任的另一拨人——“宫中”集团越走越近。

明治二十年（1887）5月10日，即伊藤博文“淫行”丑闻曝光之后不久，曾我、三浦、鸟尾联名上书，要求严惩“宫内大臣（伊藤博文）对皇室之轻蔑”；5月24日，“宫中”集团的土方久元等人找到内大臣三条实美，要求这位曾经的太政大臣带头站出来，重新夺回内阁总理大臣的职权；6月3日，曾我、鸟尾、三浦三位陆军中将又一次聚集在元老院，反对伊藤博文的“条约改正”方案。

面对来自天皇身边两大集团的反扑，伊藤博文在5月29日提出辞呈，天皇立即拒绝，显示出对他的充分信任。但随着事态的扩大，其他政治人士也加入反对伊藤博文的阵营：6月初，自由民权派人士板垣退助宣布“辞退爵位”，明确反对华族制度，表示希望以平民身份参与众议院竞选；赋闲已久的黑田清隆（萨摩系领袖）也闻风而动，开始通过“宫中”集团成员、宫内次官吉井友实（萨摩系官员）向天皇陈述反对伊藤博文的意见；外务省官僚小村寿太郎聚集其他同僚组成“乾坤社”，与“宫中”集团重臣元田永孚共同反对“条约改正”。最后到7月3日，“四将军派”首脑谷干城提出了反对“条约改正”的意见书。

“反伊藤同盟”来势汹汹，明治天皇却站在同盟的对立面：对板垣退助的“辞爵”，明治天皇在6月13日明确表示拒绝①，随后板垣退助再度提出“辞爵”，吉井友实作为天皇使者在7月8日前往劝说，三顾茅庐之后，板垣退助在7月12日接受爵位；对黑田清隆，天皇也派遣吉井友实作为中间人，促

① “板垣对维新前后之功劳今仍不能忘却，上述功劳若不能回报，朕心底难平，此番授予伯爵之事，犹派遣吉井（吉井友实、宫内次官）前往恳切相谕”。伊藤博文收吉井友实书信，明治二十年6月13日，《伊藤博文关系文书》八，210—211页。

晚年板垣退助

成黑田清隆访问正在夏岛起草宪法的伊藤博文，随后在7月9日特地邀请黑田清隆“陪食”，帮伊藤博文做了个人情；对提出辞职的“四将军派”首脑谷干城，7月11日，天皇派出其同乡佐佐木高行前往询问，而且事前明显表示拒绝关系非常亲近的谷干城直接面见自己，以防其提出过激提案。

应该说，天皇的一连串“助攻”让伊藤博文的困境得以缓和，但由于皇权本身受到伊藤博文的限制，天皇的能力也只能到此为止。7月25日，伊藤博文被迫免去谷干城的农商务大臣官职；7月29日，日本向各国外交官宣布条约改正会议无限期延期。

在这场政府危机中，可以发现伊藤博文曾经的盟友，诸如“宫中”集团的元田永孚、萨摩系领袖黑田清隆等人都明确站在其对立面，究其原因，还是伊藤博文独占内阁总理大臣、宫内大臣两大职位引得其他政治家有所不满，政界高层担心伊藤博文这么下去会成为终身首相，所以才通过“条约改正”这个突破口将不满发泄出来。如果能够倒阁成功，让萨摩系领袖黑田清隆担任首相，那么这个位置就不再是伊藤博文独占了。

之所以选择“条约改正”这个话题，一方面自然是因为这个话题备受关注，另一方面也是因为外务省对此过于保密。正如明治天皇告诫伊藤博文所言：“条约改正之事内外有种种议论，而外务省则担心泄露，禁止内阁之外闻知此事；另一方面，如谷干城之议论却不担心传闻于他人，故此一方之说逐渐达于他人耳朵，他方之说则属于机密而世人不得知其是非得失，自然一方之说占多数之势。”[①]换言之，反对者的核心诉求并不是推翻政府，而是要求政府能够将他们纳入决策层。

① 井上馨收伊藤博文书信，明治二十年7月23日，《伊藤博文传》中，544页。

伊藤博文在充分理解了反对派的诉求后，首先是让土方久元出任农商务大臣（7 月 26 日），向“宫中”集团妥协；紧接着于 8 月在政府内提出“在诸法律制定完备之前将条约改正会议延期”，等于明确了在各部门同意之前不会由外务省单独发布任何承诺；随即井上馨宣布辞去外务大臣职务，该职务由首相伊藤博文兼任。

不过事情还未结束。为了打消“宫中”集团对于自身的顾虑，伊藤博文 9 月又辞去宫内大臣职位，让土方久元转任该职（9 月 17 日），随后邀请黑田清隆出任农商务大臣。如此一来，内阁重新形成以伊藤博文、黑田清隆为核心的萨长藩阀协作体制，而宫内大臣职位又回到“宫中”集团手中，高层政界重新回归稳态。

只是这边刚刚稳定下来，日本民间却掀起波澜，明治二十年（1887）下半年，自由民权运动掀起第三波，也是最后一波浪潮。

·民意高扬：大隈重信回归政府与遇袭

明治二十年（1887）7 月底，谷干城辞职，民间立刻掀起游行运动的波澜。8 月 1 日，民间强硬派在东京靖国神社举办“谷君名誉表彰运动会”，随即游行示威；10 月，自由民权派向元老院提出《三大事件建白书》，要求确立言论自由，削减土地税，以对等立场实现“条约改正”；再到 12 月，土佐系政治家后藤象二郎发动自由民权运动各派合作，主张发起“大同团结运动”，继续反对政府在财政、外交、租税各方面的政策。

为了防止民间激进派对政府发起冲击，12 月 25 日，政府紧急颁布《保安条例》（明治二十年敕令第 67 号），明确禁止民间秘密集会与结社，禁止民间私自拟定宪法草案，同时将有“妨害治安”可能性的人员强制驱逐出皇宫周围 12 公里地区，三年以内不允许进入，相当于对聚集于东京市区的民间政治家发布了“逐客令”。从 12 月 26 日晚间开始，三天时间里有 570 人进入“黑名单”，这些人只能暂居于横滨、浦和等东京附近的其他城市。

日本皇居二重桥前

但考虑到国会开设就在眼前（1890），民间政党必然会参加日后的众议院选举，那么与其与民间政党作对，不如寻机邀请其中一部分加入政府。

当时日本民间政党主要分为两个系统：一是1880年板垣退助建立的自由党系统，由于行为过激且缺乏必要的资金支持，在1884年宣布解散，转而形成以板垣退助为中心的松散政治家群体，与伊藤博文围绕宪法订立问题有着激烈争执；二是1882年大隈重信建立的立宪改进党系统，由于党内不少政治家曾出任政府要职，其资金来源也以三菱等大型财阀为主，政治主张较为平和。

更重要的是，作为英式不成文宪法的拥趸，大隈重信对于宪法条文并不感兴趣，而是认为如何建立起法治体系更为重要。这一点对于正在起草宪法条文的伊藤博文无疑是利好消息，毕竟他在宪法条文方面倾注了大量精力，不希望受到任何妨碍。

经过审慎思考，伊藤博文决定邀请大隈重信回到政府，两人虽然在明治十四年政变中闹得不可开交，但时移世易，此时的政府需要民间政党与自己统一步调，民间政党也希望能在即将到来的选举之前掌握一定政府资源，双方自然一拍即合。从明治二十年（1887）12月27日开始，伊藤博文、黑田清隆与大隈重信先后进行过八次会面，最终在明治二十一年（1888）2月1日，大隈重信就任日本外务大臣。

原三菱财阀总部，目前为三菱第一美术馆

从明治二十年（1887）年中开始，伊藤博文先是受到“淫行”流言影响，紧接着被“宫中”集团与黑田清隆反对，最终丑闻更是传播到民间，激发出自由民权运动的又一个小高潮。但在整场危机中，伊藤博文依然采取旧有思路，尽可能吸纳更多的利益团体进入政府系统，甚至主动辞去宫内大臣职位，以退为进。不得不说，这一举措不仅有助于伊藤博文渡过眼下难关，更帮助他找到了“条约改正”的另一条道路。

有别于井上馨与各国外交官直接开会商议，大隈重信则选择了一条迂回路线，他首先派遣日本驻美国公使陆奥宗光在美洲国家广泛交际，并与当时无人问津的墨西哥达成平等的《日墨航海通商条约》（1888）。其中规定日本给予愿意遵守日本法律的墨西哥国民以“内地杂居”特权，而墨西哥也与日本互相承认关税自主权。靠着这个完全游离于主流国际社会之外的国家，日本先声夺人，在修改条约方面获得优势。

1884年“秩父事件”纪念碑。1880年代，一部分自由民权运动的激进人士在埼玉县秩父地区策划了反抗收税的暴动，袭击了警察局等公共设施，随后遭到镇压。前后四五年间，日本自由民权运动的激进人士先后发起数十起颠覆政府的举动，日本政府甚至军队进行强力镇压，自由民权运动总体上进入一个低潮期

为避免列强结成一体，大隈重信还特地修改了最惠国待遇的解释条款。接下来日本先后与美国、德国、沙俄修改通商条约，三国均放弃“利益均沾”原则：其他国家再在日本获得利益，三国不再自动享有；而三国与日本

大隈重信

个别达成的条约，也不再自动适用于其他国家。恰在明治二十一年（1888）7月，英国要求本国国民在日本自动获得墨西哥国民的“内地杂居”特权，但由于美、德、俄三国已经放弃“利益均沾”，大隈重信颇有底气，明确加以拒绝。

不过，大隈重信并未改变井上馨时期的一些根本性政策，依旧坚持在最高法院任用外国法官，这一思路也因与明治宪法体系关于法官身份的条款有出入而招致政府高层不满。虽然政府希望以“外国法官归化日本国籍”为解决方案，但旋即又遭到民间反对派反对。明治二十二年（1889）10月18日，右翼分子来岛恒喜向正在赶路的大隈重信车队扔去炸弹，导致大隈重信右腿受伤而被迫截肢。

从经历来看，来岛恒喜在袭击之前刚刚退出右翼组织“玄洋社”，而“玄洋社”正是自由民权运动早期的民间团体之一。很明显，伊藤博文拉拢大隈重信进入政府以后，自由民权运动激进派的目光就不再专门盯着政府，而是转向那些曾经借助自由民权运动赚取自身政治资本的政治家。通过这一举动，伊藤博文有效分裂了民间反抗运动阵营，造成了自由民权运动的内耗，进一步促使有意与政府合作的民间政治家涌现出来。

就在这段时间里，伊藤博文终于把宪法与法律体系搞了出来。

小结

明治第二个十年里，伊藤博文无疑成为政府中绝对的主角，他的一举一动都牵动着多方神经。然而对于伊藤博文而言，这十年里各大高层政治势力针锋相对，互不相让，他需要在天皇、“宫中”集团、民间政治家、军部之间纵横捭阖，调停矛盾，同时还要警惕这些政治集团时不时把矛头对准自己。当然，靠着尊重传统，并给每个利益集团加上限制，最终他还是从所有政治家中脱颖而出，成为明治宪法与法律制度的创建者。只是随后他无法再独立承担政府重任，“伊藤政权”始终未能出现在明治国家，毕竟除去他以外，其他形形色色的利益集团已经出现。

那么这些形形色色的利益集团究竟如何影响明治宪法的构成，又让明治宪法与明治国家的法律体系产生了何种问题，就得从明治第三个十年去找答案。

我们会发现，明治国家的初始形态与我们想象中的完全不同。

第四章

维新始成：明治国家初期运转实态

历来提到明治二十二年（1889）颁布的《大日本帝国宪法》（明治宪法），多会批评其“留有封建残余”，“为军国主义的崛起埋下隐患”，有关明治时代的立宪是不是“伪立宪”的议论也是甚嚣尘上。

的确，从军国主义时代倒推，明治宪法的漏洞与隐患非常明显，想找到一个批评的角度非常容易。但如果从明治时代正推，会发现明治宪法本身不仅是一个目的，更是一种手段，一种与其他利益集团妥协的工具，对内用于平衡伊藤博文与“宫中”集团、与民间政党的关系，对外用于寻求国际社会的认同与支持。毕竟，正如伊藤博文自己所说：“宪法仅止于日本政治之大纲目，条文之事应简单明了，且能顺应国运进展而伸缩自在。”[1]换言之，只要能保证自身对于行政的影响力，宪法条文具体如何撰写完全可以商量。

帝国宪法发布图

① 藤井新一《帝国宪法与金子伯》，272 页，大日本雄辩会讲谈社，1942 年。

从这个角度看会发现，比起讨论明治宪法有多少缺陷，更有意义的讨论应该集中于明治国家的最初形态如何，后来又如何进一步发展。

一、架构始成：明治宪法体系的原型（1888—1890）

受益于伊藤博文一直在协调各大政治势力使其达到平衡，明治宪法的订立比想象中要迅速很多。

首先是明治十九年（1886）5 月，伊藤博文要求内阁制度调查局长官“御用挂”（成员）井上毅出台草稿，随后到第二年（1887）5 月就拟订了所谓宪法“甲案”“乙案”，其中“甲案”是相对简洁的版本，“乙案”加入很多井上毅本人的思考；另外，这一期间，日本雇用的外国宪法顾问赫尔曼·罗埃斯勒（Hermann Roesler）专门以德语起草了一份日本宪法草案（罗埃斯勒草案）；从 8 月开始，伊藤博文召集金子坚太郎、伊东巳代治等几名专家聚集于横滨附近的度假胜地夏岛，提出所谓的“夏岛草案”，随即罗埃斯勒、井上毅两人对草案提出意见，进而在 10 月提出“十月草案”。之后又经过修改，在明治二十一年（1888）2 月提出“二月草案”，最终 4 月完成宪法草案并提请天皇审核。

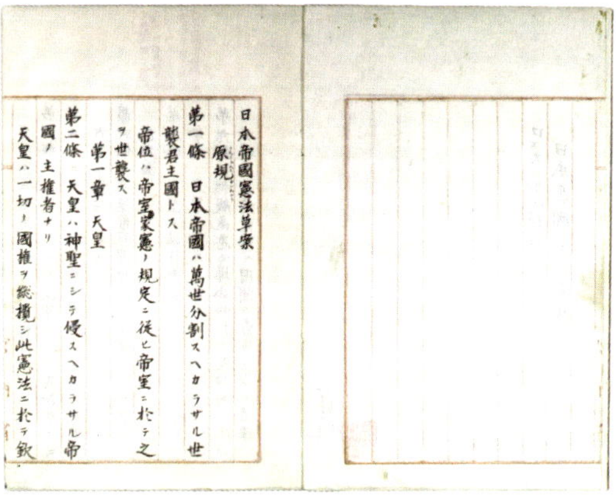
日本帝國憲法草案
原規
第一條　日本帝國ハ萬世分割スヘカラサル世襲君主國トス
帝位ハ帝室家憲ノ規定ニ従ヒ帝室ニ於テ之ヲ世襲ス
第一章　天皇
第二條　天皇ハ神聖ニシテ侵スヘカラサル帝國ノ主権者ナリ
天皇ハ一切ノ國権ヲ総攬シ此憲法ニ於テ欽

宪法顾问罗埃斯勒撰写的日本帝国宪法草案

但在这一过程中，伊藤博文却与井上毅存在着理念上的冲突：到底要不要把“辅弼权”明文写入宪法？

·创设宪法：天皇与内阁的权力变动

宪法之中，最重要的问题就是规定一国的权力从何而来，各权力机关又如何分权。对于明治国家而言，自然是仿效西方君主国，讲求“君权神授”，以神权为君权来源；所以这部宪法重点解决的问题，是天皇、内阁大臣、议会之间的权力如何划分，其中天皇与大臣之间的权力如何划分又是重中之重。

首先是井上毅的“甲案”“乙案”。对于天皇，井上毅在两案第 1 条都采用了同样的表述：“日本帝国乃万世一系的天皇所治之地。”这里“治”字并未使用“治理”意思的一般发音“オサム”（Osamu），而是用了一个不太常用的发音“シラス”（Shirasu）。两者最大的不同就是“シラス”带有日本神话中“降临”一词的含义。按照日本国学的观点，日本的建立始于“天孙降临”，而天皇正是继承“天孙”所携带的三种神器而延续下来的，若没有天皇，则日本国就不存在。换言之，天皇不是以客体身份在“治理”国家，而是以主人身份与国家融为一体。这套理论与路易十四“朕即国家”一语异曲同工。

既以日本国学为基础，那么井上毅就更加坚持要确定“天皇大权”，这就必然会导致内阁权力下降。“乙案”第 16 条规定“天皇临席内阁总揽万机”，第 17 条又规定“内阁总理大臣及各省大臣各就其职而任”，这等于抬高了天皇地位、降低了大臣地位。与伊藤博文建立的内阁制度（1885）、订立的“机务六条”（1886）几乎是背道而驰。

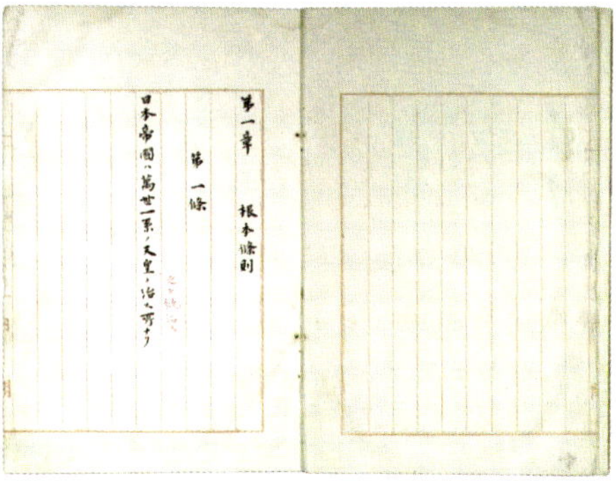

“夏岛草案”第一条，伊藤博文将井上毅所写“日本帝国乃万世一系的天皇所治之地”改为“日本帝国由万世一系的天皇统治”

在井上毅看来，天皇与内阁大臣应该“纯

明治宪法起草地纪念碑。位于神奈川县横须贺市夏岛，原为伊藤博文夏岛别墅所在地

然一体”，共同对抗代表民权的议会，所以“乙案”第22条规定“法律提案付于议院而依天皇大权”。从这一点而言，井上毅与德国人罗埃斯勒有着相同看法，“罗埃斯勒草案”第4条也规定“立法权以国会之承诺而由天皇施行”。所以总体而言，双方都完全基于普鲁士宪法的框架，尽可能发挥天皇作为国家君主的能动性，他们认为，天皇“总揽一切国权”，积极参与到国家施政之中，大臣则是“天皇的顾问”而非“行政长官”。

应该说，伊藤博文对于这三份草案的后半部分，即对议会权力的限制比较满意，他几乎原封不动抄走了议会的相关章节；但对于天皇与内阁的关系，伊藤博文却并不想停留在普鲁士宪法体制内。毕竟普鲁士之所以形成这样的宪法，本质上与普鲁士国王具有极强的军事素养及政治手腕有很强的关系；但明治天皇长于深宫，并不具有很强的个人能力，一旦普鲁士宪法在日本实行，结果必然是天皇身边的“宫中”集团会左右天皇的意志。

针对这一点，伊藤博文毫不留情地予以修改。在他亲自起草的“夏岛草案”中，第6条就明确规定“天皇依诸大臣之辅弼而施行大权”，等于是把“无辅弼不能行政”这一条规定明确写入宪法之中；之后第70条规定“行政权统一于帝国内阁”，明确了天皇并不领有国家行政权。有了这两条作为基础，“夏岛草案”进一步将帝国内阁作为国家行政的重要工具，如第71条规定“内阁为天皇亲临决裁万机之所，以政务相关大臣组成”，第74条规定“内阁经敕裁，定各行政机关的构成与其应遵行的诸规则”。总体而言，伊藤博文逐步践行着以内阁代替天皇施政的“施泰因路线”。

在天皇、内阁大臣、议会这个三角关系中，伊藤博文总体是要突出内阁的行政权。但在井上毅看来，内阁大臣均应与天皇“纯然一体”，一旦内阁大臣想要自立，他就会认为内阁大臣是要与议会结合，形成英式“政党内阁制”。井上毅这种思维模式依然囿于他自己提出的“英式”“德式”分类方法，但伊藤博文从根本上就不接受这种粗暴机械的分类方式，对于他而言，下要限制议会对于政府的制约权，上要限制天皇对于政府的压榨，这是井上毅没有想出的“第三条道路”。

从理念上看，伊藤博文自然优于井上毅，但从实际情况看，井上毅的想法代表了国内部分保守派的一贯认知水平——他们无法理解“施泰因路线”，但伊藤博文的“夏岛草案”要限制皇权的意图却是明明白白。如果强行推动实施这份草案，必然会再度引发政府对于内阁的攻击，而刚刚经历过明治二十年（1887）政府危机的伊藤博文已经承受不起第二次冲击了。

关键井上毅还对“施泰因路线”批判得振振有词：“依据欧洲现行宪法之主义，君主与内阁之关系仅止于宰相代君主承担责任、君主任意任免宰臣，行政部之职务常付于不成文惯例，即认同君主拥有完全之施行权，君主与内阁实属一家一族之单纯道德上之关系，若不假于法律上之规约，则其善可归君主、其恶可归于宰臣，保其圆活之范围。然今宪法特揭一条而明示大臣辅弼之职（指“夏岛草案”第 6 条），则必生如下之问题：一旦君主与大臣意见不相合，则依辅弼而施行大政之区域界限何在？若无辅弼则君主便无施行大政之权？”

为了避免矛盾与冲突，明治二十年（1887）10 月中旬，伊藤博文召集井上毅、罗埃斯勒等人共同探讨如何修改宪法，进而形成了“十月草案”。按照井上毅的建议，伊藤博文删除了争论

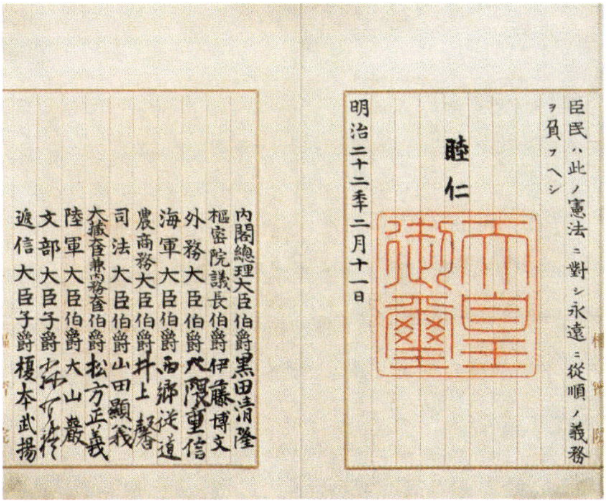
臣民ハ此ノ憲法ニ對シ永遠ニ從順ノ義務ヲ負フヘシ
天皇御璽
睦仁
明治二十二年二月十一日
内閣總理大臣伯爵黒田清隆
樞密院議長伯爵伊藤博文
外務大臣伯爵大隈重信
海軍大臣伯爵西郷従道
農商務大臣伯爵井上馨
司法大臣伯爵山田顯義
大藏大臣兼内務大臣伯爵松方正義
陸軍大臣伯爵大山巖
文部大臣子爵森有禮
遞信大臣子爵榎本武揚

帝国宪法原文页

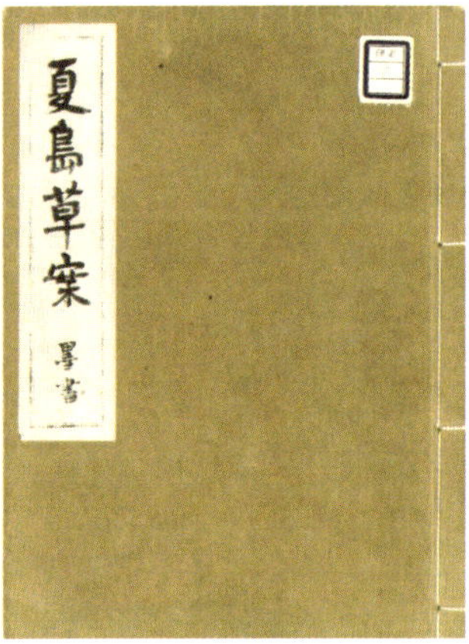

"夏岛草案"

最大的第32条"凡法律提案之权属于政府"、第42条"帝国议会议决政府提出之议案"、第70条"行政权统一于帝国内阁"，这三条是伊藤博文用来集中行政权的重要条款，但均被井上毅攻击为"干涉天皇大权"，伊藤博文也只能做出退让。

但在"十月草案"里，伊藤博文依旧保留了一些干货，如井上毅反对最强烈的"夏岛草案"第6条"天皇依诸大臣之辅弼而施行大权"，还是成了"十月草案"第5条"天皇依内阁大臣之辅弼而施行大政"。换言之，伊藤博文依旧想在宪法之中为内阁、政府留下名分。再到第二年（1888），这项条文最终定格为"二月草案"第57条"国务各大臣辅弼天皇，副署法律敕令、其他国务相关诏敕"。

从字面上来说，有别于最初的"内阁大臣之辅弼"，后来的"国务各大臣辅弼"一词显得指向性不明确。毕竟"内阁"一词在整个宪法之中不再出现，那么"国务各大臣"就不一定是内阁成员，这就为军事部门不归属政府管辖，进而形成独立的军国主义势力埋下隐患。但就明治时代而言，由于伊藤博文等政治家还具有较强影响力，所以这一漏洞并不明显；而且靠着这一次修改，伊藤博文最终平息了以井上毅为核心要求建立德式宪制的呼声，促使整个立宪朝着既定方向发展。

·国家枢密：枢密院的创立

既然宪法草案成形，那么下一步就要考虑如何推行宪法，于是"枢密院"便应运而生。

"枢密院"明显是借用了英国王室枢密院（Privy Council）的模式。英国枢密院最早是国王（女王）的私人咨询机构，向君主提供建议，成员也因为距

原枢密院大楼，目前为皇宫警察本部

离王权较近而拥有很高地位；随着时代发展，君主逐渐只在私下里找枢密院的一小部分人谈事，这些人也被旁人称为“阴谋部门”（Cabal Ministry），逐渐独立为内阁（Cabinet）；而在内阁分化行政权，议会拿走立法权，法院拿走法律审判权以后，枢密院总体只剩下法案的审理权与各项上诉的终审权。

在明治二十年（1887）的“十月草案”里，伊藤博文对于议会加了一项崭新规定：“若于帝国议会未议决预算，或未至预算成立即闭会，政府依前一年度预算而施行。”应该说，这一条文本身是为防止议会阻碍国家预算的通过，算是给政府加了一个保险，保证政府即便没有获得议会同意也可以有一个起码的预算额度[①]。但这同时也给政府了带来一个风险：按理说，国家年度预算需要经过议会审议与“协赞”、经天皇签署后才能生效；所以一旦限制住议会权力，那么天皇的权力就会增大，这势必导致“宫中”集团影响国家预算的制定。

① 事实上，这也是普鲁士宪法体制下的一个不成文惯例。

在整个明治时期第二个十年里，伊藤博文一直在与天皇的实际咨询集团——“宫中”集团明争暗斗，为防这些人在以后的立宪国家里制造麻烦，伊藤博文干脆将法律咨询职能制度化。这样一来，就能够从流程上规范法律审议与审核流程，防止“宫中”集团从非正常渠道妨碍自己。于是在“十月草案”第58条里，他第一次提出“枢密院”概念：“枢密院回应天皇之咨问。”①

但井上毅又一次提出反对意见：“要之，枢密院不应以其权力上位于内阁及议院之上，故而枢密院之法律解释之权应仅止于行政部内之质问答议，而不应与议会有关。”②井上毅的提法事实上代表了一部分人的疑惑：法律审议权力本身归于议会，那新建一个枢密院到底做什么？这个院又与其他国家的上议院、参议院有什么不同呢？

针对这个问题，明治二十一年（1888）4月20日，伊藤博文专门写信答疑：之所以要设立枢密院，就是担心政府与议会因某个议题产生冲突，为了维护政府稳定，因而必须有一个调停机构，帮助政府渡过难关③。换言之，在伊藤博文看来，这个机构并不是类似于上议院、参议院的机构，而是负责裁决政府与议会矛盾的机构④。

不过在讨论过程中，伊藤博文还是意识到井上毅所提到的危险。如果让枢密院直接裁决政府与议会的矛盾，那么枢密院的权力就会无限扩大，甚至会直接干预政府的日常工作；再考虑到枢密院不免会纳入“宫中”集团成员，如此政府决策的变数就会增加不少。于是4月30日发布的《枢密院官制》第8条明确规定“有关行政及立法之事，枢密院为天皇之至高顾问，然不可

① 这条具体体现为后来的《枢密院官制》第1条：“枢密院为天皇亲临咨询重要国务之所。”

② 《井上毅传·史料篇》二，14—17页。注引自稻田正次《明治宪法成立史》下，540—542页。

③ “万一政府、议会之间协议不调时，或依圣裁而致大臣之辞职、或致议会之解散，除此两途之外无他，于此场合欲明察国家之大势国民之感情而抑扬得其宜，非顾问官呈上善良之劝告不能为之，若不求于枢密院则无其他可求之所，正因如此而起案。”《井上毅传·史料篇》五，37页。注引自稻田正次《明治宪法成立史》下，543—544页。

④ 《枢密院官制》第6条规定枢密院职权职责：“（1）宪法及宪法附属法律解释的相关事宜及预算其他会计上的疑义的相关争议；（2）宪法之改正与宪法附属法律的改正的相关草案；（3）重要敕令；（4）新法草案与现行法律废止改正的相关草案、列国交涉条约及行政组织的计划；（5）前各项所列事宜之外、行政与会计上重要事项须得敕命而受咨询时，或须经枢密院咨询时。”

干预施政”，之后颁布的《枢密院事务规程》也禁止枢密院顾问与大臣之间私下往来，堵住他们干预国家决策的途径。

枢密院议官品川弥二郎，与伊藤博文、山县有朋等人一样均为原长州藩武士

随着《枢密院官制》的颁布，伊藤博文顺势成为第一任枢密院议长，还任命了 15 名“枢密顾问官”。15 人里，有 8 人是当时的“宫中顾问官”①，此外还有宫内大臣土方久元、宫内次官吉井友实，再加上天皇曾经支持过的“四将军派”成员鸟尾小弥太。明显可以发现，“宫中”集团几乎占据了顾问官人选的绝对多数。把“宫中”集团拉入枢密院这个正式组织，就更容易让大家对于政府的反对意见有一个输出渠道，进而防止他们在背后暗地鼓捣。

担任枢密院议长的同时，伊藤博文辞去首相职位，由萨摩系领袖黑田清隆担任日本第二任首相，借此缓和了自己与萨摩系官员之间的矛盾。明治二十年（1887）一整年的危机便以枢密院开设及黑田清隆就任首相为节点正式结束，伊藤博文的目光也从稳定政府转为迅速推动宪法订立。

接下来，日本的两部宪法性文件被审议通过，这就是《皇室典范》（旧）与《大日本帝国宪法》。

·“典宪”分立：天皇权力的规范化

明治二十一年（1888）5 月 8 日，枢密院召开第一次会议。随后从 5 月 25 日至 6 月 15 日，枢密院首先对《皇室典范》展开审议。

① 1888 年的枢密顾问官兼任宫中顾问官：寺岛宗则、川村纯义、品川弥二郎、副岛种臣、福冈孝弟、佐佐木高行、佐野常民、元田永孚。

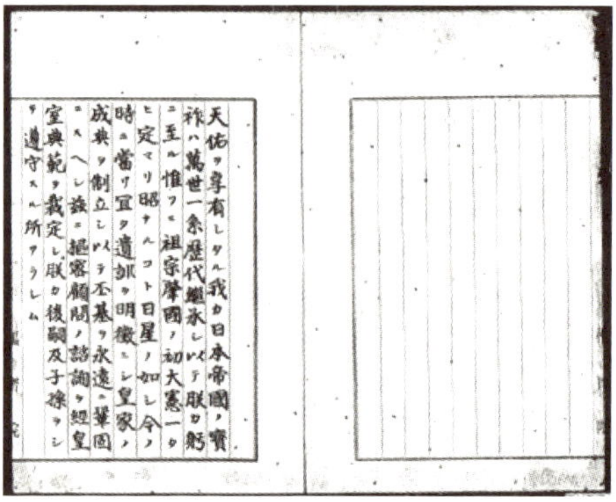
天佑ヲ享有シタル我カ日本帝國ノ寶
祚ハ萬世一系歴代繼承シ以テ朕カ躬
ニ至ル惟フニ祖宗肇國ノ初大憲一タ
ヒ定マリ昭ナルコト日星ノ如シ今ノ
時ニ當リ宜ク遺訓ヲ明徵ニシ皇家ノ
成典ヲ制立シ以テ丕基ヲ永遠ニ鞏固
ニスヘシ茲ニ樞密顧問ノ諮詢ヲ經皇
室典範ヲ裁定シ朕カ後嗣及子孫ヲシ
テ遵守スル所アラシム

1889 年颁布的《皇室典范》

顾名思义，《皇室典范》即是规范皇室行为的法律，日本现行《皇室典范》（1947 年颁布）也正是明治时代《皇室典范》的修改版。但有别于现行《皇室典范》属于现代《日本国宪法》旗下的一部法律，明治《皇室典范》却并不是《大日本帝国宪法》之下的法律。正如井上毅所解释的："皇室之典范乃立宪国之要义，典范乃宪法之上位者，无论如何皇室应立于宪法之上，有皇室而后有宪法。"①虽然这一条后来没有被明文写进《皇室典范》中，但《皇室典范》整体依旧是独立于《大日本帝国宪法》的另一部宪法性法律文件，枢密院审议也先从《皇室典范》开始。

从某种意义上说，明治日本事实上建立了两套宪法：一套管理皇室，一套管理臣民。《皇室典范》不仅规范了日本皇室的礼仪，更明确了日本皇室的世袭财产（世传御料）与经费来源。换言之，国家的一部分财产处理权与裁决权并非出自宪法，而是出自这部《皇室典范》。之所以分为两部宪法，一方面是要解除"宫中"集团对宪法是否会降低皇室权力的担忧，另一方面也是要把皇室权力限定在一个范围内。无论这个范围是大是小，只要有了范围，就可以防止皇权滥用。

《皇室典范》一出台，皇室财产便得到保护，便更容易促进"宫中"集团支持宪法通过，毕竟《大日本帝国宪法》里有一条很值得重视的条文，即第 4 条"天皇为国之元首总揽统治权，依宪法规定而施行之"。

一般认为，明治宪法将天皇抬高到了一个无可辩驳的"至尊"地位，比如第 1 条规定"大日本帝国由万世一系之天皇统治"、第 3 条规定"天皇神圣不可侵犯"等等，但这个第 4 条却以一种非常奇怪的形式镶嵌在宪法第一章：

① 《梧阴文库》（国学院大学藏书）A-43"皇室典范说明"。注引自坂本一登《伊藤博文与明治国家形成》。

其他条文都在强调天皇权力多么天然正当，但该条却明确提出“依宪法规定”。这不禁让人怀疑：天皇既然要遵守宪法，那么他的权力到底从何而来？是来自宪法还是来自天照大神？

曾为皇室财产的东京新宿御苑

枢密院审议也提到“置此文字时，天皇之统治权似非至尊固有之权，而是依宪法之设置方才出现”。不过伊藤博文当即加以辩驳：“本条乃此宪法之骨子，所谓创设宪法施行政治，便是明记如何规制君主大权、限制其几部分；另君主之权力即便乃自然之物而本无限制，但自身若要施行宪法政治，则必须限制其君主权，故而所谓宪法政治便是限制君主权之意义，因此，若无本条而此宪法则失其核实，其记载事件悉属无效。”

19 世纪末期，各大试图立宪的君主国都面临一个相似问题：君主权力到底是“君权神授”还是“宪法授权”？这个问题没有正确答案，不同政治派别自然会有不同选择，但对于宪法制定者来说，偏重任何一方都会让另一方很不满意，进而造成政治不平衡。所以伊藤博文选择了最为稳妥的一种方式：不反对“君权神授”，但君主要对国家发布的法律法令做一个总体的规定，任何一部法律、任何一条法令都不能违背这个“钦定”的根本大法。

换言之，这是把“君权”具象化为一个可操作的宪法，将两者权力融为一体，任何违反宪法的举动也都同时违反了“君权”，这就同时满足了“君权神授”与“宪法授权”两个派别的基本需求。在这种前提下，内阁总理大臣（首相）的行政权也就同时有了“神权”与“宪法”两种权力来源的共同背书。

当然，这种左右逢源的立宪方式只是一种过渡形态，最终依然会朝着两个极端方向发展下去：一种是如同昭和时代前期（1926—1945）一样，宪法里关于“君权神授”的篇章被无限夸张，进而成为军国主义的基础；一种是二战以后，宪法彻底被改造成“主权在民”，天皇也从国家元首变为“日本国民统合的象征”。不过即便如此，也不应该否认二战前的日本宪法与皇室典范都有着限制天皇权力的意图。

在“典宪”分立的前提下，枢密院在客观上就拥有了极为强大的权力：只要属于《皇室典范》管辖范围，包括与皇族、华族相关的各项法律法令，均由枢密院直接审议确定；至于《大日本帝国宪法》管辖范围的法律法令，原则上也必须经过枢密院这个“终极部门”审核。于是在这一背景下，伊藤博文反而更容易放权给议会。

· 议会职权：如何避免天皇与议会直接接触？

第 4 条之后，就是关于议会的第 5 条，“天皇经帝国议会之承认而施行立法权”，后经过修正而成为正式宪法第 5 条，“天皇以帝国议会之协赞而行立法权”。

对于议会，伊藤博文持一种矛盾态度。一方面，他明白过多给予议会权力会弱化内阁权威，但另一方面，议会对于立宪国家而言又不可或缺。如果议会只是一个摆设，那么不但欧美国家不会认同日本的立宪制度，国内自由民权派也会大为反对。所以宪法草案虽然把法律提案权牢牢捏在政府手中，但最低限度的法律审议权还是给了议会：除去第 5 条以外，草案第 37 条“全部法律要经帝国议会承认”、第 47 条“两议院之议事以过半数决定，若可否两数相同则依议长之决定”，都是旨在保证议会权力。

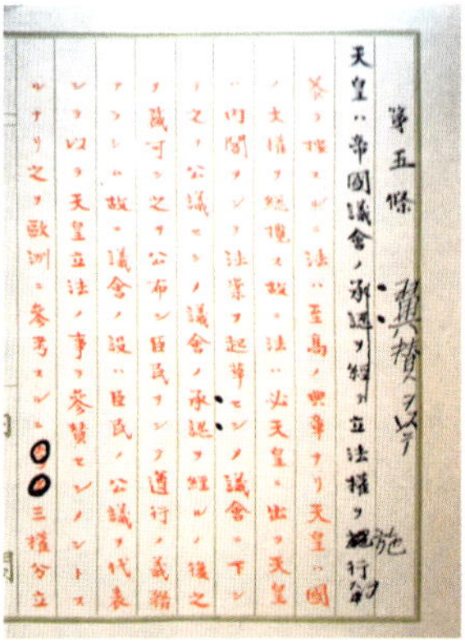

帝国宪法修改草稿。关于第 5 条的修改有过多次反复。最早是“天皇经帝国议会之承认而施行立法权”，但遭到反对，曾经一度改为“翼赞”，最终确定为“协赞”

但对于这三条规定，枢密院响起大量反对声。对第 47 条，伊藤博文提拔的文部大臣森有礼就表示激烈反对："试陈美国之例，按美国宪法，参众两院虽须以三分之二多数通过决议，但如果是三分之二以下多数之时，认可不认可之权则全在总统之自由"，"于美国，统御之大权在总统，总统应掌握之权悉数掌握，美之宪法巩固之原因实在于此，然今于宪法第四十七条，议院决议不过半数，政治大权即移于议会，其终极不可避免归于英国风"。

森有礼这段发言或许只是出于一种单纯的理性分析，但他搬出美国的例子却让整个辩论朝着一个很麻烦的方向发展下去：即便如美国这种非君主国，总统都能拥有自由裁量法律的权力；而日本这个君主国，一个法律议案通过与否居然是由议长而非天皇来决策，这岂不是表明天皇的权力还不如总统高？

当然，伊藤博文就是不想让天皇拥有实际权力，只是这种话不能明说，所以他一边要显示出明治维新以来倡导"天皇大权"的政治正确，另一边又要在实际条文中减少天皇权力，一直在两者之间寻找平衡。但森有礼这么一说，等于是把这层窗户纸捅破了，再加上明治天皇本人每天都会临席枢密院审议会议，场面自然非常尴尬。

看到森有礼发难，深受天皇信任的鸟尾小弥太也顺势提出："依本条，则议事过半数便可决定，那么只要有一人多数即可通过或否决议案……仅仅以一人之多数即可否决国家必要之法律实为不妥，认可权应置于天皇，即便法案被否决，也可任天皇取舍。"作为天皇的亲信，鸟尾小弥太自然要抓住一切机会扩大天皇权力。

日本原贵族院牌匾，1947 年战后宪法颁布后改组为参议院，该牌匾现藏于日本国会议事堂

这两个人的提案本身看似针对议会，看似是针对"承认"这个词语，实际上却涉及一个重大问题：天皇、内阁、议会三大国家机关中，天皇与议会都被明文写在宪法里，但内阁却未在宪法中体现，一旦法律规定的最终裁决权属于天皇，而只要天皇与议会联合起来，那

么政府提出的任何提案都有可能在议会出现“可否两数相同”的情况，然后再由天皇定夺——这就给“宫中”集团影响法案通过、操控政府行政权留下隐患。正因如此，伊藤博文在会议中勃然大怒，不惜动用自己作为枢密院议长的权力，禁止森有礼、鸟尾小弥太两人发言。

既然不能提到天皇与议会的关系，鸟尾小弥太就绕了个弯，针对第 38 条“帝国议会议决政府提出的议案”展开攻击，要求给两院议员也赋予法律提案权力。毕竟所谓两院除去民选出来的众议院以外，还有以华族为核心的元老院（后来的贵族院），而“宫中”集团大部分人都获得了华族爵位，他们当然希望获得提案权力。

为了防止枢密院把议题再绕回到天皇身上，伊藤博文经过审慎思考做出妥协，在明治二十二年（1889）1 月的宪法第二次审议会议上对条文做出调整，改为“帝国议会议决政府提出的议案及可各自提出法律案”，为民间政治家可提出法律提案这一政策打下基础。

与此同时，伊藤博文在这一版本里删除了第 49 条“两议院可将其意见上奏天皇”。毕竟经过森有礼、鸟尾小弥太的提醒，伊藤博文意识到要尽可能限制天皇与议会接触，既然给了对方法律提案权，作为交换，就可拿掉上奏权以防止议会直接上奏天皇弹劾内阁大臣，从而保持政府大体稳定。

只不过，废除上奏权还是遭到枢密院的反对。在“宫中”集团看来，议会虽然分化自身权力，却也是制衡政府与内阁的重要机关，那么保持上奏权就是连通天皇与议会的唯一通道，也是对内阁提出弹劾的关键权力。因而在再审会议上，“宫中”集团大部分反对废除第 49 条，表决结果是 12 票对 12 票，伊藤博文不得不重新考虑这一条的去留。

最终在 1 月 29 日，宪法的第三次审议会议上，第 49 条重新出现在宪法之中。不过他也明确表示：“旧第四十九条之上奏权绝不是弹劾权，不仅如此，此宪法整体均不曾容纳上奏权之主义。”虽然并未明文否定上奏权与弹劾权之间的关系，但伊藤博文还是在宪法解释中加入了自己的想法，排除了天皇参与政治的任何可能性。

应该说，在枢密院建立之后，伊藤博文并不太担心给予议会多少权力。

毕竟议会即便拥有法律提案权，其每一份法律提案在原则上也最终都要经由枢密院审议通过。既然枢密院掌握在自己这个枢密院议长手中，那么每项法律法令就不会偏离自己意思太远，政府依旧可以保持稳定。

另外也需要注意，之所以允许议会掌握这么多权力，也与伊藤博文本人的思维体系有关。在他看来，明治日本政权虽然不可避免地由藩阀掌握，首相也必然是由藩阀元老商议确定，但有朝一日还是要把组建政府的权力还给议会，还给各大政党。所以在进行议会权力构建时，虽然他一开始甚至都不愿意给出法律提案权，但最终还是一步步退让，让议会拥有了较为充分的权力。事实上宪法颁布后，关于议会权力的构成也获得自由民权派的肯定，大家都耐下性子来，等着第一次众议院选举，等着在议会里表达自己的政治思想。

如此往复几轮，关于天皇、议会、国务大臣等各方面的权责的宪法条文终于全部确定下来，通过历时半年多的审议工作，宪法获得枢密院审议通过，最终于明治二十二年（1889）2月11日向全社会颁布，日本也得以成为近代东亚的第一个立宪国家。

·得失判定：明治宪法究竟有多大漏洞？

明治宪法当然有漏洞，但这也正常，毕竟正如古今中外任何一套制度体系都是为制定者与特定时代而服务一样，一旦时代条件变化，制度也自然会出现漏洞。不能因为明治宪法有漏洞，就认为这个宪法的订立没有意义。

事实上，在明治宪法规制下，天皇与内阁、议会、枢密院等各大国家机关之间基本形成联动与制衡关系，过去潜伏在水面之下的各种“潜规则”被搬上台面并成为受到各方监督的明确规则，这套国家机器也开始摆脱江户幕府以来延续至今的“有司专制”，向着后来大正时代（1912—1926）的政党内阁制发展下去。不久之后的明治二十四年（1891），“宫中”集团的三大要员，即三条实美（内大臣）、吉井友实（宫内大臣）、元田永孚相继去世，天皇身边的势力逐步消解，而伊藤博文靠着曾经担任宫内大臣的经历，逐步

帝国宪法颁布纪念徽章（左为正面，右为背面）

受到明治天皇信任，“宫中”集团其他成员也只能表示恭顺，那么伊藤博文就成为联通各派系政治家与枢密院的唯一渠道。

换言之，明治国家得以建立的最大基石，就在于伊藤博文成为政治家与“宫中”集团之间的联通管道，双方都可以无条件信任伊藤博文，那么多方政治势力就可以凝合一处。这是日本在明治第三个十年（1888—1898）之间得以快速发展的基础，但也是明治国家最大的漏洞：过度仰仗伊藤博文的个人能力。

在明治宪法颁布之后，黑田清隆内阁随即在“条约改正”问题上遭到民间政党反对，10 月 18 日外务大臣大隈重信遭到袭击，虽然性命得保，但黑田清隆却难辞其咎，只得率领全部内阁大臣辞职。应该说，虽然伊藤博文希望把首相位置让出去以换取政治平衡，但黑田清隆却明显缺乏以所谓“哈登堡宰相制”运营内阁的能力，难以扛起内阁总理大臣之职。

为了解决这一问题，在第三任首相山县有朋的任期里（1889—1890），日本不得不放弃“哈登堡宰相制”，并颁布新的《内阁官制》，其中把“内阁总理大臣为各大臣之首班”的“首班”一词重新定义为拉丁语“primus inter pares”（同辈中之首席），客观上降低了首相职权。此后，首相不能直接罢免其他国务大臣，出现意见分歧只能劝说，一旦出现“阁内不一致”就必须进

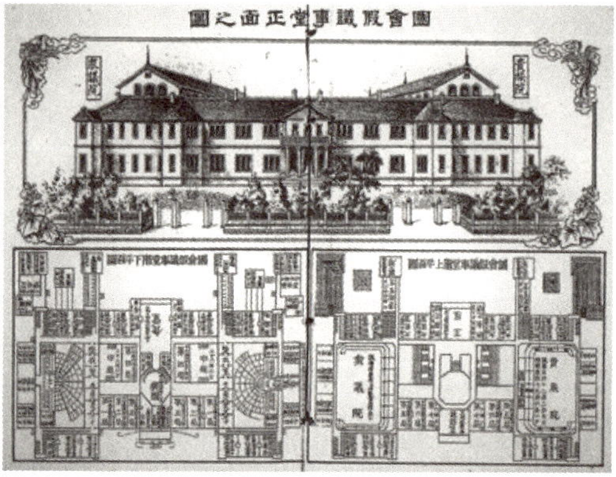

日本第一座暂建国会议事堂的设计图。由于明治维新时期的日本暂时没有建设大型国会议事堂的预算，便在东京暂建一座木质二层西洋式建筑作为国会议事堂。1890 年 11 月 24 日竣工，11 月 29 日第一次帝国议会就是在这里召开的。但 1891 年 1 月 20 日，这栋建筑由于失火全部烧毁，第一次帝国议会的剩余会议被迫转移到附近其他会场举办

行“内阁总辞职”，重新组建内阁，这就对日后军部大臣以辞职方式胁迫内阁埋下隐患。

除此之外，明治宪法本身也存在三个方面的漏洞：一是没有明文写入“内阁”，仅仅以“国务各大臣”为主体表达了伊藤博文的“辅弼权”理念，这就给了后来的军国主义者以更大的解释空间，如其认为军队调动就不再是行政权而是天皇“统帅权”的一部分，最终脱离内阁掌控；二是没有规定首相的任职条件，导致近代日本的大部分首相都是由高层政治家通过非正式博弈而选出，由议会第一大党派的党首来担任首相的时间只有不足十年；三是对于议会、政府之间的矛盾设想过于简单，只在会计预算、法律提案等几个方面设立了纷争解决机制，而对于其他国家事务缺少调停机制，比如在国家的外交事务问题上，伊藤博文就狠狠地吃了一亏。

二、修约秘闻：日英修约与政党体系建立（1890—1894）

明治二十三年（1890）7 月 1 日，日本众议院举行第一次全国大选。

一共 300 个众议院席位中，自由民权运动中诞生的民党——立宪自由党、立宪改进党分别获得 130 席与 41 席，总计超过议会半数。如果这些政党全部反对政府提出的法案，或者干脆抛开政府自己提出法案，那明治政府自然会陷入非常尴尬的处境。但有趣的是，民党并不是铁板一块。随着议会的组建，政党内部矛盾也逐步凸显，以自由党议员星亨为中心的一部分政治家逐渐与政府靠近，在议会里形成亲政府势力。

恰巧在同一时期，日本结束了立宪与开设国会的工作，开始着手解决对外的不平等条约的修订问题（条约改正）。围绕这一问题，民党进一步分裂出亲政府势力与“对外硬六派”，双方各不相让，导致日本政坛在 1894 年上半年遭遇强烈地震，也促使日本打响了甲午战争。

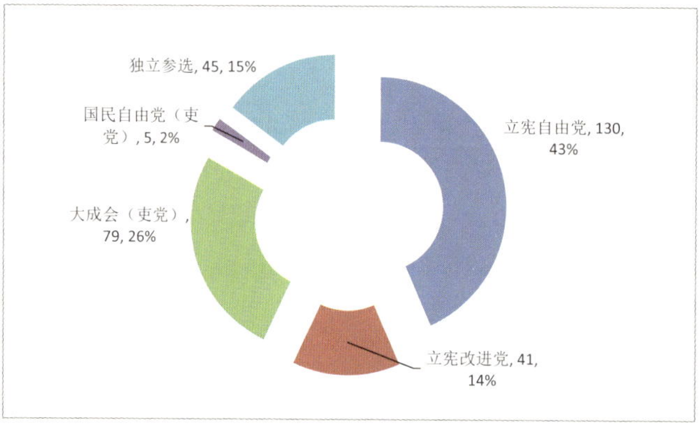

第一次日本众议院总选举，1890 年 7 月 1 日，共 300 议席，25 岁以上且年缴直接国税 15 日元以上的男性国民拥有选举权

·如何修约：星亨的思想体系

提到明治末年的日本政党组织，星亨是一个绕不过去的人物。

由于成长于外国人聚集的横滨，所以星亨一直对英国各项学问很感兴趣，便在明治维新以后成为一名官方英语翻译，甚至做过横滨税关长，非常了解国家事务。随后他选择离开体制，独自前往英国学习法律，成为第一个获得英国法庭律师（barrister）资格的日本人，并一度旅居美国、加拿大、德国等地，学习各国政党经营与管理的经验。虽然没有参与第一次众议院选举，但他看到议会诞生以后，便毅然带着满腔热情与完整的知识体系回到日本，加入立宪自由党。

星亨

明治二十三年（1890）10 月 19 日，立宪自由党为星亨召开欢迎会，他也向在座众人表达了自身对于国家事务的看法："虽然日本仍不能与外国缔结对等条约，但海关税

收权却不可不在今日收回”，“对外国物品增课关税，一可救护国产制品,二可扩大税源”。星亨的发言透露出他的一个重要观点：在“对等条约”不能实现的时候，可以先尝试收回关税自主权，而欧美各国在日本拥有的“治外法权”一事可以再行处理。

横滨税关（海关）。原为1859年建立的“神奈川运上所”，后在1872年改为“横滨税关”，图中建筑为1934年建成的新横滨税关办公楼“女王塔”。该建筑目前仍在使用中，负责管辖宫城、福岛、茨城、栃木、神奈川及千叶县部分区域的海关工作

这个思想决定了星亨已经与传统的自由民权派有所不同。在一般的自由民权派看来，如果不能直接实现“对等条约”，那么不如“厉行现行条约”，即维持现在的不平等条约。毕竟不平等条约不允许普通外国人进入日本内地经商旅游，也不允许外国人拥有土地房产，所以自由民权派普遍认为即便不去催促欧美国家修改条约，欧美国家也会主动要求与日本人“内地杂居”，那日本就能占据主动。

但星亨的看法明显不同，他认为凡事均有过程，应该先在一定程度上收回关税自主权，再逐步过渡到“对等条约”。受到星亨的影响，11月11日，立宪自由党的临时评议员会议针对“条约改正”问题提出一对权衡之后的纲领：（1）废除治外法权；（2）以日本法律对外国人的内地杂居、沿海航行、拥有“土地矿上铁道”等资产的权利进行规范。

星亨虽然与日本政府关系不佳，但思考方式却与政府的实际行动非常相似。日本政府先前之所以探讨是否引入外国法官一事，就是为了让自己的法律制度获得西方社会的认可，从而让欧美列强允许日本恢复关税自主权。稍后一点的明治二十四年（1891）9月，参与制定日本明治宪法的贵族院议员金子坚太郎以个人身份加入国际公法会，随后将包括明治宪法在内的多部法典赠送给这个以西方法学家为核心的法学组织，国际公法会也决定设立第12特别委员会调查日本法律制度。明治政府以完备的西式法律体系为基础，开启

金子坚太郎

了与欧美国家关于关税自主权问题的谈判。

从星亨的实际思路来看，他已经脱离了单纯的批判者立场，改从建构者角度来思考问题。明治二十四年（1891）3月20日，自由党在大阪召开代表大会，星亨等11人被选为党内的条约改正全权委员，专项负责修改不平等条约的党派政策起草工作。从这一时期开始，星亨作为自由党内最了解英国政党制度的“英国派”，当仁不让成为政策的主导者，而他也开始与自由民权运动时期的老朋友们产生了更加严重的理念冲突。

整个4月，自由党内部围绕“条约改正”应订立何种原则而吵得不可开交。以星亨为中心的九名委员均坚持“内地杂居应在居留地制度废除的同时开始施行”，换言之，他们认为之前日本在“内地”实行日本法律、在“居留地”让外国人拥有“治外法权”的分类做法应该叫停，转而统一实行日本法律；但另外两名委员，即自由党激进派大井宪太郎、新井章吾却认为“内地杂居”会使得外国资本大量流入日本内地，从而造成动荡，便明确提出“非内地杂居论”，即无论是不是废除居留地，都不能容许外国人进入日本内地生活、居住、经商。从某种意义上讲，自由党内部也形成了“开国”“攘夷”两派。

绘有日本开港地神户港“东方饭店”（oriental hotel）的明信片，这是当年神户外国人居留地最具标志性的建筑物

“攘夷”派还有更加激进的。12月7日，在政府明确表示“条约改正”难以在短期内完成以后，一些同为自由民权派出身的政治家提出《条约改正

的相关建议案》，要求“基于万国公法上普遍之条理而废止现行条约”[1]，换言之，即主张在无法与欧美国家达成平等条约时，干脆废除全部不平等条约，重新进入“无条约状态”。由于自由民权派一向反对政府的所有议案，那么反对“条约改正”也就成了政党圈子里的政治正确，这条激进建议一出，舆论自然也跟风炒作，一时间竟无人敢提反对意见。

针对这份建议案，自由党在 12 月 10 日进行讨论。席间，稳健派铃木昌司根据当时国会情况提出：“大家盼望对等条约已久，若此建议案现于议会……我党之信念偏好必为其他党派所询问，考虑影响，我党应全党赞成。”由于自由党绝大部分议员也都出身于自由民权派，面对这份激进提案，越稳健的人反而越会被迫认可，以求免于被更为激进的党派所攻击。

但星亨却当场提出反对意见：“盼望对等条约自是应当，然而若因此就宣布无条约之事，便宛如向各缔约国发布战书之极端论调，不得不说极为欠妥……希望对等条约的同时，无论是为质问当局者，还是单纯提出此建议，均应适当而止。”[2]在星亨看来，激进思想看似政治正确，却很容易把局面推

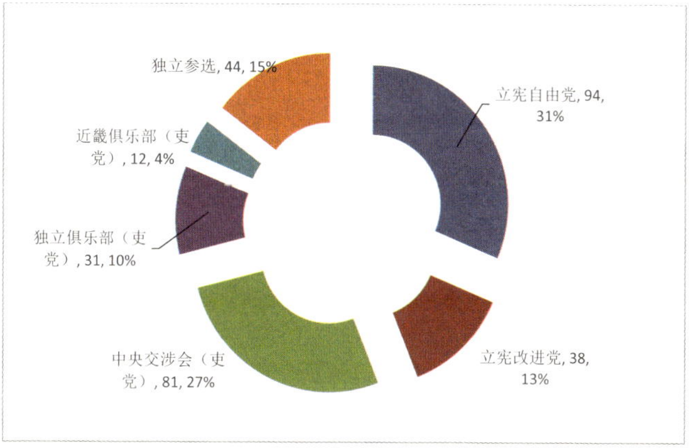

第二次日本众议院总选举，1892 年 2 月 15 日，共 300 议席，25 岁以上且年缴直接国税 15 日元以上的男性国民拥有选举权

① 《2 帝国议会：上奏建议决议动议质问》，国立国会图书馆法令议会资料室。注引自小宫一夫《条约改正与国内政治》。

② 园田安警视总监报品川弥二郎内务大臣探闻书《密第 38 号》，明治二十四年 12 月 12 日，《品川弥二郎关系文书》890 页，宪政资料室藏。注引自小宫一夫《条约改正与国内政治》。

向对国家不利的方向，于是在随后的党报里，自由党做了如下陈述："条约废弃建议案之议，其之于对等条约的切望之情深有同感，然而对其道理却不得不反对。"由于自由党反对，这份提案没能被送入国会正式讨论。然而从这一时点开始，星亨与曾经的自由民权派同侪正式决裂，独自带领自由党走上"国家政党"之路。

12 月 25 日，日本政府宣布解散议会，重新大选；明治二十五年（1892）2 月 15 日，日本举行了第二次众议院选举，上一次没有参选的星亨在栃木县 1 区成功当选议员，并成为第二代众议院议长。

·跨越党派："条约改正研究会"与"内地杂居讲究会"的成立

应该说，日本立宪初期的政治生态并不那么健康。

明治二十四年（1891）12 月，第二次帝国议会开幕之后，政党针对第二年预算而大举攻击，攻击重点便是海军方面增加的 650 万日元军费。为陈述必要性，海军大臣桦山资纪亲自接受众议院质询。面对在场议员的指责，身为子爵的桦山资纪大怒，强烈批判议会阻挠政府通过国家预算[①]，使场面大乱。这次所谓的"蛮勇演说"激化了政府与议会的矛盾，松方正义内阁随即宣布解散议会，重新大选。

事情还没完。在明治二十五年（1892）2 月第二次众议院大选前，内务省投入大量人力物力扰乱自由民权各党派的选举活动，累计造成 25 人死亡、388 人受伤。虽然内务大臣品川弥二郎因为"选举干涉"而引咎辞职，但政府与议会的矛盾已达到顶峰，尤其是自由党所占议席从 130 席锐减到 94 席，

① "现政府便是跨越内外国家多难之艰难情况而延续至今的政府。说什么萨长政府，这与今日保护国家安宁，与 4000 万生灵都没有关系，所谓安全保障到底是谁的功劳？（场下笑声）这有什么好笑的？"海军大臣子爵桦山资纪答辩，明治二十四年 12 月 22 日，《众议院第 2 次本会议第 20 号》，《帝国议会会议录》，国立国会图书馆电子版 ndl.go.jp。

自然更加不满。这种状况下，民间政党普遍与政府对立，倾向于从各方面反对政府政策。

日本第二座暂建国会议事堂外观。在第一座暂建国会议事堂烧毁后，1891 年 10 月 30 日，第二座暂建国会议事堂竣工，建筑风格与第一座相似，但吸取了第一次暂建国会议事堂的教训增加了防火墙、隔音墙等设施。该建筑在东京存在了相当长的时间，直到 1925 年 9 月 18 日才因为失火而再度烧毁

就在政府、议会互相攻讦时，4 月 19 日，自由党主持成立了包括各大党派成员在内的“条约改正研究会”。4 月 29 日，研究会选出 10 名评议员，其中自由党 4 人（星亨、河野广中、山田武甫、铃木昌司）、改进党 3 人（岛田三郎、高田早苗、尾崎行雄）、无党派 3 人（神鞭知常、坂本则美、鹈饲郁次郎）。从人员构成可以看出，星亨旨在建立跨党派联盟，打破“党略党利”对自身政策的影响，尽可能让议会更有助于新政策推出，而不是一味阻挠政府行政。星亨在研究会开幕式上说：“条约改正实是国家之大问题，关系国运之消长与人民之休息”，所以在选人用人方面也是广纳各党派人士，从技术上对国际法律、对日本需要何种类型的新条约加以“研究攻查”，以求“确定条约之基础”[①]。

桦山资纪

在这段时间，自由党也发布了针对“条约改正”的政策草案，从“议院内的运动”与“议院外的运动”两方面列举出具体的政策建议。在议院内要：（1）将各党派对于“条约改正”的看法总结并上奏；（2）修改关税法律。在议院外要：（1）向全国各地收

① “条约改正研究会设立之主旨”，《条约改正研究会报告》第一回（明治二十五年 8 月），1—2 页。注引自小宫一夫《条约改正与国内政治》。

集建议；（2）向贵族院内有共同志向者争取更多支持；（3）“条约改正”草案尽可能在众议院一举而定，在贵族院广泛争取支持，争取议长向咫尺之距的至尊（天皇）上奏。

在提出实现自身目的的方法论后，草案列举四条“改正要旨”作为自身目标：（1）废除居留地内的领事裁判权，允许“内地杂居”；（2）允许外国人在日本拥有土地所有权，包括铁道、矿山、银行、船渠、公司等诸多权利；（3）编纂各类法典，不再任用外国法官；（4）改正关税。很明显，在星亨领导下，自由党对于外国人的态度逐步宽容，不仅允许“内地杂居”，还允许外国人在内地拥有各项权利，等于是在日本进行更大规模的“开国”。4月24日，自由党以这份草案的观点为基础撰写了《新议会之我党方针》，最终在5月24日由自由党、改进党等党派69名议员联名上交给刚刚开幕的第三次帝国议会。

有趣的是，就在自由党针对“条约改正”试图进行跨党派合作时，日本政府也有了相似举动。稍早一点的4月5日，第四任首相松方正义（萨摩系）决定在内阁设立以七人组成的“条约改正案调查委员会”，专门为政府提供有关“条约改正”的草案。成员中，除外相榎本武扬作为召集人之外，原首相伊藤博文、黑田清隆，原外相副岛种臣、寺岛宗则也纷纷加入。从某种意义上说，随着星亨愈发以国家利益而非单纯的党派利益作为考虑问题的出发点，他在行为上也与政府愈发相似。事实上当年星亨能够当选议员，也是因为有当时政府的农商务大臣陆奥宗光私下支持，这也奠定了星亨与日本政府合作的基础。

松方正义，日本第四任首相

但遗憾的是，自由党领导提出的草案并未在第三次帝国议会得以通过。需要了解的是，虽然帝国议会是当时日本的主要立法咨询机关，但其审议法律草案也需要走流程，即在议会开幕期间才能投票决定草案通过与否。一般而言，帝国议会的开幕时间是每年 11 月底到第二年 3 月，但由于之前的第二次帝国议会只开了一个月，众议院就整体遭到解散，于是第三次帝国议会就成为补充性质的“特别会”，是为了审核第二次帝国议会遗留下来的议题而开设。如此一来，这一次刚刚提交给帝国议会的“条约改正”草案自然就要排在后面，而短短 40 天一过，这份议案就只能留到下一次帝国议会，即明治二十五年（1892）11 月召开的第四次帝国议会才能审理。

大井宪太郎

但趁着休会之机，反对“内地杂居”的派别也蠢蠢欲动。6 月 5 日，激烈反对“内地杂居”的自由党成员大井宪太郎等人私下聚会，要求仿照“条约改正研究会”建立一个研究“内地杂居”的组织；6 月 12 日，大井宪太郎组织 58 名各党派成员集合一处，组建“内地杂居讲究会”，算上未到场的人员，该组织创建时有 77 名议员。

但有趣的是，大井宪太郎不仅叫了原属于自由民权派的人员，更拉拢了国权派势力。所谓“国权派”，是指以佐佐友房为中心的一个小团体，而他们都属于在第二届众议院里占据 81 席的亲政府党派“中央交涉会”。该党派以保守派及民间右翼为主要基础，如佐佐友房就属于原“熊本国权会”成员，向来奉行反对民党（自由党、改进党等党派）、支持政府政策的策略，因而被冠以“吏党”之称。从理论上说，大井宪太郎与佐佐友房是天然政敌，但由于两人都反对“内地杂居”，反而成为一对战友。

双方之所以能够合作，也与“内地杂居讲究会”的如下主张有关：“废除领事裁判权与内地杂居，认为两件事相关之说纯属误解……内地杂居应单纯由国民利害而判断，决不能为法、税两权之恢复而割让。有人说，对等各国相互杂居乃是普世通义……然而其所谓普世通义乃是牺牲一国利害而成，并非不得不守之原则，更何况杂居之事关乎国民之大利害。”①

从理念上说，大井宪太郎主张“自由民权”，佐佐友房主张“国权”，大体看来并不相似。但具体到“内地杂居”这个问题上，大井宪太郎出于保护民权考虑，认为这会扰乱内地普通民众的生活，侵害其财产安全，佐佐友房从保护国权出发，认为不应该用“内地杂居”来交换“条约改正”，这便是两者合作的根源。从6月开始，以佐佐友房为主的“中央交涉会”拥戴刚刚辞职的前内务大臣品川弥二郎成立保守政党“国民协会”，自由党中的一些激进派也与之合流，大井宪太郎虽然没有直接加入国民协会，却在11月于自由党内组成小派系“东洋自由党”。日后反对星亨与伊藤博文的六大政党里，这两个政党也成为领导者。

自由党中的稳健派星亨与政府越走越近，而为了反对“内地杂居”而独立出来的自由党激进派也与曾经的政敌合流一处，双方矛盾逐步激化。

·四次议会：伊藤博文回归政府与“条约改正”通过表决

明治二十五年（1892）8月8日，由于松方正义内阁无法统一意见，伊藤博文时隔六年再度回归，坐上首相宝座。虽然他的内阁有数位明治元勋，但是外务大臣一职却选择了较为年轻的陆奥宗光担任。

之所以选择陆奥宗光，当然是因为他作为外务官僚十分出众，比如在担任驻美公使期间主动联系墨西哥，为日本与墨西哥之间订立平等通商条约立下大功；而他的妻子陆奥亮子则以出众的容貌与高贵的气质活跃在美国外交场，被称为“华盛顿之华（花）”，为他赚得不少人气。另外更重要的一点是，陆奥宗光在青年时代曾因同情西乡隆盛而参与反政府运动，进而下狱，因这段经历，他结交了很多自由民权政治家，比如星亨就与他关系甚笃。在“条

① “内地杂居主旨书”，《内地杂居讲究会报告》第一，2—3页。注引自小宫一夫《条约改正与国内政治》。

约改正”的关键时期任命陆奥宗光为外相，伊藤博文很明显是在对自由党稳健派示好。

有陆奥宗光作为外相相助，伊藤博文的“条约改正”思路也愈发成熟。9月13日，伊藤博文对各地方官发布演讲：“近代国际法中，相互利益均等乃道理所在”，“若欲实行条约改正，便不能不实行内地杂居、允许外国人享有私有权利，只能多少设置一些例外条项来约束而已”。至于“内地杂居讲究会”拒绝以“内地杂居”交换“对等条约”的想法，伊藤博文则批评其为“空论”[①]。

随着政府态度逐渐松动，自由党也更有自信。11月25日，第四次帝国议会开幕之后，自由党召开议员大会，将第三次帝国议会中未及审议的“条约改正”提案上交国会。但由于第四次帝国议会的主要矛盾依然是海军预算问题，自由党对政府依旧采取攻势，甚至在第二年（1893）1月23日提出内阁不信任案，逼得伊藤博文内阁陷入窘境。直到2月10日，伊藤博文靠着天皇的支持而发布诏书，要求政府与议会“和衷协同”，这才使得自由党提出的“条约改正”在2月15日进入众议院审议阶段。

陆奥宗光

针对“条约改正研究会”提出的以“内地杂居”交换“对等条约”的提案，“内地杂居讲究会”成员自然是强烈抨击。双方激烈争执，互不相让。最终在记名投票阶段，众议院以（支持）135票对（反对）121票通过表决，星亨等自由党稳健派的主张通过审议。2月17日，星亨以众议院议长身份向天皇提交“条约改正上奏书”，象征着主张“内地杂居”的“开国”

① “对府县知事之总理大臣演说笔记”，明治二十五年9月13日，《陆奥宗光关系文书》。注引自小宫一夫《条约改正与国内政治》。

派取得胜利。

但从这一次赞成与反对两派的票数来看，却会发现一个很危险的倾向。第四次帝国议会中，偏向于“开国”的自由党稳健派在国会拥有88席，改进党有38席，同盟俱乐部有20席，票数加起来比135张赞成票多11票；反对派方面，国民协会70席，保守党派“芝集会所”15席，东洋自由党5席，再加上10席左右的无党派议员，票数加起来却比121张反对票足足少了21票。换言之，赞成票理论上起码应比反对票多30张，最终却只多了14张，这意味着大量自由党、改进党等稳健党派成员反而加入了拒绝“内地杂居”的行列。

究其原因，与当时“内地杂居讲究会”提出的提案有关。稍早一点的1月23日，以国民协会为主的67名保守派议员提出一份《条约改正的相关建议案》，其中不仅明确反对“内地杂居”，还把“内地杂居”与“我国国民仍囿于封建制度习惯下”“谨防外教（基督教）势力入侵”等问题联结在一起[①]。应该说，任何一种改革的施行都有风险，但如果只强调风险，必然会导致舆论偏向于过度保守，“内地杂居讲究会”正是巧妙地利用这一方法煽动了普通人的恐慌情绪，扩大自身派系。

由于“条约改正”上奏案的审议只用了半日时间，很多人便认为星亨与外相陆奥宗光串通一气，以众议院议长的身份在审议不充分的情况下强行举行投票，自由党也已经不再是以前的自由民权党派，而是变成亲政府党派。不过从实际情况来看，陆奥宗光对自由党这份提案并不完全赞同[②]，由于公务繁忙，双方在第四次帝国议会期间也没有留下私下见面的记录。更可能的情况是，星亨作为众议院议长已经有了超越党派、为国思虑的思想，这就与拥有同样思路的日本政府有了更多共鸣。

根据上奏案的思路，3月中旬，伊藤博文内阁为“条约改正”确立了总体方针，并委派外相陆奥宗光负责专项工作；7月5日，陆奥宗光组织外务

① 收录于法令议会室藏《4帝国议会·众议院·上奏建议决议动议质问》，注引自小宫一夫《条约改正与国内政治》。

② “（提案）大体反映了舆论所希望之要点，我并无异议，只是对其细节却并不能完全同意”。收于《陆奥宗光关系文书》92—11，注引自小宫一夫《条约改正与国内政治》。

省出台了“通商航海条约方案”“议定书方案”“附属税目方案”，针对不平等条约的方方面面提出修改建议草案；7月8日，做了一部分文字修正后，陆奥宗光的方案获得通过，并在7月19日获得天皇裁可。

日本立宪以后，“条约改正”面临的最大问题就不再是外国反对，而是国内反对。毕竟日本逐步建立起了一套西式法律制度，这一点让更多希望深入日本内地经商的外国人愿意服从日本法律，争取“内地杂居”；但与此相反，国内政党却以维护“民权”“国权”为缘由，掀起一股股反对政府的风浪。正如陆奥宗光当时对驻俄公使西德二郎所言：“条约改正之主义已与井上伯的草案之系统一变而成为完全之对等主义，这多少增加了对欧美列国的难度，但即便如此，也要避免国内议论破裂之患。”[①]

可以看出，到这一时点，“条约改正”已经与明治六年（1873）“征韩论”类似，从外交问题转化为内政问题，这也就激起国内各政治派别之间的路线斗争。

·政界再编：“对外（强）硬六派”形成与星亨卸任众议院议长

明治二十六年（1893）2月“条约改正”通过以后，曾经组成“条约改正研究会”的自由党、改进党两大自由民权系党派暂时失去了共同目标，便又开始互相攻击。

之所以说“又”，是因为两者的互相攻击由来已久[②]。应该说，这种政党之间互相添堵的情节在西方各国都算常态，是因为有了“条约改正”这一共同事业，两党主要人士才在国会刚刚开幕的数年里结成大体上的同盟，但这并没有改变两大自由民权政党互相敌视的本质。

① 《条约改正关系日本外交文书》第四卷，21—23页。注引自小宫一夫《条约改正与国内政治》。

② 早在宪法颁布的明治二十二年（1889），内务省警保局长清浦奎吾（1923年日本首相）就曾提到过“全国各地，改进党之演说为自由党所妨害，自由党之演说为改进党所攻击，皆水火不相容之势”。《中山文书》三-291—1，中山宽六郎收清浦奎吾书信，明治二十二年5月27日。

3月7日，第四次帝国议会闭幕，当晚星亨就在自由党会议上宣布了“第五次帝国议会之吾人觉悟”，提到“（我党）还不至于仰仗其他党派之力”，“自由党一党便已是足够，自由党单独便足矣”[①]。由于自由党主导的“条约改正”提案获得议会通过，并逐步成为政府要务，自由党与政府之间的合作关系也愈发紧密，因而星亨也借助第四次帝国议会闭幕之机，明确表达了与改进党分离的想法，两党共同组建的“条约改正研究会”也进入休会状态。

从4月开始，自由党重镇铃木昌司与外相陆奥宗光会面，在两人共同努力下，6月初，星亨在从东京前往大阪的途中与伊藤博文举行会谈，这也是帝国议会开幕以来首相与众议院议长的第一次私下谈话。虽然这次谈话的详情不甚明了，但星亨却非常配合政府的“条约改正”工作，甚至在7月10日演讲里提到“希望诸君如今不要再行消极举动，即阻碍政府进行条约改正的意图，这一次应进行更为积极的运动，即为条约改正而尽力”。很明显，星亨与整个自由党的立场都已经转变，乃至于被媒体抨击为“真之吏党”。

有趣的是，曾经被认为是亲政府党派的国民协会，却因为官方主张“内地杂居”而开始出现反对官方的“跃起组”，他们出于“对自由党的嫉妒心而在近期施行离间策”，而且“欲与改进党结盟”，“暗求威吓政府”[②]。7月12日，以国民协会、自由党激进派为基础的“内地杂居讲究会”再度召开秘密会议，提出“如今应进一步联络散落于地方的同志，大举唤起反对内地杂居之舆论，由内地杂居讲究会事务所直接发动身处地方的议员与有志之人”。很明显，国民协会因为不满于政府与自由党亲近，转而开始走上反对政府之路。

10月1日，“内地杂居讲究会”重组为“大日本协会”[③]，确定在当年年底即将开幕的第五次帝国议会上反对政府的“内地杂居”提案，主要理由也

---

① 《自由党党报》第33号（明治二十六年3月25日）13—21页。注引自小宫一夫《条约改正与国内政治》。

② 伊藤博文收伊东已代治文书，明治二十六年8月21日。《伊藤文书》二，252页。注引自小宫一夫《条约改正与国内政治》。

③ 大日本协会的议员主要来自“内地杂居讲究会”，因而大量国民协会（如佐佐友房）、东洋自由党（如大井宪太郎）等既有政党的成员也成为大日本协会会员。严格来说大日本协会并不是一个明确意义上的政党，其产生更类似于反对“内地杂居”、反对自由党的各党派合作的象征产物。

定为“内地杂居之许可与否乃是我国主权，与领事裁判权之撤去、税权恢复并不相关,国情既然不许外人杂居，那么则暂加之以限制并无不可”。由于他们力主限制外国人在日本的权利，也被自由党称为“攘夷党”。从某种程度上说，幕末的“开国”“攘夷”之争也延续到了明治中叶。

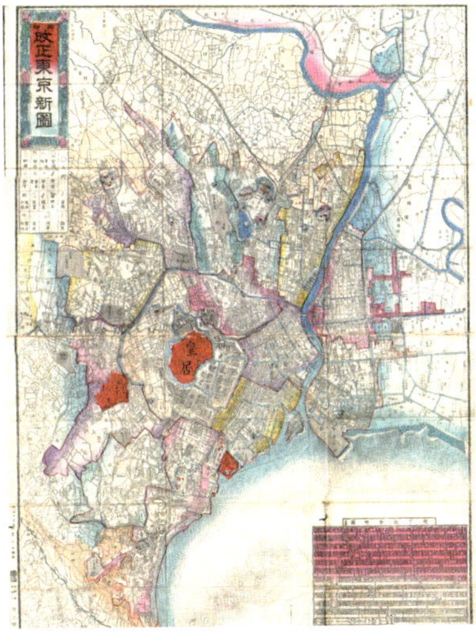

明治时代的东京市地图。经过明治维新二十多年的发展，东京市比过去的江户城范围已经扩大不少，作为大型都市的雏形已经具备。日渐繁荣的生活也让公众更加关注国家政治，各种报刊媒体也抓住机会迅速发展起来

面对大日本协会的邀请，11 月 4 日，在第五次帝国议会开幕前，立宪改进党也宣布离开与自由党的同盟，宣布“我党向政府要求厉行现行条约”[①]。经此一役，最具话题性的“对外（强）硬六派”[②]尽数现身，而他们的第一要务，就是先把星亨从众议院议长的位置上拉下马，斩断“条约改正”的重要辅翼。

据改进党的官方报纸《改进新闻》报道，星亨曾接受全国 18 家股票交易所总计 3 万日元的贿赂[③]，舆论因此而一片哗然。11 月 29 日，“对外（强）硬六派”议员紧急动议，对星亨提出不信任案，由于“对外（强）硬六派”议员占据多数[④]，再加上十余名自由党议员因受到舆论影响而反对星亨，最终在 12 月 1 日，星亨被选下众议院议长位置，“对外（强）硬六派”也对涉嫌

① 《立宪改进党党报》第 20 号（明治二十六年 11 月 20 日）30 页。注引自小宫一夫《条约改正与国内政治》。
② “对外（强）硬六派”：国民协会、大日本协会、东洋自由党、同盟俱乐部、立宪改进党、政务调查会。
③ 事件的真实情况是：1892 年 11 月第四次帝国议会通过《股票交易法》（株式取引法）后，全国有 90 多家企业申请建立股票交易所，最终只有 18 家获得许可；1893 年 6 月，为了庆祝 18 家股票交易所成立，农商务大臣后藤象二郎、农商务次官斋藤修一郎、众议院议长星亨三人参加了庆祝活动。后经过调查与起诉，星亨最终被宣判无罪。中村菊男《星亨》，114 页，吉川弘文馆，1988 年。
④ 在第五次帝国议会时期，国民协会有 70 席、改进党有 43 席、同盟俱乐部有 25 席、政务调查会有 19 席、东洋自由党有 4 席，大日本协会的众议院议席包含在上述五政党中。另外还有 21 名自由党议员先后因为反对星亨而脱党独立为“同志俱乐部”。

此案的农商务相后藤象二郎提出弹劾；由于星亨拒不接受这次投票结果，“对外（强）硬六派”又一次提议将他开除出议会，这份提案在 12 月 13 日获得通过，星亨失去了在众议院发言的资格。

拿掉星亨以后，12 月 8 日，“对外（强）硬六派”33 名成员又共同提出《外国条约取缔法案》[①]：“夫现行条约损帝国主权，大害国利民权，改正不可有一日之缓。且即便全部改正，而其施行缓慢下来，改正亦失其效。故条约不可怠于厉行。现行条约虽殊有不当不信之言语，但在其现存之时也无计可施，只得明其范围，确其权疑，严密厉行，保我帝国之体面，图我国民之福利。”

从字面来看，提案并没有直接反对“内地杂居”，也与政府的“条约改正”主张并无分歧。但在明治中叶，随着日本与外国贸易关系愈发紧密，外国人进入日本内地已是既成事实，日本政府对此也只能听之任之。一旦要“厉行条约”，那就意味着要把已经进入日本内地的外国人赶出去，甚至没收外国人在日本事实上拥有的房地产权，这等于是让日本回到另一种形式的“攘夷”运动中。12 月 11 日，外相陆奥宗光对内阁提出的建议书就一针见血地指出“其党辈中虽含有各种人等，其要旨却都是起因于所谓攘夷精神，即排斥外国人、厌恶外国人的感情”，因而建议“扑灭镇压非开国主义”，否则“其势焰愈发弥漫于国内，惹起内外交涉之大混乱”[②]。

陆奥宗光进而提出四步骤方案：（1）在《外国条约取缔法案》提请议会审议当日休会；（2）休会中，政府对自身政策进行必要准备；（3）以“反对维新以来皇谟国是”为由强迫“对外（强）硬六派”撤回提案；（4）如果“对外（强）硬六派”不服从，“断然申请议会解散之大命”。很明显，陆奥宗光提出了一个极为强硬的提案，而伊藤博文思考再三，也接受了这一提案[③]，日本政府与“对外（强）硬六派”之间的斗争立即进入白热化。

---

① 《日本外交文书》第 26 卷，112—128 页，日本国际联合协会，1952 年。

② “外国人非内地杂居说之议”，《陆奥宗光关系文书》97—14，注引自小宫一夫《条约改正与国内政治》。

③ 伊藤博文通过内大臣德大寺实则向天皇汇报：“如今日之攘夷论者一直在妨碍国际交往。若今日不能严重处置而缓和遮掩过去，深忧其会招致国家纷扰。”《德大寺实则日记》明治二十六年 12 月 15 日。

·两度散会：第二次伊藤内阁的艰难处境与甲午开战

明治二十六年（1893）12月29日，为了阻止《外国条约取缔法案》在日本议会获得通过，伊藤内阁下令解散大日本协会，并在12月30日宣布解散第二届众议院，重新进行第三次众议院大选。

在接下来的众议院大选准备工作中，由于大家对于“内地杂居”的看法不一，各地均爆发了集会冲突。经过两个多月的互相攻讦与竞选斗争，明治二十七年（1894）3月1日，第三次众议院大选举行投票，最终支持伊藤内阁的自由党获得120席，“对外（强）硬六派”总计获得146席。虽然自由党维持着议会第一大党资格，但并没有达到议会的三分之二多数，而“对外（强）硬六派”也依旧占有接近半数众议院议席（共300席）。换言之，这次选举虽然在一定程度上削弱了反伊藤内阁派的势力，但依旧不能保证亲政府的自由党能够一言九鼎。

即便是自由党本身，也在第三次众议院大选之后出现分化，开始涌现出回归旧有民间党派身份的“自由党还原派”；而其对立派别，即星亨本人也为了避免党派分裂而开始考虑与政府划清界限。于是乎，自由党提出一份“解散之相关建议案”，明确要求政府公布解散第五次帝国议会的原因，并要求日后政府不得随意解散议会。伊藤内阁面临极为艰难的处境。

晚年伊藤博文

选举结束后，第六次帝国议会也随即到来。5月15日，第六次帝国议会开幕，而“对外（强）硬六派”也在5月16日向国会递上内阁不信任案，亦即要

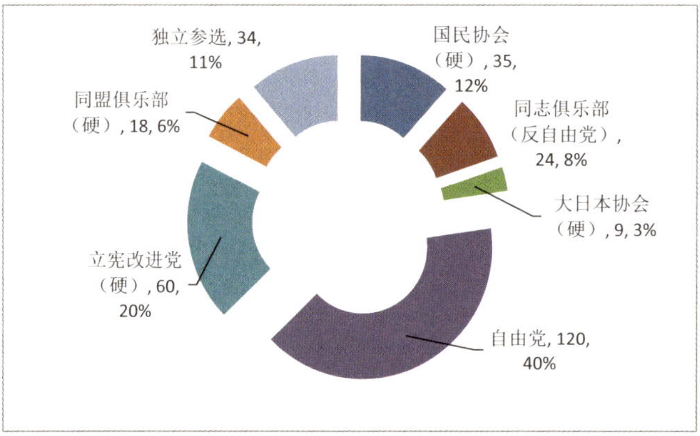

第三次日本众议院总选举，1894 年 3 月 1 日，共 300 议席，25 岁以上且年缴直接国税 15 日元以上的男性国民拥有选举权。

求伊藤博文内阁下台，并成立以政党元首为基础的“责任内阁”，主张确立以“厉行现行条约”为核心的“自主外交” 政策。在自由党的支持下，5 月 17 日，这份内阁不信任案以（赞成）144 票对（反对）149 票遭到否决。由于日本议会的“一事不再议”[①]原则，伊藤内阁暂时得以保住自己的位置。

但“对外（强）硬六派”依旧不依不饶，针对自由党提出的“解散之相关建议案”，他们先在 5 月 18 日表示反对，并要求在整个建议案里加入“臣等不能置信于阁臣”。这句话名义上只是表达不信任，但一经通过，就等于是众议院表达了对内阁的不信任，依旧是在逼内阁辞职。围绕是否加入这一句话，自由党与“对外（强）硬六派”之间进行了多轮协商与投票，最终在 5 月 31 日，为了让这份提案能够获得对外（强）硬六派的认可，自由党做出妥协，加入对内阁不信任的语句，最终以（赞成）153 票对（反对）139 票通过。

面对议会党派的整体逼迫，伊藤博文却并不愿意辞职，因为日本与英国围绕不平等条约的谈判已经进入最后关头。明治二十七年（1894）以后，日本与英国进入实质接触阶段，为了迅速修改不平等条约，日本对英国做了大量妥协：针对关税自主权问题，日本同意就棉织物、毛织物、钢铁三大品类

① 《大日本帝国宪法》第 39 条：“于两议院之中被否决之法律案于同会期中不得再提出。”

的关税与英国进行协商，放弃全面恢复关税自主权的要求；针对土地所有权问题，日本决定沿用江户幕府时期的“永代借地”，以保障英国在日商人的实际需求；针对英国希望借助北海道防范沙俄南下入侵的思路，日本也决定专门为英国商人扩建北海道函馆港。到了5月底、6月初这个关口，双方已经基本达成协议，就剩下最后细节需要敲定，而这个时候内阁一旦辞职，必然会有灾难性后果。

横滨开港资料馆，藏有大量明治维新时期横滨的史料，1981年正式开馆。该建筑原为明治维新时期的英国驻横滨领事馆

换言之，当时伊藤博文内阁意图达成“条约改正”，但又面临着国内反对派意图倒阁的压力。既然不能放弃“条约改正”，又无法调停政府与政党之间的矛盾，伊藤博文内阁就只能想方设法转移矛盾：战争自然是一个很好的选择。

其实在1894年全年，朝鲜半岛局势都很不稳定。从当年2月开始，朝鲜半岛一直处于东学党起义造成的混乱中，农民军在5月底占领了汉城南部的重镇全州，对朝鲜李氏政权形成巨大威胁，朝鲜被迫向清政府申请军队镇压农民军，这就引起日本国内对清廷会不会彻底控制朝鲜并封锁日本通往大陆的航路的担心。5月31日，就在众议院通过弹劾内阁的提案后，文部大臣井上毅提醒伊藤博文，日本可以根据《中日天津会议专条》同时出兵朝鲜，借以转移国内各反政府党派的注意力。于是伊藤博文下定决心，准备出兵。

6月2日，伊藤博文再度下令解散议会，进行第四次众议院大选。一年之内两度解散议会，可见伊藤博文贯彻“条约改正”思路的决心，甚至不惜得罪整个议会。最终在7月16日，《日英航海通商条约》正式签订，英国宣布在五年内放弃在日本的治外法权，也对日本实行最惠国待遇，日本则给予英国人“内地杂居”的待遇。

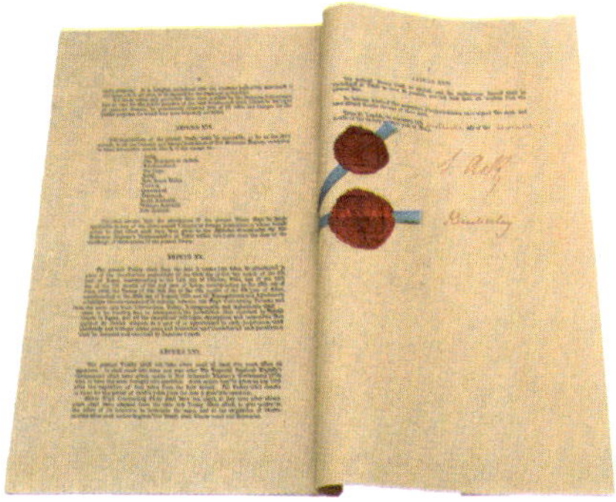

日英航海通商条约

也就在6月2日当天，伊藤博文内阁决定派遣混成旅团8000人渡海前往朝鲜；6月5日，日本设立了只有战争状态下才会设立的大本营机构，初步进入战争状态。随后清军与日军分别出兵朝鲜，其中清军在西南部的牙山驻扎（6月8—12日），日本海军陆战队则直接进驻汉城的日本公使馆（6月10日），双方剑拔弩张，走向开战之路。7月16日日英缔约后，伊藤博文再无后顾之忧，便在7月23日派遣已经登陆朝鲜半岛的4000名日本陆军进攻汉城， 7月25日，日本海军联合舰队第1游击队在丰岛海域进攻清军运兵船“高升”号，正式拉开甲午战争的序幕。

击沉“高升”号的日本巡洋舰“浪速”舰长东乡平八郎大佐。后来在1905年击沉了沙俄波罗的海舰队，成为日本海军的一代“军神”

有趣的是，虽然“高升”号本身是一艘英国商船，但在日本将其击沉以后，英国并无怪罪之意，甚至有英国法学家在《泰晤士报》发表评论，认为日本击沉“高升”号完全符合国际法规定[①]，最终英国政府设立在长崎的海事法庭也判决日方攻击属于正当的战争行为。很明显，在与英国达成对等条约后，英国政府与舆论对待日本的态度已经全然不同。

但从开战过程来看，不难发现日本在1894年决定侵略朝鲜，乃至与清朝开战，都是伊藤博文内阁对沸腾民意带给自身的

① 《泰晤士报》1894年8月3日。

危机的一种转嫁，因为一旦表现出“对清软弱”的姿态，整个内阁都有可能被民意推倒。这种转嫁当然让伊藤博文化解了一时的下台危机，也顺利达到了修改日英不平等条约的目标，但从长远来看，这些做法却为日本政府开创了一个很不好的先例，即为了掩盖内部矛盾、躲避眼前危险，不惜对外发动侵略战争。靠着一系列偶然因素，日本最终战胜清朝，但问题的种子却已经深深种下。

经过整个“条约改正”事件，日本政党势力靠着煽动舆论而把日本政府逼入窘境，这为政党政治家获得直接影响政治的能力铺平了道路。不过与此同时，日本政党政治的不成熟性也显露无遗：政党为了自身利益而爆发激烈的内部竞争，为了攻击对手不惜编造莫须有的假案（星亨受贿嫌疑事件）以及政策组合的变动反复无常，这都为 20 世纪 30 年代日本政党政治失去国民信任埋下隐患。

小结

从明治国家的初始形态来看，事实上就已经暴露了两个重大问题：一是明治宪法体系存在大量缺陷，二是明治政府开启了以对外侵略的方式解决国内矛盾的先例。前者为日本军国主义日后的发展打下了理论基础，后者则为日本在近代反复挑起战端立起了实践准则，两者都为日本在 1945 年的覆灭埋下隐患。

应该说，明治国家的设计非常精巧。既以行政权至上的理念保护住了政府本身的权力，又以一个拥有法案提案权的众议院来激发民间政党参政议政的积极性，同时再加上一个枢密院作为所有法律提案的最终审理机构，这就等于找到了天皇与旧贵族、明治元勋、民间政治家三大群体之间的平衡。

只是，精巧之物总会有些脆弱，之所以埋下隐患，便是因为明治国家的制度本身以及建构于 1890 年前后的政治关系。仅仅过了 40 年，到 1930 年前后，明治元勋早已作古之时，民间政治家在孤立无援的情况下还在进行内部斗争，天皇与旧贵族的权力不断与民间右翼结合，最终从中下层杀出来的少壮派军人架空了整个政治体系。从某种意义上说，越是精巧的制度，越不容易挺过时代的变迁。

第五章

破解迷思：中国人应如何看待明治维新？

日语很喜欢用“光”与“影”来形容一件事情的正面影响与负面影响，经过150年，当明治维新的“光”与“影”早已毫无保留地展现在普通人面前时，今人又应该以何种态度面对那段历史，又应该怎么看待中日两国近代改革得失呢？

奉明治维新为圭臬，其实反映了中国人的一种过度自责心理：同属儒家文明圈，近代日本能战胜中国，一定是因为他们做了一些正确的事，而我们没有，所以应该总结日本人的成功经验，为己所用。

明治中叶的新桥车站。经过明治维新20多年的洗礼，日本社会风貌已经发生了显著变化，图画右侧也能依稀看到几个留着辫子的“清国留学生”，这些人成为中国最早一批对日本有所了解的人，对于中日两国的近代对比也逐步开始。但某种程度上，中国人对于日本的迷思也就此开始

然而正如贾雷德·雷蒙德《枪炮、病菌与钢铁》所表达的那样，人类集体在智商上并没有什么差距，一个巴布亚新几内亚的狩猎者可以在半小时内搭建一座雨林小棚，而一个住在高级公寓里的现代白领很可能不会煮米饭，各地之所以发展不平衡，与智商高低、制度好坏关联度很低，更多的是因为所处地理位置的初始状态。上千年来困居孤岛，既让日本在中世纪以前的科技与制度发展由于缺乏交流而相对落后，也促使日本形成较为单一的文化体系与历史叙事。在近代民族国家诞生阶段，文化的单一性促使民族内部迅速形成内部认同，致力于以一个文化整体寻求融入国际社会的路径。

更重要的是，作为西太平洋唯一拥有大型岛屿群的岛国，日本在美国的外交战略中占有特殊地位。19 世纪末期正是美国打通东西两洋，试图大力发展太平洋航路的重要时期，而太平洋海运链条的发展也深刻改变了东北亚政治格局。清帝国的势力范围从内陆亚洲一直延伸到太平洋西岸，再加上一套完整的陆海朝贡体系，成为欧美列强建设自身国际秩序的最后一块堡垒，既然如此，那么处于这套朝贡贸易体系边缘的日本就成为打破“大中华圈”内部贸易线路的关键棋子。

所以，日本从一开始就受到欧美列强很大程度上的“优待”。对比一下同样签订于 1858 年的《天津条约》（中国与英、法、俄、美）与“安政五国条约”（日本与英、法、俄、美、荷）便会发现，欧美列强只要求在日本沿海的几个通商口岸开展商业，并不寻求深入日本内地，而对中国却早就要求“内地通商”；日本海关也一直由日本人自己管理，从未交给外国人，中国却必须雇用英国人赫德来管理海关；欧美列强可以随意在中国各海岸乃至长江沿岸停泊、经商，但是对日本却没有相关要求；甚至于 1853 年“黑船来航”本身都不是为了战争，美国人只是希望与日本建立外交关系，从而在西太平洋获得落脚点。这些优待政策，也成为明治维新以后日本成功修改不平等条约的基础。

美国越是向太平洋进发，日本的地位就越是重要，如：美国在 1848 年与中国签订《望厦条约》，初步打通了太平洋航路，所以在 1853 年美国就进军日本要求开国；当美国因南北战争而自顾不暇之际，19 世纪 60 年代的中日之间便几乎没有矛盾；而当 1869 年美国横贯铁路竣工后，太平洋贸易进一步兴起，日本便在 1875 年逼迫朝鲜王国打开国门，1879 年吞并琉球王国，蚕食中国的朝贡体系，这也成为中日两国爆发甲午战争的远因；再到 1900 年前后，美国总统西奥多·罗斯福正式启动太平洋战略，日本便随即打响日俄战争，阻止沙俄染指美国人觊觎的中国东北。虽然日本随后在西太平洋沿岸形成势力范围，甚至发动太平洋战争挑战美国在整个太平洋地区的霸权，但在二战结束后，美国依然对日本极尽宽容，继续容纳其作为太平洋航路的一部分，存在于贸易体系之中，足见日本列岛对于美国的重要性。

每逢对比近代中日改革的成败得失，总会有一种看似正确的观点：中国自视为“天朝上国”，不愿意融入国际秩序，而日本却愿意学习，尽可能改正自己与国际社会不相适应的传统。应该说，这种从梁启超“老大中国”引申而来的理论有一定道理，但究其根源，却不能忽视这一时期的国际环境与两国特殊的国内政治生态。尤其要明白的是，虽然同属东亚文化圈，也同样在近代经历过屈辱的历史，但清代中国与日本从来不是一类国家。

明治维新时期的上野樱花照片。可以想象到鲁迅先生留学日本时所赞颂的“上野樱花烂漫”是何种场景了

有别于日本，清代中国从建构基础上看，是一个多民族统一国家。有以郡县制管辖的传统儒家文明地区，以军府制管辖的“三北”地区（东北、西北、蒙古），土司制度仍然广泛存在于西南边境，甚至还有实行神权政治的藏区，不同地区的治理结构完全不同，多方之间仅以清朝的军事实力作为支撑而拼成一个巨型帝国，帝国体制可谓“易分难合”。一旦遇到欧美列强入侵，清朝第一要务就是保证国家不被分裂，隐藏在“天朝上国”与“祖宗成法”这些词语背后的，并不完全是傲慢，更有可能是恐惧。

面对欧美已经开始出现的“民族国家”概念，日本并不需要惧怕，毕竟可以通过“万世一系”的天皇来塑造独立的国家历史，但中国一旦强调“民族”概念，那么尘封两百年的民族斗争就会重新燃起火焰，导致国家分崩离析。第一次世界大战结束后，威尔逊倡导的“民族自决”原则几乎在一夜之间肢解了奥斯曼帝国与奥匈帝国，两大帝国留下的中东地区与巴尔干半岛也成为世界上迄今为止最为动乱的地方。

换言之，中日两国在近代面临的基本任务完全不同，如果机械地以“是否融入世界”“是否近代化转型”为标志，那么就很难看到近代中国面临的窘境，也难以理解到，清代中国没有如同后来的奥斯曼帝国、奥匈帝国一样被彻底肢解已经是难能可贵了。

立足明治维新 150 周年这一时点，中国人应该跳出上百年来因屈辱而产生的各种迷思与迷信，重新对明治维新的基本逻辑加以审视与理解，这才能不陷入社会上某些既定的话语体系之中，而能真正理解明治维新这个历史事件。

主要参考文献

一、日本国立国会图书馆电子版（dl.ndl.go.jp）

1.（旧）岛津公爵家编辑所，岛津久光公実記（全八卷），1911 年

2.（旧）内阁官报局，法令全書（庆应三年至大正元年），1912 年

3.（旧）外务省条约局第二课，各国治外法権撤廃事情，1929 年

4. 藤井慎太郎（编），大久保利通文書（全十卷），侯爵大久保家藏版，日本史籍协会，1927—1929 年

5. 藤井慎太郎（编），岩倉具視関係文書（全八卷），日本史籍协会，1927—1935 年

6. 妻木忠太（编），木戸孝允文書（全八卷），木户公传记编纂所藏版，日本史籍协会，1930 年

7. 妻木忠太（编），木戸孝允日記（全三卷），木户侯爵家藏版，日本史籍协会，1932—1933 年

8. 谷口武（注解），西郷南洲選集（上下卷），读书新报社出版部，1944 年

二、历史著作

1. 的野半介，江藤南白（上下卷），东京：民友社，1914 年

2. 春畝公追颂会，伊藤博文伝（全三卷），东京：春畝公追颂会，1940—1944 年

3. 稻田正次，明治憲法成立史（上下卷），东京：有斐阁，1960—1962 年

4. 宫内厅（编），明治天皇紀（全十一卷），东京：吉川弘文馆，1968—1975 年

5. 东京大学史料编纂所（编），保古飛呂比（全十二卷），东京：东京大学出版会，1970—1979 年

6. 毛利敏彦，明治六年政变，东京：中央公论新社，1979 年

7. 松尾正人，廃藩置県：近代统一国家への苦悶，东京：中央公论新社，1986 年

8. 远山茂树（编），近代天皇制の成立，东京：岩波书店，1987 年

9. 坂本一登，伊藤博文と明治国家の形成，东京：讲谈社，1991 年

10. 小宫一夫，条約改正と国内政治，东京：吉川弘文馆，2001 年

11. 蒋劲松，德国代议制（全三卷），北京：中国社会科学出版社，2009 年

12. 小川原正道，西南战争，东京：中央公论新社，2012 年

13. 井上勋，王政復古，东京：中央公论新社，2013 年

14. 胜田政治，廃藩置県，东京：角川学艺，2014 年

15. 家近良树，江戸幕府崩壊——孝明天皇と"一会桑"，东京：讲谈社，2014 年

16. 落合弘树，秩禄処分，东京：讲谈社，2015 年

17. 胜田政治，大政事家大久保利通，东京：角川学艺，2015 年

三、学术论文

1. 徴兵制の成立，藤村道生，历史学研究第 428 号，1—18 页，1976 年

2. 辻冈正己，大久保政権の成立のその性格，广岛经济大学研究论集第 12 卷第 4 号，13—48 页，1989 年

3. 辻冈正己，大久保政权と立憲政体構想，广岛经济大学研究论集第 15 卷第 2 号，1—48 页，1989 年

4. 笠原英彦，江藤新平と司法省：司法政策の政治的背景，法学研究（法律政治社会）33—55 页，1991 年

5. 浅田毅卫，明治前期殖産興業政策の修正と政商資本，明大商学论丛，171—187 页，1992 年

6. 泷井一博，伊藤博文滞欧憲法調査の考察，人文学报（1997）80：33—78 页，1997 年

7. 黄虹甄，長州藩と薩摩藩における廃藩置県の構想，台湾“国立”政治大学日本语文学系研究所硕士论文，2014 年

备注：本书所引国际条约与日本、德国相关法律的原文来源为维基文库（wikisource.org），参考文献均保留日文原书名。

后记

2018 年正值明治维新 150 周年，我也有幸多次前往鹿儿岛、下关、萩等地考察明治维新胎动时期的情况与影响，向多名相关专家请教知识，这不仅加深了我对于这次历史上著名改革行动的理解，更是我作为一名日本史爱好者终生难忘的人生财富。

本书能够顺利完成，感谢原中国日本史学会会长汤重南教授予以倾力指导，感谢山口县萩市博物馆的道迫真吾先生提出良好建议，感谢东京大学在读博士贺申杰先生提供大量参考文献支持并帮助阅读日语文言文，感谢《凤凰周刊》漆菲女士给予前往明治维新故地考察的机会，感谢德奥史专家高林先生针对近代德国宪法的解读，感谢挚友吴铮先生在工业发展历史层面提出极富建设性的建议，感谢键睿智库为研究提供的帮助。